多元的共生社会の構想

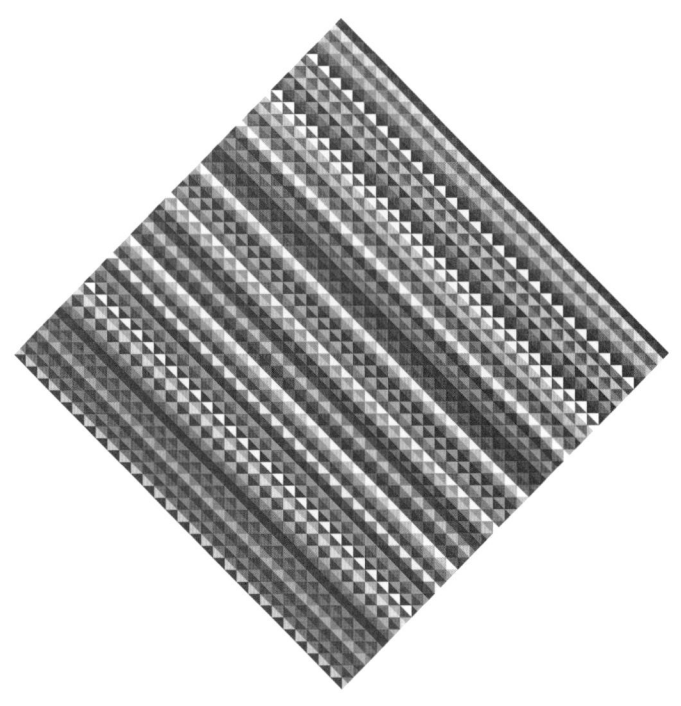

菅沼隆＋河東田博＋河野哲也【編】

現代書館

多元的共生社会の構想＊目次

まえがき:「自立と福祉」から「多元的共生社会」へ……… 菅沼　隆　4
　　　　——学生と共に学んだ3カ月半——

序　章　多元的共生社会を構想するために……………… 河東田　博　15

第1章　哲学における多元的共生社会の構想…………… 河野哲也　28
　　　　——多元的共生社会にはどのような倫理が求められるか？——

第2章　多元的共生社会の理論のために………………… 深田耕一郎　45
　　　　——自立生活運動の実践から——

第3章　共生社会を実現するための障害者基本計画と障害者の
　　　　所得保障………………………………………………… 百瀬　優　64

第4章　精神保健福祉政策を通して構想する多元的共生社会
　　　　……………………………………………………… 酒本知美　78

第5章　障害者虐待と多元的共生社会…………………… 河東田　博　96

第6章　児童手当制度の形成過程にみる日本の家族政策の
　　　　限界と可能性 ………………………………………… 浅井亜希　110

第7章　認知症高齢者のリハビリテーションを通して構想する
　　　　多元的共生社会 ……………………………………… 佐川佳南枝　133

第8章　多元的共生社会における職場と労働 …………… 杉浦浩美　151
　　　　——「マタニティ・ハラスメント」問題を手がかりにして——

第9章　「出生前検査」を通して構想する多元的共生社会
　　　　……………………………………………………… 菅野摂子　166

第10章　被災地支援を通して構想する多元的共生社会
　　　　……………………………………………………… 河東田　博　188

終　章　「多元的共生社会」の到来を願って ……………… 河東田　博　206

あとがき ……………………………………………………………………… 224

　　　　　　　　　　　　　　　　　　　　　　　　装幀・河東田　文

まえがき:「自立と福祉」から「多元的共生社会」へ
——学生と共に学んだ3カ月半——

菅沼　隆

　2013年3月刊行した『自立と福祉』をテキストに使用して、執筆者が授業担当者となり、立教大学で授業を実施した。本書は、授業における教員とゲストスピーカーと学生との相互交流のなかで誕生した。その授業について紹介し、われわれが「多元的共生社会」を構想するに至った背景を説明させていただく。

1　経緯

　立教大学社会福祉研究所(福祉研)は2013年3月『自立と福祉——制度・臨床への学際的アプローチ』を刊行した。科研費に基づく共同研究プロジェクトと所員・研究員の個人研究の成果を取りまとめたものであった。本書の刊行スケジュールがほぼ決定した2012年春、研究の成果を積極的に社会に還元する一つの方策として立教大学全学共通カリキュラム(全カリ)総合科目の主題別B科目(主題B)を開講することを決定した。

　全カリ総合科目とは、他の大学では通常「教養科目」に分類される科目群であるが、立教大学では全学の教員がこの科目群を担当する責任を有している。その科目群の一つである主題別B科目は「学際的・複合的」性格を有し、「様々な専門分野を専攻する複数の教員」が担当し、必要に応じて「多彩なゲストスピーカー」を招き、特定のテーマについて多面的な視点から考察することで、複眼的で広い視野と判断力を高めることを目的とする授業である。毎回3人の教員ないしゲストスピーカーが登壇することを原則とする。科目の提案は専任教員個人、学部、研究所、その他学内部局が行うことができる。福祉研は哲学・社会学・社会福祉学・経済学・政治学など様々なディシプリンの所員・研究員からなり、この共同研究プロジェクト「自立と福祉」の成果は主題Bの科目趣

旨に適していると判断した。副所長の河東田博（コミュニティ福祉学部教授）が科目責任者（コーディネーター）を担当し、研究員の深田耕一郎（社会学部助教）が科目担当者となり、準備が進められた。最終的に次のような授業日程と担当者が決定した。

◆授業日程 2013年度前期 水曜・2限（池袋キャンパス8号館2階8202教室）

回	日程	テーマ	担当教員・ゲストスピーカー
1	4月10日	イントロダクション・自立の哲学	河東田博・深田耕一郎
2	4月24日	自立とケアの社会学	庄司洋子
3	4月27日	デンマークの就労支援制度と自立	菅沼　隆
4	5月8日	障害年金制度と自立	百瀬　優
5	5月15日	生活保護受給者チャレンジ事業について	白鳥勲氏（田中聡一郎）
6	5月22日	精神保健福祉制度と自立	酒本知美
7	5月29日	入院経験者の語りにみる精神病院と自立	松原玲子・福祉ショップひびき従業員
8	6月5日	障害者の自立生活と介助	深田・三宅元子氏・大坪寧樹氏
9	6月12日	難民支援と自立	櫻井美香氏・浅井亜希
10	6月19日	妊娠・出産過程に見る女性の自立	菅野摂子
11	6月26日	女性の就労と自立	杉浦浩美
12	7月3日	「地域貢献住宅」の可能性	野呂芳明
13	7月10日	貧困と自立	湯澤直美
14	7月17日	まとめ	河東田博・深田耕一郎

（※実際の授業ではテーマが変更されている回もあります。）

　授業は、大きく分けて、総論・総括的な回（第1・2、14回）、制度的考察（第3～6回）、臨床的考察（第7・8回）、福祉・社会学的考察（第9～13回）にまとめられる。学内担当教員、ゲストスピーカーの構成は以下の通りである（※所員・研究員の敬称は省略。所属は2013年4月現在）。

◆学内担当教員
河東田博（コーディネーター、立教大学コミュニティ福祉学部教授、社会福祉研究所副所長）
深田耕一郎（科目担当者、立教大学社会学部助教、社会福祉研究所所員）

菅沼　隆（立教大学経済学部教授、社会福祉研究所所員）
浅井亜希（立教大学法学部助教、社会福祉研究所所員）
野呂芳明（立教大学社会学部教授、社会福祉研究所所員）
湯澤直美（立教大学コミュニティ福祉学部教授、社会福祉研究所所員）
◆ゲストスピーカー
庄司洋子（立教大学名誉教授、社会福祉研究所所員）
百瀬　優（流通経済大学経済学部専任講師、社会福祉研究所特任研究員）
白鳥　勲氏（彩の国子ども若者支援ネットワーク共同代表）
酒本知美（白梅学園短期大学保育科助教、社会福祉研究所研究員）
松原玲子（立教大学コミュニティ福祉学研究科博士後期課程、社会福祉研究所研究員）
A氏（福祉ショップひびき従業員、元精神科病床入院経験者）
B氏（福祉ショップひびき従業員、元精神科病床入院経験者）
三宅元子氏（介護福祉士、障害者自立生活運動支援者）
大坪寧樹氏（介護福祉士、障害者自立生活運動支援者）
櫻井美香氏（難民支援協会）
菅野摂子（立教大学社会学部兼任講師、社会福祉研究所研究員）
杉浦浩美（立教大学社会学部兼任講師、社会福祉研究所研究員）

　所長で『自立と福祉』の要となる章を担当した河野哲也は、授業担当時限の調整がつかず担当できなくなった。特任研究員の田中聡一郎は科研費プロジェクトの主要メンバーであり第5回の授業内容のコーディネートを行ったが、新しく着任した本務校の業務の関係で授業に参加できなかった。また幾人かの『自立と福祉』執筆者も都合により授業を担当することができなかった。

2　授業概要

　学生向けの授業概要（シラバス）には次のように記載した。

授業の目標

　様々な理論的・実践的立場から「自立」と「福祉」の関係を検討し、これか

らの福祉社会のあり方を構想する。

授業の内容

- 自立の規範的理解を試み、自立と密接不可分な関係にあるケアの視点を示す。
- 「制度的考察」としてヨーロッパ諸国や日本における自立と制度の関係を検討する。
- 「臨床的考察」として障害者福祉における自立とケアのリアリティを提示する。
- 「福祉社会学的考察」として難民支援、妊娠、労働住居、貧困等の主題を取り上げ、現代社会における自立の諸相を示す。
- 受講者一人ひとりが自らにとっての〈自立〉について考え、それが尊重される社会のあり方を構想する。

　履修登録では、第1次募集で449人の応募があり、定員をオーバーしたため抽選により284人が登録した。人気は非常に高く、この授業概要に魅力を感じた学生が多かったことがうかがえる。

授業の運営

　各回の担当者は、映像教材を使用したり、しょうがいの当事者や支援団体の職員の方をゲストスピーカーとして招き語っていただいたり、授業を工夫した。また、授業では担当者やゲストスピーカーの話を受けて、同席している教員や学生がコメントや質問を行った。これにより双方向の授業が可能となり、学生が能動的に授業に参加できたものと考えられる。また、各回の終了時に学生に授業の感想や疑問点などをリアクションペーパー（コメントペーパー）に書いて提出してもらった。担当回の教員はリアクションペーパーを読み、必要に応じて翌週の授業に回答を印刷配布したり、最終回の授業の際に回答したりした。

各回の概要

　各回の概要は次のようなものであった。
　第1回は「イントロダクション：自立の哲学」として、コーディネーターから授業の目的と進め方を説明した。授業担当者とゲストスピーカーの多くが登壇し、自分の担当回の紹介を行った。

第2回は庄司洋子が「自立とケアの社会学」をテーマに、自立概念の多様性・多義性、ケア概念の日本的特質などに触れた上で、現代日本における自立とケアをめぐる「相克」を取り上げ、その問題性を指摘した。

　第3回は菅沼隆が「デンマークにおける自立と福祉」をテーマに、デンマークの若者の自立について進路選択を中心に触れ、後半でデンマークにおけるハンディキャップを有する人の自立について映像教材を使いながら紹介した。

　第4回は百瀬優が「障害年金と自立」をテーマに、障害者が自立する際の経済的基盤としての所得保障の重要性を指摘するとともに、障害年金制度の仕組みを紹介した上で、無年金障害者の問題について映像教材を使いながら説明した。

　第5回は、田中聡一郎のコーディネートのもと、「埼玉県生活保護受給者チャレンジ支援事業（通称：アスポート）の白鳥勲氏がその活動を紹介した。映像教材では、貧困の再生産の連鎖を絶ち切るため、生活保護受給世帯の子どもの学習支援活動が紹介された。

　第6回は酒本知美が「精神保健福祉制度と自立」をテーマに、日本では極端に多い精神科病床（精神病院）の原因を映像教材を使いつつ歴史と制度について説明した。そして精神障害者の自立に関わる概念を具体例を交えて紹介した。

　第7回は、松原玲子のコーディネートのもと「精神科病床入院経験者の語りにみる精神病院と自立」をテーマに、入院経験者で現在「福祉ショップひびき」（千葉県稲毛市）で就労している当事者の方2名にライフヒストリーを語っていただいた。

　第8回は深田耕一郎のコーディネートのもと、「障害者の自立生活と介助」をテーマに長年にわたって日本で障害者の自立生活運動を主導してきた新田勲氏の「生きざま」について、新田氏を長年支援してきたヘルパー三宅元子氏と大坪寧樹氏が紹介した。

　第9回は浅井亜季のコーディネートのもと難民支援協会職員の櫻井美香氏が「難民支援と自立」をテーマに、世界と日本の難民とその受け入れ状況、日本の難民政策の問題点を指摘するとともに、市民レベルでの難民支援活動の取り組みについて紹介した。

　第10回は菅野摂子が「妊娠・出産過程にみる女性の自立——女性は胎児の質

を選べるのか？——出生前検査について考える」をテーマに、人工妊娠中絶の現状に触れつつ、胎児は女性の所有物なのか、出生前検査のあり方について問題提起を行った。

第11回は杉浦浩美が「女性の就労と自立」をテーマに、現在の日本の女性が労働者としておかれている状態に触れ、日本で「なぜ女性にとって『自立』が問題となるのか」と問い、1970年代以降今日までの女性と就労をめぐる価値観の変転について紹介した。

第12回は野呂芳明が「公的住宅とコミュニティ活性化」をテーマに、渋谷区が公営住宅建設計画を地域コミュニティ活性化対策として位置づけ、新しいコンセプトの公営住宅を構想し建設する過程を紹介し、都市部における地域コミュニティ活性化のあり方について問題提起を行った。

第13回は湯澤直美が「『子どもの貧困』が照射する日本社会——貧困問題とは誰のいかなる『問題』なのか？」をテーマに、日本の子どもの貧困の実態と政策・制度の問題点を指摘し、政策が「自立」をいかに支援できるのか、その可能性について触れた。

第14回は、まとめの回であり、授業担当者の多くが登壇し、担当回の学生のリアクションペーパーの質問に答えつつ、それぞれの回を振り返った。

毎回の授業では、担当講師またはゲストスピーカーの講義の後、同席した教員が質問や感想を述べ、それに担当講師らが答える形をとった。また、時間が許す限り、学生にマイクを向け、質問や感想を述べてもらった。

3　受講生の感想

担当者の多くは本書『多元的共生社会の構想』に寄稿している。各章は授業の経験を踏まえている。そのため各回の内容を細かく紹介することは割愛する。ここでは最終授業時の学生のリアクションペーパーからいくつか紹介させていただく。

自分の常識が変化

「感想を一言で表すとすれば『概念の崩壊』です。これまで学んだこと、

実体験から得たことがこの講義で大きく変化させられました。大学に入るまでの福祉では助けること、またそういった制度があり、日本は平等になっていると学んだつもりであったけれど、障害者の新田勲さん［注：自立生活運動の活動家2013年1月死去］の話や経済的自立、女性や生活保護受給者の今の生活や制度だけでなく、伝統的な介護の考え方など、制度の背景の根深い問題なども知ることができました。」(文学部キリスト教学科3年)

「『自立と福祉』という二つの言葉でここまで話が広がって、毎回新しい話や新しい考え方を学べたのでとても興味深く聞けました。ひと言で『自立』といっても本当に様々な考え方があって、一つにまとめることは難しいと思いましたし、一つにまとめることも意味のないことだと思いました。健常者の自立、障害者の自立、一人ひとりの自立の仕方があると思いました。今の社会は、現在の価値観（？）、障害者と健常者をはっきりと区別したり、精神障害者は危ないと勝手に思いこんでいること、深く考えることもせずに既に社会通念のようになってしまっていることをそのまま自分の価値観にしてしまう人が沢山いると思う。自分がいつ鬱病になるか、自分がいつスティグマを付与され社会から排除されるか、誰も分からないと思うし、誰でもその可能性があるということを知らないと思う。私もこの授業を通して、そのことを改めて感じました。」(社会学部社会学科2年)

自立概念の多様性・深さを実感

「『自立＝誰にも頼らず生きる』と以前は思っていました。この講義を受けて、誰にも頼らないことが自立を意味するわけではないのだと知りました。自分の弱点（障害など）を他者に補ってもらって、ひとり立ちすることも自立といえるのだと初めて知ることができました。また、人の数だけ自立の形があるのだということを学べたことが、この授業の一番の収穫だと思いました。」(文学部文学科3年)

「自分の"自立"に対する概念が大きく変わったと思う。これまで私は自立というのは単にひとり立ちすることや、援助を受けずに生きていくという辞書的な意味で捉えていた。しかし、毎回異なる先生から様々な自立の概念を学ぶことで、"自立"というのはとても一口で語れるようなものでは

ないと痛感した。」(経営学部国際経営学科3年)

「福祉とは何か、福祉の現状、福祉のできること、その問題点などを考えたことがなく、この授業はそれを考える大きなきっかけになりました。福祉について学びたいと強い意志をもって4月に授業を選択したわけではないのですが、この授業を受けて本当によかったと思っています。毎回、先生が替わり、1時間半と短い時間で、もっと話を聴きたいと思うことが何度もありましたが、1人当たりの時間が短くても、多くの声、メッセージが聴けて、自分の考え方の変化、新しい社会の見方を学びました。」(文学部史学科2年)

「毎回違った先生方の講義を聴くことができて、とても満足のできる授業でした。すべての講義が"自立と福祉"に関わる内容で共通しているにもかかわらず、経済的に見たり、障害者との関係性から見たり、男女の違いから見たりと、様々な視点から問題を見つめることで、見えてくるものや解決方法がいろいろと異なってくることに感心しました。知識が増えるととともに考えさせられることも多かった授業だったと思います。」(理学部物理学科3年)

「障害者や貧困の話も沢山聞くことができました。普通自分とは関係がないといって離して考えてしまいがちですが、講義を受ける中で他人事ではまったくないことを一番感じさせられた気がします。『自立』とは決して自分のことを自分自身でできるようになることではなく、障害者やそうでない人にかかわらず、その人自身が生活を営む上で、自分のやりたいことを何か社会的なものに妨げられることなく、できるようになることではないかと考えるようになりました。この講義では沢山の知識を身につけることができたと思います。ありがとうございました。」(経済学部経済学科2年)

専門学部では得られない知識の獲得

「私は就職活動をしながら、受講させていただきました。毎週異なる立場や職業の方々のお話を聞くことができ、私の職業観あるいは社会に対する考え方が広がったと感じています。また、法学部で行政法や憲法そして民法などを学んできましたが、法律では解決できない問題が多々あることや、法律の不備・欠陥が改善されないまま残されているということを実感しました。

机上の勉学だけでは分からない法律問題に対する理解が深まったと思います。」(法学部法律学科4年生)

　「この講義は、私が今まで受けた授業の中で一番内容が濃いものであったと感じています。資料や教科書でこういう法律が制定されたとか、差別を受けて苦労する時代があったとか、を聞く機会はこれまでもありました。しかし、何か遠い世界のもののような気がして受け流してしまっている自分がいました。でも、この授業では様々な経験をしてきた当事者や実際にその当事者と関わった人の話を聞くことができました。生々しい話を聞けたことは非常に胸に突き刺さるものがあり、これからの自分の人生にも役立つ内容をいっぱい紹介して下さり、先生方には感謝しています。」(経済学部経済政策学科3年)

自分と無関係ではない

　「今まで13回、沢山の先生方の講義を聴けて貴重な時間だったのではないかと思います。これまで"自立"と聞いてもそれを障害者の自立であったり、女性の自立というようにそれぞれの対象者ごとに考えたりしたことはなく、"福祉"も表面的にしか学んだことがなかったため、当事者の方、現場で関わっている方々のお話を聞くことで自分の中の視野が広がったと思います。(中略)自立にも様々な視点があり、色々な考え方があることを知り、学んだと思います。そして、それは全部自分には無関係ではなく、どこかしら自分に関わってくることだと感じました。今まで貧困などは自分にあまり関係ない問題だと思っていたのですが、それが国・行政などが関わってくると、どこかしらで"自分も考えなければならず"、それを放棄してしまったらこの問題を解決することはできません。この授業で得た知識・広い視野を今後生かして更に学びにつなげていけたらいいなと思います。ありがとうございました。」(経営学部経営学科3年)

他者理解の大切さ

　「様々な社会環境、家庭環境の背景をもっている人と自分が関わっていくなかで、相手をどれだけ認めることができるのか、その大切さを学んだ。ま

た、無知であることの怖さを感じ、偏見やステレオタイプをもつ前に正しい情報と知識を身につけることができたと思う。自分一人ではなく、親や国の政策を通して、初めて社会的に成長し自立することができるプロセスも学んだ。」（異文化コミュニケーション学部3年）

自分の人生にとって大切な知識を身につけた

「この2年間で受けた大学の授業のなかで『自立と福祉』は一番将来で役立つ内容の授業だったと思います。（中略）またいろいろな立場にいる先生方が授業して下さったのも、この授業の魅力だったと思います。非常に興味深い授業でした。」（理学部数学科2年）

「私にとって新しい授業でした。それぞれの単元で別々の先生方が講義をして下さり、毎回新しい気持ちで講義を受けることができました。また、毎回の授業で多くの新しい発見がありました。デンマークの福祉制度や生活保護の現状、都営住宅と自立など普通に生活をしていてはなかなか目を向けられないことに注目し、考えることができ、自分の社会に対する視野が大きく広がりました。二十歳になり、年金について考え始めていたので、百瀬先生の障害年金や学生納付特例の講義は大変勉強になり、もっと年金について知っておくべきだと感じました。」（理学部生命理学科3年）

日本社会の問題点を再認識

「自立について、どの視点で、どのような考えをもって、どのように問題意識を捉えていくべきなのかを学びました。近代化が進んでいる現代社会ですが、特に日本という経済大国でもまだまだ課題は多く、むしろ先進国だからこそ生じる経済格差、豊かさ故の差別、生きにくさという点がとても浮き彫りになった講義だと思います。今後、私が生きていく上で関わる制度、一人の人間として福祉的観点を考え動かさなければより良い社会をつくっていくことはできないと感じ、この講義で知り得たことを糧にして活かしていきたいです。本当に有意義であり、興味を惹かれた講義でした。ありがとうございました。」（社会学部現代文化学科4年）

このように学生たちは自立と福祉をめぐる概念の多様性と深さに気付くとともに、専門学部では得られない視野の獲得、人間としての社会的使命、今後の学びの足がかりなどを獲得したと考えられる。われわれの共同研究の成果は確実に学生諸君に届いたといってよい。また、われわれ教員も学生諸君と同様の感想を抱いている。この授業を通じて、われわれ教員自身も多くを学んだといってよい。

おわりに～「自立と福祉」から「多元的共生社会」へ

　われわれは、この授業を担当する過程で「自立と福祉」の新たなる展開を図る必要性を感じた。その一つの契機になったものは、われわれ自身が「自立概念の多様性」「自立の多様性」に改めて気付かされたことと、いかなる自立も家族・友人・地域社会・地方公共団体・国家など個人を取り巻く社会的資源の活用なしには成り立たない点を再認識したことである。文献『自立と福祉』と授業「自立と福祉」を振り返ってみると、われわれは自立という概念には収まりきれない「よきもの」も自立概念に引きつけて考察してきたようにも思える。「自立」と個人の生活の「よさ」は実際には異なるであろう。

　また「自立の多様性」を確認したとして、様々な生活困難を抱えている人びとの「自立」をどのように達成・実現していくのかという方法についても検討しなければならない。既存の「福祉」概念――社会福祉の文脈での「福祉」――が「自立」問題について総合的に対応できているのかどうか、問い直す必要がある。

　自立概念には収まりきれない「よさ」と達成・実現の道筋を考察するとすれば、もはや「自立と福祉」からワンステージ上った概念を模索する必要があると考える。まだそれは概念として熟していないが、われわれはそれを「多元的共生社会」と称して、考察を進めることにした。これは多様な自立も福祉も否定したものではなく、むしろ、それを含んだ概念である。人間関係のネットワークの中で個人の生活の「よさ」が達成される条件を探るための導きの概念である。本書はその試みの第一歩である。

序章　多元的共生社会を構想するために

河東田　博

はじめに

　本書刊行の前年に、筆者たちは『自立と福祉——制度・臨床への学際的アプローチ』（現代書館、2013年）を刊行した。同書で本書の核となる理論編第Ⅰ部第１章を担当した河野哲也が次のように記している。

　「自立も自律も（中略）自分が何をすべきか、何が自分にとってふさわしいかを、他者から押し付けられない状態のことであり、他者や共同体によって一方的に生活を律せられることがない状態のことである。自立とは、自分の求めることを実現できるように環境をコントロールできることであり、自律とは、自分の求めるものを実現できるように自己コントロールすることである。自立とは、まずは、自分に関わる物事を自分で決定し、自分でさまざまなことを選ぶ自由を意味している。この意味での自立とは、根源的にその人が自分自身の主人であることができるかという人格の尊厳に関わってくる。」[1]

　『自立と福祉——制度・臨床への学際的アプローチ』の続編となる本書では、河野が示した「自立・自律観」に依拠しながら、誰もが「自分自身の主人であることができる」ように自己を表現し、社会の一員として共に生きていくためにはどうしたらよいのかを「多元的共生」という新たな概念をもち込みながら考えてみたいと思う。

　なお、本書で取り上げる「多元的共生」という概念を、まずは「すべての人が隔てなく、差別されることなく、多様性を認め合い、独自の価値観や生活様式に互いに誇りをもち、尊厳と自由のなかで生きる権利を有し、意思決定への

参加と、社会発展の成果を享受することができるようにすること」と定義付けておきたい。

第1節　共生を阻む社会の目に見えない壁

　2013年5月の『朝日新聞』には、「信じた日本でホームレス」というタイトルの記事が掲載されていた。肌の色が異なるアフリカ系移民や難民に対する、偏見や差別にも通じる理不尽な対応が見て取れる内容となっていた。

　「外国人観光客らも多く行き交う東京・六本木。5月中旬の平日、ポロシャツ姿の黒人男性が、あてもなく歩いていた。西アフリカのガーナ出身。迫害を受けたとして難民申請中だ。安住の地と信じたこの国で半年近く家も仕事もない生活が続く。『こんなことになるなんて想像もしなかった』とつぶやいた。」

　異質な文化や風習をもつ外国人に対しても偏見や差別とも言える対応が時としてなされることがある。例えば、2013年9月の『北海道新聞』には、次のような記事が掲載されていた。

　「ニュージーランドの先住民族マオリ族の言語指導者で、日高管内平取町で6日まで開かれたアイヌ語復興を目指す講習会の講師を務めた女性が、北海道石狩管内温泉施設で顔の入れ墨を理由に入館を断られていたことが11日、分かった。」

　入浴施設における「入れ墨入館禁止」は、我が国で一般的になされているが、暴力団対策のために取り入れられた対策が理由の如何を問わずに画一的になされてしまった結果であり、差別や偏見に通ずる多様な文化を受け入れようとしない日本社会の実態を示す後味の悪い出来事だった。
　2013年6月の『朝日新聞』には、「知的障害者施設で虐待」という見出しで、次のような内容が記載されていた。

「複数の職員がたびたび入所者を殴る、怒鳴るといった虐待を加えていたことがわかった。(中略)昨年8月に男性職員が知的障害のある入所者の顔を十数回殴り、ほおの内出血などのけがを負わせた。(中略)昨年8月の暴行以外にも、鍵の束で殴る、蹴る、トイレの便座にバンドで拘束する、無理やり食べさせる、といったさまざまな虐待があったことを第三者委が確認。」[5]

1970年代に数多くの虐待が障害者施設で行われていたことはよく知られているが、今なお類似の虐待が障害者施設で行われていることに驚きを禁じ得なかった。

以上記した諸事例は氷山の一角だと思われるが、共生を阻む社会の目に見えない壁が至る所に存在していることを暗示している。

第2節　共生を育む地道な取り組み

共生を阻む壁がある一方で、共生を育む地道な取り組みも多々なされてきている。

上述した難民の支援にあたっているのが「難民支援協会」である。同協会は1999年に設立され、難民認定申請、衣食住支援、日本語教育、作業訓練などの幅広い支援をしている。同協会に寄付を呼びかけるチラシに、次のような文言が記されていた。

「昨年（注：2012年）、日本では2,545人が難民申請を行いましたが、認められたのは18人でした。申請の結果が出るまでの期間は、平均2年、長い人では5年以上。来日直後の『家がない』『食べる物がない』という『緊急事態』を一度切り抜けたとしても、難民申請中の不安定な生活やストレスから体調を崩し、困窮状態に陥る人も少なくありません。親の影響を受け、気持ちが不安定になる子どももいます。」[6]

難民支援協会の中村義幸代表理事は、次のように訴える。

「『難民として来た外国人が国内に大勢いることにまず関心をもってほしい。それが政府による人道的措置や認定数の増加に必ずつながっていきます』と、関心をもち協力してくれる人の輪が広がるよう願ってやまない。『支援がなければ、身一つで来たような人たちはホームレス化してしまう。難民支援は世界に目を向け、世界を知る契機にもなります。(7)』」

世界に目を向けると次のような人道支援にもつながる。

「アフリカへ食料や衣類を送る支援を30年以上続けている親子がいる。NGO『マザーランド・アカデミー・インターナショナル』(東京都品川区)代表の村上章子さん（75）と長男で副代表の大志さん（39）。『現地の人の声に耳を傾け、寄り添いたい』。(中略　TICAD 5)（注：第5回アフリカ開発会議）の会場で、コートジボワールのNGO代表（46）が大志さんにフランス語で『ありがとう』と声をかけた。『政治的な意図が入らない、市民を思った協力をしてくれる』。代表は、そうたたえた。(8)」

似たような活動を展開している人／人たちは他にもたくさんいるだろうが、こうした取り組みは、間違いなく世界規模の共生を育む取り組みである。

共生を育む活動スタイルは、様々ある。例えば、知的障害のある子どもたちを芸能界に送り出そうと取り組んでいるタレント事務所がある。そのことを2011年5月の『朝日新聞』が「ダウン症児　連ドラに出る」というタイトルで報じていた。

「ドキュメンタリーにダウン症の子どもが出ることはあるが、役者として出演する例はまれ。母の由佳さん（36）は『歌ったり踊ったりするのが大好きな子。元気で、楽しいところをみてほしい』と話す。(中略）2008年5月にＳＰクラスを立ち上げた国枝秀美社長は喜ぶ。『障がいへの理解が進まないのはメディアへの露出が少ないためでは』と考え、欧米のように障害者が

テレビや映画に出るのが当たり前の社会を目指した。(9)」

知的障害者の芸能界進出は大変困難かもしれない。しかし、俳優になりたい、映画や演劇に出て活躍したいと思う本人たちがいたとしよう。そうした本人たちの夢や希望を実現させるために、そこに向かって歩んでいこうとする道筋を整えていくことも共生を育む活動の一環として位置づけることができる。

第3節 「多元的共生社会」を構想するための条件

1 「多元的共生社会」を構想するための分析枠組みの検討

人はどこにいても、誰であれ、「個が大切にされ、一人ひとりの夢や希望を紡ぐ、創造性豊かな、地域で続けられている実践的でヒューマンな幸せづくり(10)」に参加する権利をもっている。この「幸せづくり」を「社会福祉」という概念にとらわれることなく、広く総合的な視点にたって実現させていく必要がある。その際必要とされる新しい概念を「多元的共生」という概念で捉えてみたい。

図1のように、「自由」「共生」というキーワードを軸に「多元的共生社会」

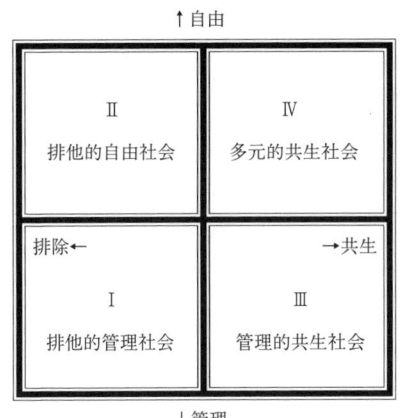

図1　多元的共生社会モデル

という新たな概念を創ってみたとしよう。その際、図1のように、縦軸の上方向に「自由」・縦軸の下方向に「管理」を、横軸の右方向に「共生」・横軸の左方向に「排除」を配置してみる。すると、縦軸・横軸に区切られた領域に四つの象限が生まれる。この四つの象限は、ある社会を形づくっており、次のように整理することができる。そこで、少々長い書き出しとなるが、本稿を進める上で核となる「多元的共生社会モデル」[11]を紹介することから始めたい。

■第Ⅰ象限「排他的管理社会」
　個をないがしろにし、夢や希望を奪い、隔離・管理・支配・分類・収容中心の、多元的共生とは縁遠い排他的で人を管理しようとする社会。
　このような社会では、ある特定の人や集団を差別や偏見の対象とし、忌み嫌う言葉を投げかけ、排除の対象とし、隔離し、貧困や孤独に陥ることを当然のこととしてしまう。

■第Ⅱ象限「排他的自由社会」
　個が大切にされ、夢や希望を紡ごうとする自由な社会となっているものの、お互いに壁を作り、異質なものを排除しようとする社会。
　このような社会では、自由が故に排除したことに気づかず、形式的な統合と社会的な適応を当然のこととしてしまう。しかし、徐々に一人ひとりの個性を大切にしようとする機運が高まる動きも見せてくるようになる。

■第Ⅲ象限「管理的共生社会」
　共に生き、個が大切にされ、夢や希望を紡ごうとするものの、社会や組織が管理的で、人を束縛し、お互いを生きにくくしている社会。
　このような社会では、管理されている人からの訴えや主張に気づかず、社会で受け入れようとするための枠組みをつくろうとするが、機能不全に陥ってしまう傾向がある。しかし、徐々に一人ひとりを社会的に包み込もうとする機運が高まる動きも見せてくるようになる。

■第Ⅳ象限「多元的共生社会」
　どんな人も個が大切にされ、夢や希望を紡ぎ、創造性豊かな、地域でのヒューマンな幸せづくりが保障される多元的な共生社会。
　このような社会では、人と人とが有機的に出会い、一人ひとりのその人らし

さや価値観が尊重され、自発性が生まれ、知的探究心を満たすことができ、心地良さ・快適さ・喜び・安心感を感じることができ、個人的にも社会的にも満足感を得ることができるようになる。

　第Ⅰ象限の「排他的管理社会」から一足飛びに第Ⅳ象限の「多元的共生社会」へと到達することはできないし、そのように変革することもできない。まれにあるかもしれないが、それは、「排他的管理社会」が消滅し、全く別の新たな「多元的共生社会」が生まれた時だけである。第Ⅰ象限の「排他的管理社会」から第Ⅱ象限の「排他的自由社会」へ、または、第Ⅲ象限の「管理的共生社会」を経由して、徐々に第Ⅳ象限の「多元的共生社会」へと成熟していくのが一般的な移行の仕方である。そして、恐らく、この四つの社会は今なお常に存在（混在）しており、相互作用しつつ螺旋状に絡み合いながら少しずつ次の社会に向かって歩んで行く。
　「多元的共生社会モデル」を通して整理された「多元的共生社会」概念こそ管理的で異質なものを排除しがちな社会を変革するために生かされなければならない。そこで、まず、「多元的共生社会」概念を「多元的共生社会の構想」にどう役立てることができるのか、そのための分析枠組みを検討していくことから始めたい。
　例えば、大震災による津波の影響や原発放射能汚染の影響によって「生活基盤」が根こそぎ奪われ、「再構築」に向けてゼロからの「先の見えない生活」を余儀なくされている人たちが大勢いる。大震災当日、そして、避難所に避難した当初は、「個をないがしろにし、夢や希望を奪い、……多元的共生とは縁遠い排他的で人を管理しようとする社会」（「排他的管理社会」）であったに違いない。しかし、多くの支援の手が差し伸べられるようになり、避難所の生活に改善が見られるようになると、避難所にあっても不自由だがプライバシーが少しずつ守られるようになり、「排他的管理社会」から脱け出していくことができるようになっていった。そして、今は期限付きではあるが個人・家族の専有空間が多少なりとも確保される仮設住宅での暮らしとなっている。しかし、仮設住宅での暮らしは、その名の通り、あくまでも「仮設」であり、狭く、隣の家庭の様子が聞くともなしに聞こえてしまう「長屋暮らし」となっている。障

害のある人たちにとっては使い勝手が悪いため仮設住宅の利用率が低く、知的障害者を抱える世帯も肩身の狭い生活を強いられ、時に排除の対象となっている可能性がある。つまり、「排他的管理社会」を脱け出すことはできたものの、「平等に個が大切にされ、夢や希望を紡ごうとするものの」、お互いに目に見えない地方文化特有の伝統や格式・序列などの壁を作り、「お互いに壁を作り、異質なものを排除しようとする社会」（「排他的自由社会」）になっていたり、「共に生き、個が大切にされ、夢や希望を紡ごうとする」思いがあるものの、外国人や障害者を排除するなどの「社会や組織が管理的で、人を束縛し、お互いを生きにくくしている社会」（「管理的共生社会」）になっていたのではないか。これまでかろうじて地方文化の中で維持されてきたものまでも、異質な文化と出会い、仮設住宅などで隣り合わせになることで、様々な葛藤・矛盾を呈する状況となっていたことが筆者の限られた現地での体験や取り組みを通して把握することができた。

「排他的自由社会」では被災者に思いを寄せ社会全体で受け入れようとするが、避難先での限られた暮らしや仮設住宅での我慢を強いられる辛い生活に思いを馳せることができずに結果として排他的な傾向になりがちである。また、福島住民の車の所有者に対する嫌みな発言や露骨な排除はその象徴であった。しかし、徐々に一人ひとりが置かれている実態や思いを大切にしようとする機運が高まる動きも見られてくるようになるなど、複雑な思いが混在する社会になっている。「管理的共生社会」では、被災者からの訴えや主張に気づき社会で受け入れようとしたりそのための枠組みをつくろうとするが、社会的な支援の動きが見られず、形式的に対応されてしまう傾向があった。異なる文化をもつ子どもたちが敏感に感じる異質な者への無意識になされる差別的対応は多数者から少数者への「いじめ」となって見られることが多かった。しかし、徐々に一人ひとりを社会的に包み込もうとする機運が高まる動きが見られるなど、「排他的自由社会」同様複雑な思いが混在する社会になっている。

誰もが目指そうとしているどんな人も個が大切にされ、夢や希望を紡ぎ、創造性豊かな地域でのヒューマンな幸せづくりが保障される多元的な共生社会（「多元的共生社会」）では、人と人とが有機的に出会い、一人ひとりのその人らしさや価値観が尊重され、自発性が生まれ、知的探究心を満たすことができ、

心地良さ・快適さ・喜び・安心感を得ることができ、個人的にも社会的にも満足感を得ることができるようになる多元的共生社会となっていなければならない。そうした社会（多元的共生社会）を「多元的共生社会の構想」の中で見出していかなければならない。その意味で、被災地の惨状をいち早く把握し、誰よりも早く現地に飛び、被災者が必要なものを入手し、届け、被災者が必要とする場を確保し、支援し合う作業を続けてきた人たちは、「多元的共生社会」で生き、「多元的共生社会の構想」を目指そうとした人たちであったと言える。このような人たちの力や貢献により「多元的共生社会」づくりや「多元的共生社会の構想」がなされていくのであろうが、そう簡単に「多元的共生社会」づくりや「多元的共生社会の構想」が成し遂げられるとは限らない。多元的共生社会の整備と構築がなされ、質的構築が実現できるようになるためには、条件が必要となる。

2 「多元的共生社会の質的構築」のための条件[12]

　「多元的共生社会の質的構築」のためには、例えば被災地内外で被災した人たちと被災を免れた多様な人たちとが出会い、お互いの価値観やその人らしさが尊重され、快適で、心地良さを感じることができるようにならなければならない。「多元的共生社会の質的構築」を目指す活動を通して、例えば被災者の生きる意欲につながり、生活の質が高まり、喜びや幸せを感じ取り、満足感が得られるようになっていく必要がある。

　「多元的共生社会」を実現するために、「多元的共生社会の質的構築」を「外的側面」からも、「内的側面」からも検討してみる必要がある（図2参照）。

　「多元的共生社会の質的構築」とは、個々人が享受している「住まい」「教育」「仕事」「経済」「余暇」「文化活動」「対人関係（親子関係・夫婦関係・友人関係・同僚との関係・近所づきあいなど）」「社会への完全参加と平等」「政策立案への参画」を通しての「多元的共生社会の構想」でなければならず、「将来への希望」に向けたものである必要がある。「多元的共生社会の質的構築」とは、個々人の内面にもたらされる「自己実現」「自由・自己決定」「自信・自己受容」「安心感」「社会的関係」などを通しての「多元的共生社会の構想」でなければならない。例えば被災した人たちがその人らしく、代替のきかない一人の人間と

して存在することを意味する。物事がうまくいった、うまくいかなかったというだけでなく、何かの活動に関心をもち、自分なりに取り組んでいるか、自分のことをどう思っているか、個性や可能性を発揮しているかなどに向けたものである必要がある。「多元的共生社会の外的側面からの構築」と「多元的共生社会の内的側面からの構築」は相互作用しており、これらを総称して、ここでは、「多元的共生社会の質的構築」と表現する。

外的側面
住まい、教育、仕事、経済、余暇、文化活動、対人関係、社会への完全参加と平等、政策立案への参画、将来への希望
内的側面
自己実現、自由・自己決定、自信・自己受容、安心感、社会的関係

図2 「多元的共生社会の質的構築」の「外的側面」「内的側面」

3 「多元的共生社会の質的構築」向上のための条件[13]

「多元的共生社会の質的構築」に必要な条件として「環境の整備」「機能性」「個別の支援」「心理的前提条件」「社会からの反応」を設定し、これらが全て整えられ、有機的に相互に作用しながら展開されていった先に「多元的共生社会の質的構築」の向上が見られると仮定しよう（図3参照）。

例えば被災地や被災された多様な人びとの「環境の整備」がなされ、その人らしく創造的な生活を送ることができるようになれば、「多元的共生社会の質的構築」が可能となる。しかし、「環境の整備」がなされたからといって、被災地や被災された多様な人びとがその人らしく「多元的共生社会の質的構築」を達成したとは言えない。いくら「環境の整備」がなされたからと言っても、それを「機能的に」利用できなければ、「多元的共生社会の質的構築」がなされたと言うことはできない。例えば、被災された多様な人びとが元の住まいに戻れたとしても、他に元の住まいに戻って来る人が誰もおらず、物品を購入できるお店からも遠く離れてしまっていては、孤独に苛まれてしまいかねない。したがって、「環境の整備」だけでなく、その人が様々な環境の中にある資源を利用できるような「機能性」が必要となる。

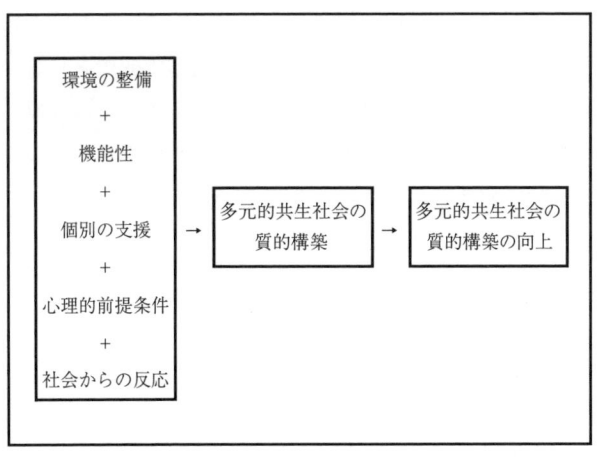

図3 「多元的共生社会の質的構築」向上のための条件

　(環境資源を利用できるような)「機能性」を補うことができれば、「環境」を利用する機会が広がり、「多元的共生社会の質的構築」に向かって歩んでいくことができるようになる。例えば、その人の特性に応じて、分かりやすい方法で情報が伝えられたり、支援の手が差し伸べられれば、その人は自分の判断で様々なものを利用しながら生活範囲や活動の機会を広げていくことができる。つまり、「個別の支援」を得ることによって、その人の制限されている「機能性」をかなり補うことができる。「個別の支援」とは、その人の制限された「機能性」を補うための社会的支援や物理的支援、人的な支援である。

　実際に生活していくのはその人自身であり、暮らしていく様々な場面で「何をどうするのか」といった意思を被災者自身がもつということが重要になる。その人がどこで誰と暮らし、どんな仕事に就き、どんな活動に参加するのかということが、他の誰かに決められてしまうことは、その人らしさや自己実現が阻まれることになる。そこで、生活の主体者である被災者自身が、自分の生活や人生を自分自身でコーディネートするための意思をもつという「心理的前提条件」が必要となる。心に大きな傷を負った被災地の人びとには辛い過酷なことかもしれないが、「多元的共生社会の質的構築」を図るために「心理的前提条件」は殊のほか重要になる。

　最後に考えなければならないのは、「社会からの反応」である。これは、社

会や周りの人たちの多様な被災者に対する態度を意味し、被災者自身の多様性や多様な意思、それに基づく被災者自身の決定権を十分配慮しながら尊重していくことである。これは、例えば津波で家や家族を失い、原発放射能汚染の影響で町や村ごと文化の異なる他地域に移住しなければならなくなった多様な人たちに対しては特に配慮されなければならないことである。

まとめに代えて

「多元的共生社会の質的構築」は、具体的な生活場面や生活状況といった外的側面のみならず、自分の生活や、過去のあるいは将来の人生についてどう感じ、考え、どの位満足しているかといった内的側面をも含んでいる。また、今後、社会的・物理的・心理的支援を必要とする被災地の人びとにとって、「環境の整備」「機能性」「個別の支援」「心理的前提条件」「社会からの反応」を適切に得ていくことができれば、「多元的共生社会の質的構築」を確実にし、向上させていくことができるようになるはずである。

もし五つの条件「環境の整備」「機能性」「個別の支援」「心理的前提条件」「社会からの反応」を有機的に整え、組み合わせ、融合させることができれば、質的に高い「多元的共生社会」を構築することが可能となり、外的な面でも内的な面でも「多元的共生社会」を質的に向上させることができるようになるはずである。

次章以降、子ども、高齢者、障害者、女性、性的マイノリティ、外国人、難民、その他社会的支援を必要とする人たちが抱えている社会的諸問題（生活、労働、余暇、貧困等）を取り上げ、そうした社会的諸問題を改善・解決するために様々な分野で繰り広げられる「自由」や「平等」「共生」「包摂」に向けた取り組みを紹介したいと思う。

各章の取り組みや問題提起を受け、終章では、各章で取り上げられた各種事象・取り組み・構想等を、「多元的共生社会の構築」のとりわけ「『多元的共生社会の質的構築』向上のための条件」に関連づけて見ていき、どんな人でも、一人ひとりが尊重される多元的共生社会を理論的・制度的・実践的立場から構想していきたい。

注

1 河野哲也（2013）「自立をめぐる哲学的考察」（第1章、pp12-13）庄司洋子・菅沼隆・河東田博・河野哲也編『自立と福祉──制度・臨床への学際的アプローチ』現代書館、p15.
2 河東田博（2010）「まえがき」河東田博（編集代表）『福祉文化とは何か』明石書店、p4.
3 「信じた日本でホームレス」2013年5月27日付『朝日新聞』。
4 「北海道　マオリ族女性の入浴拒否『顔に入れ墨あるからダメ』」2013年9月12日付『北海道新聞』。
5 「障害者施設で虐待」2013年6月5日付『朝日新聞』。
6 2013年度版難民支援協会チラシ
7 「難民支援協会に地球市民賞──協力の輪広がる契機に」2013年2月19日付『新潟日報』。
8 「親子、一途に支援30年」2013年6月2日付『朝日新聞』。
9 「ダウン症児　連ドラに出る」2011年5月12日付『朝日新聞』。
10 河東田博（2010）「『創造的福祉文化』概念の構築を目指して」（第1章第1節）河東田博（編集代表）『福祉文化とは何か』明石書店、p16.
11 同上書、pp17-22を基に援用した。
　　なお、「多元的共生社会モデル」は、同上書で展開した「創造的福祉文化概念」から援用した。
12 同上書、pp60-63を基に援用した。
　　なお、原著では、「多元的共生福祉文化社会」を目指す「創造的福祉文化社会」には誰もが享受できる「創造的福祉文化」があり、その文化における「生活の質」が高められていく必要があるとし、「創造的福祉文化」内で展開される「生活の質」のことを「創造的福祉文化生活の質」と表現している。
13 同上書、pp63-66を基に援用した。
　　なお、原著では、「福祉文化環境の整備」「機能性」「個別の支援」「心理的前提条件」「環境からの反応」を「創造的福祉文化生活（＝社会）を築くための条件」として示している。

第1章　哲学における多元的共生社会の構想
―― 多元的共生社会にはどのような倫理が求められるか？ ――

河野哲也

はじめに：多元的共生社会と熟議

　社会は大きなまとまりになれば、大きな力をもつことになる。現在、国際社会で影響力をもっている国は、最低でも数千万、多くが数億、十億といった規模の国々である。人間を一つの社会にまとめた上で、そこから得られる税金をどこかの分野に集中的に投下すれば、大きな発展が得られる。科学技術、特定分野の経済、軍事防衛などはこうした集中的な投下がなされている分野である。大きな社会はその規模ゆえに小さな社会のように簡単には動揺しない。規模の小さな国家は環境の変化に影響を受けやすく、経済的・政治的に不安定状態におかれることがしばしばある。これは船にたとえればよいだろう。大きな船は多少の波では転覆しない。社会を大きくするメリットはある。

　しかし大きな社会は、ケアという分野においては非効率となることがある。ケアとは、人の生命を守り育むことである。人間の個別性に応じなければその目的は達することはできない。だが規模の大きな社会は、その個別性に応じるための細やかさと迅速さに欠けていることがある。また大きな社会は、その市民の生活の仕方に関して標準を定め、そこをターゲットとして福祉や教育などの制度を設定しがちである。大きな社会は標準化によって効率性を達成しようとする。その一方で、制度の標準化は、標準的＝平均的ではない人びとを周辺化し、その人たちの重要なニーズをないがしろにしがちである。しかも「標準」「平均」とされる人とは単純に量的なマジョリティであるより、社会における決定権をもっている人たちであることもしばしばである。指摘されるように、たとえば、北米では、白人、男性、中年、プロテスタント、異性愛が「マジョリティ」を形成していると言える。日本においても同様の指摘ができよう。

そうした権力上の「マジョリティ」の存在によって、子ども、高齢者、障害者、女性、性的マイノリティ、外国人（特にニューカマー）、難民、その他の社会的支援を必要とする人は周辺化されてきた。世界のどこの地域であれ、現代社会は多様な人びとを包摂している。しかしながら、女性は別にして、ある社会において、子ども、高齢者、障害者、性的マイノリティ、外国人、難民は数的に少数とならざるを得ず、その社会的地位や影響力も比較的小さい場合が多い。現代の民主主義社会では、さまざまに不利な人びとにどのようにケアを公平に配分すればよいかが重要な争点となっている（Held, 2006; Sevenhuijsen, 1998）。トロント（Tronto, 2009, 2013）は、北米の社会ではジェンダーや人種や階級の違いによってケアする責任が不平等に配分されていることを指摘し、より公平なケアリングが最も重要な政治的課題であると指摘する。

　だが、ここで注意すべきは、現代社会では、ある人は、ある部分でマジョリティであると同時に、ある部分でマイノリティに属することがあることである。裕福な階層にいる女性、社会的に高い地位にいる同性愛者、障害があるが社会的に成功した人、知的階層に属する外国人。これらの人は、ある性質においてマイノリティであり、ある性質においてマジョリティである。ある部分で問題を抱えており、他の部分ではうまくいっている。もちろん、他方で複数の問題を抱えている人たちの数も少なくはない。多元的共生とは、このような複雑な共生社会である。

　だが、どの場合にせよ、マイノリティの声は小さくなりがちである。というのも、民主主義社会における政策上の意思決定を多数決だけにもとめれば、どうしても多数者にとって有利なものとなるからである。本書のテーマである「多元的共生」とは、すべての人が隔てなく、差別されることなく、多様性こそを認めあい、独自の価値観や生活様式に互いに誇りをもち、尊厳と自由の中で生きる権利を有し、意思決定への参画と、社会発展の成果を共に享受することができる社会である。民主主義社会は一人ひとりが同等の権利をもち、その主張をすることができる社会である。民主主義社会の目的は、個々人の人権の保護にある。この意味で多元的共生の理念は、最初から民主主義社会の目的に含まれているとさえ言えよう。

　ところが、現代の民主主義社会においては、多数決による集計的なシステム

と人権保護との間に矛盾がある。その矛盾は、哲学的な理論におきかえれば、最大多数の最大幸福を倫理的な目標におく功利主義と、人権を重視する義務論との対立だと言い換えることが一応はできる。しかし現代の功利主義で、人権を擁護することに反対する立場は存在しない。よって、民主主義社会は単純に集計的であってはならないのである。

そこで1990年代後半から議論されはじめるようになったのは、「熟議（deliberation）」とういうプロセスである。ハーバーマスの討議倫理（Habermas, 1991=2005）の考え方と呼応しながら、集計的民主主義の弱点を熟議によって克服しようとする考えは、近年の政治哲学や倫理学のホットなテーマである（Bohman and Rehg, 1997; Dryzek and Niemeyer, 2010; Elster, 1998; Fishkin, 1991; Fishkin and Laslett, 2003; Gutmann and Thompson, 2004; Koh and Slye, 1999; Nino, 1996; Parkinson, 2006; Parkinson and Mansbridge, 2013; 田村、2008）。

熟議民主主義とは、ごく簡単に言えば、社会における集団的意思決定において一般の人びとによる議論の過程を導入し、できるかぎり多様な立場を反映した討議を行い、その上で政策決定をするというものである。

単なる多数決による決定では、投票を決定する意思の質が問われない。有権者は、単なる人付き合いや、名前の書きやすさや見た目の印象など、あまり真剣な検討を経ないで投票することさえある。熟議とは、政策選択の意思決定の過程を従来よりも思慮に満ちたものにしようとするものである。熟議を導入する政策決定方式には、さまざまな立場と提案が存在する。一般市民からそれほど多くない人数を選んで熟議を行い、そこで決定した政策をそのまま採用するというアイデアから、少人数の市民による熟議を経た上で可能な政策案を提示し、最終的に住民全体で投票するというタイプのもの、討論型の世論調査を行って政策に反映させる方式まで、多様な提案がなされている。

こうした熟議民主主義の具体的な実現方法について、本論では議論しない。しかし本章で主張したいことは、多元的共生、すなわち、社会的に不利な立場にあり、支援を必要としている人びとが抱えている社会的諸問題（生活、労働、余暇、貧困等）を取り上げ、どんな人でも、一人ひとりが尊重される多元的共生社会を構想できるプラットホームは、熟議民主主義であるということである。

以下では、多元的共生社会において尊重されねばならない倫理的な価値とは

何であるかについて考察する。そこで尊重されるべき価値とは、インクルーシブな開かれた社会、当事者中心の支援、支援におけるケイパビリティと回復力（レジリエンス）という基準の重視である。そして、多元的共生社会の実現のためには、熟議、あるいは対話という過程が最も重視すべき社会活動であることを指摘する。

第1節　開かれた社会

　多元的共生には、まず何よりも開かれた社会を必要とする。ここでいう開かれた社会とは、それまで外部にいた人、見知らぬ人、異質な生活習慣や文化をもった人を歓待する社会のことである。開かれた社会の住人は、この意味の開かれた道徳観・倫理観をもたねばならない。開かれた道徳観とは人類愛に基づいた道徳観のことである。
　ここでの主張は、アンリ・ベルクソンが『道徳と宗教の二源泉』で主張した道徳理論に基づいている。ベルクソンによれば、生命は本質的に動的で、創造的な運動をする存在である。この動的性質を押しとどめようとするあらゆる抑圧は生命の本質に反している。道徳とは生命を育み、成長を促すためのものであるならば、それは、開かれ、動的でなければならない。道徳的な社会は、そうした実践ができるようにつねに自らを更新できるダイナミズムをもっていなければならない。閉じて、固定的なものは、その性質そのものによって、生命ある存在を傷つける。
　ベルクソンは、閉じたものと開いたものを根本的に区別する。家族愛や郷土愛、祖国愛といった道徳心は、自己愛、あるいは自己保存欲求の延長にすぎない。それは閉じた道徳である。閉じた道徳は、一般的なルールを成員に遵守するように求め、社会のための責務を課す。私たちの社会的責務の根底にある社会的本能は、どんなに広大であるにせよ利己心の延長であり、本質的に閉じた社会を目指している。しかしこの本能は人類を包括しようとすることはない。むしろ、同質性を求めて異質な人びとを排除していこうとする。閉じた社会で成員どうしは有機的に結びつけられ、その慣習や制度に機械的にただ従うように求められる。こうして閉じた社会では、その内部と外部に境界線を引こ

うとする。小さな家族的社会にせよ、現代の大きな国家にせよ、若干名の個人を包含しそれ以外の個人を排除する点では「閉じた社会」である。こうした閉じた社会の成員は、結局のところ他の成員に無関心であり、成員が団結するのは、異質な外部からの攻撃に備えるため以外ではない。閉じた社会は、一連の固定的なルールと権威からの圧力に他ならない責務によって成り立っている (Bergson, 1932, p328)。閉じた道徳は、排斥を含み、闘争を唆し、外部への憎悪を退けることがない。

他方、ベルクソンによれば、人類愛（ここには動物などの生命に対する愛も含まれる）はまったく異なった原理に基づいている。自己愛の延長である祖国愛と、人類愛との差異は、程度の問題ではなく、質的である。家族愛や祖国愛を拡張しても、人類愛に到達することは決してない。人類という集団は、その成員が拡大し続け、変化し続ける開いた社会である。したがって、人類愛とは開かれた道徳的態度であり、それは全人類を包括していこうとする運動である。生の飛躍は愛の飛躍に高められ、全人類をその愛の対象としながら進化していく。閉じた道徳と開いた道徳の差異は、固定性と運動性の質的な違いとして、求心性と遠心性の質的な違いとして理解すべきである。

> 「第一の道徳は不動なものと見なされる。それは、たとえ変化をしても、変化したことを直ちに忘れ、あるいはその変化を自認しない。この道徳が任意の瞬間に呈示する形態は決定的形態だと主張する。しかし、第二の道徳は推力であり、運動の要求である。それは原則として可動性である。この道徳が自己の優越性を証明するのは、この点によってであり、しかもこの道徳が自己の優越性をまず定義し得るのは、もっぱらこの点によってだけである。」
> (Bergson , 1977, p 71)

多元的共生社会の道徳は、開かれた道徳でなくてはならない。閉じた道徳は、個人と社会を動かないものとして固定したがる。そこでの道徳の目的は安定した秩序を構築することにある。そのために、運動や変化を引き起こすような因子は社会から排除される。道徳性を閉じたものにしようとする傾向は、かならず圧力と排除を伴うようになる。閉じた社会は、自分たちにとって異質な因子

であるマイノリティを包括（インクルージョン）しようとしない。新しいメンバーを迎え入れれば、自分たちの社会のルールと秩序を変更しなければならないからである。

　開いた道徳とは、生命の運動を促進しようとする態度であり、そのための他者への呼びかけである。人間の本質は、運動し、新しい創造を行う可能性にこそある。道徳とはこの力を促すためにある。閉じたものは、世界を止めようとする意思の発揮である。開いたものは、世界を続けさせ、動き続けることを望む意思の発揮である。開いた道徳は法則性を成員に押しつけるのではなく、個々の事例から学ぼうとする。開いた社会はそれまでとは異質な人びとを社会のメンバーとして迎え入れ、自分たちのこれまでの在り方を変えていこうとする。自分たちの社会のほうを、新しい個人のために再編成するのである。

　実際、蘭と河野（2007）たちによる組織の倫理意識についての実証的研究も、以上のベルクソンの理論を肯定する結果を示している。それによれば、経営状態が悪く、成果の上がらない企業ほど、忠誠心で構成員を締め付ける傾向がある。そうした組織では、メンバーは、外部の人たちに関心をもつことが薄くなり、他者の利害に配慮しなくなる。そうした組織風土こそが、組織的不正や不祥事を引き起こす温床となる。言い換えれば、自分の内集団を相対化する態度と、外集団に属する人びとへの道徳的配慮の間には正の相関関係があることが示された。

　社会を開かれたものにするには、どのような態度が必要であろうか。開かれた道徳が定着するにはどのような態度が必要だろうか。蘭と河野の研究から分かるように、それは、自分たちの集団の在り方を相対化し、批判的に検討する態度である。地域社会なり国家なり組織なりを新たなものへと改善し、そこに属する個々のメンバーの前進と進歩に貢献しようとする態度である。この自己の属する集団への批判的思考をもち得ない人びとは、現在のままを維持しようとして、人びとの間に何らかの形で線引きしようとする。集団の境界線を越えないように人間の移動や交流を制限しようとする。多元的共生社会の礎は、自己の属する集団に対する批判的思考にある。そして、循環的になるようだが、自分の社会を見直そうとする視点は、異質な他者の視点を取り入れることから生まれるのである。

第2節　当事者中心の支援

　開かれた社会とは、多様な人びと、特にマイノリティとされている人びとを歓待し、彼・彼女らを契機として自らのあり方を改善していく社会である。そのためには、それらの人びとが当事者として声を上げ、当事者の視点から社会改善を行っていかなくてはならない。これを当事者中心の支援と呼ぶことにしよう。

　当事者中心とは、福祉や教育、医療看護などの支援が当事者の視点から行われることを意味している。これは、当事者に一般的な基準に合わせることを求める態度とは逆のものである。また、福祉や教育、医療看護に従事するのは、それなりの専門家である。当事者中心とは、当事者が主となり専門家が従となる立場をとることも同時に意味する。

　従来の支援は、社会の標準に合わせるように、専門家主導で行われてきた。たとえば、従来の特殊教育では、治療をモデルとした教育が行われてきた。そこでは、子どもの発達には標準的な経路と段階があるとされ、それに応じて、規格化された教育法・カリキュラム・テキスト・評価法が割り当てられてきた。そして、「通常」で「普通」の仕方で教育しても発達に問題がある場合には、問題の原因は子どもにあるとされ、その子どもは「異常」で「特殊」と見なされる。「異常」な子どもたちは「正常」な子どもから分離して教育すべきであり、障害別にふりわけて専門家による最善の治療を受けさせればよいとされる。標準的ないし平均的であることが正常と同一視され、標準＝平均は当事者のほうが適合すべき基準となる。こうして、従来の特殊教育は、障害を除去すべき「異常」な状態と捉え、「正常」な状態に到達することを目的としてきた。子どもは「正常」になることで、はじめて社会参加できると見なされてきたのである。たとえば、日常生活動作（ADL：Activities of Daily Living）訓練では、障害によって困難、もしくはできなくなった基本動作、つまり移動、食事、トイレ、入浴、家事などをなるべく一人で、標準的な方法でできるように指導してきた。

　こうした特殊教育の問題点は明らかである。ここで求められる障害の克服とは、マジョリティの平均値である「正常」に適合することである。しかし、こ

の「正常」とは、教育する側にとって一律に効率良く扱える標準のことである。カリキュラムや教育方法は、子どもに合わせて開発され、改善されるべきであるのに、実情はその逆に、標準的な教育方法・カリキュラム・教材を基準として発達を測り、教育法のほうに子どもを適応させている。

　ここに見られる問題点は、一般の社会が障害のある子どもにとって閉じた社会になっており、福祉や教育、医療といった専門分野も閉じた社会になってしまっていることである。

　こうした社会や専門家が設定した基準に障害者を適合させようとする障害観に対して、社会モデルといわれる障害観が提示されてきた。社会モデルによれば、障害とは当事者に内在する問題ではなく、当事者と環境との間のミスマッチとして生じるものである。そしてそのミスマッチしている環境は社会がつくり出したものである。社会は、マジョリティを標準として社会環境をつくり出す。たとえば、日本の鉄道のあり方などは、大人の健康な男性が標準となってつくられており、子どもや妊婦にはラッシュアワーの混雑は酷すぎ、ベビーカーや車イスはプラットホームへのアクセスが悪く、老人には席が用意されない。そうしたマジョリティが設定した基準に適合できないでいる個体が障害者と呼ばれてしまうのである。

　従来の障害観は障害者に適合の努力を求める一方で、社会の側の不備はまったく問題にしてこなかった。社会モデルは社会にこそ変化を求める。民主主義社会においてすべての人が平等であるとすれば、障害のある人たちへの要求は不公平すぎるのである。社会はあらゆる人に平等に配慮すべきであり、社会環境の設定を偏ることなく、公平にすべきなのである。

　当事者中心の支援は重要であるのは、今述べた公平性（すなわち、正義と倫理）の観点からばかりではない。本人の観点や自発性を尊重しなければ、支援の場面、特に教育や治療、リハビリテーションの場面でそもそも有効な支援が成立しないからである。当事者中心の支援を考えるときに注目すべきは、べてるの家の当事者研究である。べてるの家の方法は、本人中心の支援がどれほど有効で効力があるかの証左となっている。

　当事者研究とは、北海道浦河町にある「浦河べてるの家」と浦河赤十字病院精神科において2001年2月から始められるようになった精神障害当人やその家

族自身による一種の自助プログラムである。べてるの家を設立した向谷地によれば、当事者研究は以下の五つのステップからできている（浦河べてるの家、2005, p 4）。

①〈問題〉と人を切り離す：「爆発を繰り返してる〇〇さん」から、「爆発をどうにかやめたいと思っているのにやめられない苦労を抱えている〇〇さん」という当人の問題を客体視する観点をもつ。
②自己病名をつける：自分の抱えている苦労や症状の意味を反映した、自分が最も納得できる「病名」を自分でつける。たとえば、「統合失調症悪魔型」、「人間アレルギータイプの人格障害」など。
③苦労のパターン・プロセス・構造の解明：症状の起こり方、行為、苦しい状況への陥り方には必ず規則性や反復の構造がある。それを仲間と話し合いながら明らかにする。
④自分の守り方、助け方の具体的な方法を考え、場面をつくって練習する：予測される苦労に対して、自己対処の方法を考え、練習する。自分を助ける主人公はあくまで「自分自身」である。
⑤結果の検証：以上の過程を記録し、実践してみる。その結果をまた検証し、良かった点とさらに良くしていく点を仲間と共有し、次の研究と実践につなげる。研究の成果は仲間に公開する。

こうしたピア・サポートの重要性は以下のように指摘できるだろう。まず、自分の問題を自分で規定する態度である。医療者から与えられる精神医学上の規定、すなわち、疾患名を無視する必要はないが、その規定は医療者にとっての分類であり、医者の側から患者をどのように扱うかという範疇分けである。それは医療する側の観点からできている。また、医療上の範疇分けがどれだけの妥当性をもっているのかは、医療者の間でも激しい論争がある。2013年5月、精神疾患の診断と治療の基準となるアメリカ精神医学会のマニュアル「ＤＳＭ（精神疾患の診断と統計マニュアル）」が第5版へと大改訂された。その改正の基準や方法、精神の「異常」「正常」の線引きをめぐって、大議論が巻き起こっている（Frances, 2013; Paris and Phillips, 2013）。医療的判断を絶対の真理のよう

に受け取るわけにはいかないし、ましてや、自分が自分の問題にどのように対処するかは医学が教えてくれるわけではない。

　そこで、当事者研究では、医療上の病名を単に受け取るのではなく、自分の抱えている問題を反映した自己病名を自分でつけることによって、問題を自分の問題として取り戻す。こうして、自分自身の観点から自分の問題を見直したときには、医療者の治療に従うばかりではなく、自分の問題を自分としてはどのように扱っていけばよいかという主体的な取り組みへの道が開かれる。それは、「苦労」のパターンを自己認識し、「苦労」に具体的に対処する方法を考え、実践するという試みである。そして、このような当事者中心の観点をとったときに、最も重視すべきなのが、類似した問題を抱えた人たち、すなわち、ピア（＝同じ経験を有する仲間）の存在なのである。彼／彼女らの助言や実践の報告は、当人にとってとても有益な情報を含んでいる。

　この節で述べてきたことは、主に障害や疾患を抱えるマイノリティを想定してきた。しかしながら、当事者中心の観点をとるべきだというのは、あらゆる人にとって妥当する原則である。私たちは、当事者が自分（たち）の問題やニーズに対して自分（たち）自身で対処していく自主的な態度を尊重し、専門家による支援は側面的に、かつ有効になされなければならない。ここでも社会と専門家は開かれた態度をとらなければならない。

第3節　ケイパビリティと回復力（レジリエンス）

　さて、多元的共生社会が実現されるためには、マイノリティに属する人たちに関して公平さと平等性を担保しなければならない。先進国においては、形式的な平等性、すなわち、法や制度上の平等は、かなりの分野で達成されているであろう。しかし日本では、形式的平等が十分達成されていない分野も多い。たとえば、日本においては同性愛の権利については国会などでまともに取り上げられたことさえない事情であり、この点は法的・制度的にまったく手つかずだと言える。難民の受入れ数は、他の先進国と比べて大幅に少ない。国連・子どもの権利委員会からは、日本は子どもの権利に関して厳しい勧告を受けている。マイノリティ差別、男女差別、障害をもった子どものインクルージョンの

不十分さが指摘されている（日本弁護士連合会、2011）。子どもに認められる意見表明権（自分が関わる教育について意見をする権利）などは、日本では無視されたままである（森田明彦・セーブ・ザ・チルドレン・ジャパン、2013）。日本は、多元的共生の理念が形式的レベルでさえも十分に達成されていない国である。

　しかしながら、たとえ形式的平等が達成されても、質的な不平等が残存していては十分に平等とは言えない。たとえば、男女平等は日本においても法的に保障されているが、いまだに社会における重要なポストへの女性の社会進出は著しく低い。障害のある子どもが通常学級に通いにくいのは、すでに制度上の不備とばかりは言えず、学校や教員の対応、地域の風土などが影響している場合もある。不平等とは、単に経済上の資源の不平等ばかりを言うのではない。

　ノディングスは、基本的な人との関わりにおいても不平等があることを指摘している（Noddings, 2006, pp275-295）。基本的な人との関わりとは、人間の知性、道徳、感情が健全であるために必要とされる人との関わりの質のことである。人間関係の不平等は、つねに経済的な問題から引き起こされているとは限らない。裕福な家庭に生まれたが、心身障害ゆえにその地域の人びとから差別され、社会から隔離されているならば、その子どもの人間関係は不平等で貧困なものとなる。女性差別的な考え方の両親の下で育った女の子は、限られた教育しか受けられず限られた就業先しか見つけることができないかもしれない。

　そこで、人びとには実質的な平等を保障しなければならない。ここで注目すべきは、セン（Sen, 1999）が提起したケイパビリティ・アプローチである。ケイパビリティ（capability）とは、どのような状態にある人びとが福祉の対象となるか、その基準を定めるために提起された概念である。ケイパビリティとは、ある人にとって選択可能な「機能」の集合である。機能とは、人間の生活における「活動」や「状態」のこと、すなわち、その人が「どのようなことができるのか」、「どのような人になれるのか」を意味する。たとえば、「適切な栄養を得ているか」「健康か」「避けられる病気にかかっていないか」「自尊心をもっているか」（以上は「状態」）、「社会生活に参加しているか」「教育を受けているか」「職に就けているか」「政治家として活動することが可能か」（以上は「活動」）が、その例である。機能とは、生活においてその人が、実質的に何ができるかを表した概念である。その人がどのような機能を達成できるかは、その人が利

用できる選択肢の範囲を示している。ケイパビリティとは、これらの機能を可能にする潜在性である。よって、ケイパビリティは、生き方の幅、自由の幅を意味する。

　多元的共生社会を実現するためには、マジョリティに比較して不平等な状態に陥っている人びとのケイパビリティを開発することが、福祉と教育の目的となるであろう。ケイパビリティの開発には上限があるわけではない。どこまでもその人のケイパビリティを伸ばすことは教育的態度としては正しいが、限られた資源の中ではあらゆる人のケイパビリティを最大限まで伸ばしていく余裕はない。では、福祉の対象となる不利な人びとのケイパビリティは、どの程度まで向上させるべきであろうか。ある人のケイパビリティをどこまで開発することができれば、実質的な平等が達成されたと言えるのだろうか。私は、ここで「レジリエンス（resilience）」という概念を、ミニマルな福祉の基準として提案したい。すなわち、ある人を生存のためのレジリエンスをもった存在とすることが福祉と教育の目的なのである。

　レジリエンスとは、「攪乱を吸収し、基本的な機能と構造を保持し続けるシステムの能力」のことである（Walker and Salt, 2006, p.xiii）。一言で言えば「回復力」や「復元力」を意味する。

　本来の物性科学の用語であるレジリエンスが注目されるようになったのは、60年代の生態学や自然保護運動の文脈においてである。そこでレジリエンスは、生態系が変動と変化に対して自己を維持する過程という意味で使われた。しかし、ここで言う「自己の維持」とは単なる物理的な弾力のことではなく、環境の変化に対して動的に応じていく自己維持能力のことである。さらに80年代には、この用語は心理学や精神医学、ソーシャルワークの分野で使われるようになり、ストレスや災難、困難に対処して自分自身を維持する力や、病気や変化、不運から立ち直る個人の能力をさすようになった（Cefai, 2008; Clauss-Ehlers and Weist, 2004; Fraser, 2004; Hauser, Allen, and Golden, 2006; Miller, 2012; Pearce, 2011; Wolin and Wolin ,1993）。

　フレイザーは、エコロジー理論を子どものためのソーシャルワークと教育の分野に応用しながら、レジリエンスの概念の重要性を指摘している。従来では、患者の問題を専門家がどう除去するかという医学中心主義的な視点でソーシャ

ルワークが行われていた。患者の問題の原因は患者自身にあるとして、患者を専門家に依存させてきた。これに対して、エコロジカルなソーシャルワークは、患者の自発性や潜在能力に着目し、患者を中心においた援助や支援を行うようになる。ソーシャルワークは、人間と社会環境の間の相互作用に働きかけることにある。クライエントの支援は、本人をただ鼓舞して社会に適応させるのではなく、本人のもつ力を最大限に発揮できるような環境をいかにして提供するか、本人の回復する力（レジリエンス）が活かせる環境をどうすれば構築できるかといった主体と環境との相互作用の開発にある。たとえば、発達障害のある子どもに対して、特定の作業所に務められるような仕事をどの子どもにも同じように教えることは妥当ではない。そうした場合には、特定の作業所に依存してしまうような能力しか身につけられず、学校から施設という流れの外に出ることができない。一種の隔離になってしまいかねない。そこで、子どもの潜在性に着目して、職場や環境が変わっても続けられる仕事につながるような能力を開発すべきなのである。あるいは、べてるの家では、当事者が働ける職場を独自にいくつも開発しているが、これも当人の能力と環境のマッチングを考慮することによって、広い範囲の仕事の可能性を確保しようとする努力と言えるだろう。本人のケイパビリティを拡大することはリジリエンスを獲得していくことにつながる。

　ここでレジリエンスにとって重要な意味をもつのが、「脆弱性（vulnerability）」の概念である。通常、脆弱性はレジリエンスとはまったく正反対の価値をもつとされる。リジリエンスとは、本来、「頑健さ」を意味し、脆弱性とは回復力の不十分さを意味しているからである（Anthony, 1987）。しかし脆弱性は、レジリエンスを保つための積極的な価値として見ることができる。なぜなら、脆弱性とは、変化や刺激に対する敏感さを意味しており、このようなセンサーをもったシステムは、環境の不規則な変化や攪乱、悪化にいち早く気づけるからである。たとえば、災害に対してレジリエントな施設・建築物を作り出したいのなら、障害者や高齢者、妊娠中の女性にとって避難しやすい作りにすることが最善のレジリエンスをもつことになるだろう。この意味での脆弱性は、「クリティカリティ」という概念と関係がある。建築や環境デザインの専門家、ラポートによれば、クリティカリティが高いという状態は、病気や加齢、急激

な文化の変化などによって適応能力が減退している人びとに対して環境がより大きな影響を与える状態のことをいう（Rapoport, 2008, p18）。脆弱性とはクリティカリティに関する感度のことである。脆弱な人びとにとってクリティカルでない環境は誰にとってもクリティカルではない。

　ケイパビリティの開発は、ある人間個人の選択の幅を広げ、自由を拡大する。福祉によって維持されなければならないケイパビリティとは、本人が自己維持のためのレジリエンスをもち得るような一群のケイパビリティである。レジリエンスという概念に特徴的なことは、それが自己と環境の動的な調整に関わることである。福祉としては、それは単純に金銭を付与することではなく、単純に治療をすることでもない。そうした一時的な解消法では、リジリエンスを獲得することはできない。リジリエンスを目指した支援とは、変化する環境に対して動的に適応する力を付与することである。言い換えるなら、福祉の対象となる人びとに必要なのは、環境の変化に対しても、一定以上の生活の質を維持できるような一群のケイパビリティなのである。いや、より正確に言えば、それらの一群のケイパビリティを調整的に開発していけるような当人の能力の獲得、及び、その本人を取り囲む環境の整備である。この水準のケイパビリティを誰にでも保障することが社会における平等である。

　レジリエンスは、システム同士が相互作用する一連の過程から生じるものであり、システムが有している内在的性質ではない。それは、自発性をもったシステム同士の関係性から動的に産出される状態である。したがって、レジリエンスは、当人の現在における特定の能力の開発のみならず、その能力に見合うように、現在の環境をある特定の仕方で改変する必要もある。福祉と教育において追求されるべきは、人びとに公平にレジリエンスを付与することである。

第4節　福祉と熟議

　多様な人びとが暮らす社会とは、それだけ不平等がはびこりやすい社会である。トロント（Tronto, 2009, 2013）が指摘するように、現代の民主主義社会では、ケアの平等で公平な配分が重要な政治的課題である。だが、その不平等は単純ではない。というのも、一方で、複数の問題を抱えている人たちは少なくはな

いが、他方で、ある人は部分的・側面的にのみマイノリティに属していることがあるからである。したがって、多元的共生社会の福祉は、経済的に困窮している人たちに対して、単純に金銭や職を付与すれば済むものではない。多元的社会では、多元的な問題に対して、同様に多元的に配慮と解決策を当てることが福祉と教育の役割なのである。

　そこで本論では、そうした多元的共生社会において尊重されねばならない倫理的な価値について論じてきた。まず、異質な人びとを包括し、その人たちの観点から社会の構成を問い直していく開かれた動的な社会にしていくこと、不利益を被っている人びとに対しては当事者中心の支援を行うこと、それにより専門家の役割も変化させること、そして、福祉と教育の基準を、レジリエンスをもち得るような一群のケイパビリティを開発することにおくことである。

　こうした倫理的な価値が社会で共有されるためには、マイノリティの声が公共の舞台に上がらねばならない。最初に指摘したように、それは政策決定のいずれかの段階で、多数決による決定を経る前に、熟議という議論の過程をつくることである。その熟議においてはさまざまなマイノリティの立場からの意見が反映されるべきである。福祉や教育の現場における当事者中心の支援は、この政策決定における熟議の過程と呼応することではじめて有効となるであろう。しかし熟議とは、単なる政治的過程ではなく、一種のカルチャーである。対話し議論する文化、相手の主張に耳を傾け、自分の考えを批判的に検討する文化に欠ける社会では熟議は育たない。熟議の基礎となる対話する習慣。これこそが「開かれた社会」「当事者中心の支援」「レジリエンスに至るケイパビリティの開発」という本論で訴えたすべての価値に通底する最も基本的な価値なのである。

参考文献

Anthony, E. J. (1987) "Risk, Vulnerability and Resilience: An Overview." *The Invulnerable Child.* Ed. E. J. Anthony and B. Cohler. New York: Guilford. pp3-48.
蘭千壽・河野哲也編著（2007）『組織不正の心理学』慶応義塾大学出版会。
Bergson, H. (1977) 平山高次訳『道徳と宗教の二源泉』（改訳）、岩波書店。
Bohman, J. and Rehg, W. (Eds.) (1997) *Deliberative Democracy: Essays on Reason and Politics.* Cambridge, Mass.: MIT Press.

Cefai,C.（2008）*Promoting Resilience in the Classroom:A Guide to Developing Pupils' Emotional and Cognitive Skills.* London: Jessica Kingsley Publisher.
Clauss-Ehlers, C.S. and Weist, M.D.（Eds.）（2004）*Community Planning to Foster Resilience in Children.* New York: Kluwer Academic Publishers.
Dryzek, J.S.（2000）*Deliberative Democracy and Beyond: Liberals, Critics, Contestations.* Oxford/New York : Oxford University Press.
Dryzek, J.S. with Niemeyer, S.（2010）*Foundations and Frontiers of Deliberative Governance.* Oxford: Oxford University Press.
Elster, J.（1998）*Deliberative Democracy.* Cambridge, UK: Cambridge University Press.
Fishkin, J.S.（1991）*Democracy and Deliberation: New Directions for Democratic Reform.* New Haven: Yale University Press.
──────（2011）岩木貴子訳『人々の声が響き合うとき: 熟議空間と民主主義』早川書房．
Fishkin, J.S. and Malden, P.L.（Eds.）（2003）*Debating Deliberative Democracy.* Blackwell.
Frances, A.（2013）大野裕監修・青木創訳『〈正常〉を救え──精神医学を混乱させるDSM-5への警告』講談社．
Fraser, M. W.（Ed.）（2004）*Risk and Resilience in Childhood: An Ecological.* 2nd ed. Washington, DC: NASW Press.
Gutmann, A. and Thompson, D.（2004）*Why Deliberative Democracy?* Princeton, N.J.: Princeton University Press.
Habermas, J.（2005）清水多吉・朝倉輝一訳『討議倫理』法政大学出版局．
Hauser, S.T., Allen, J.P., and Golden, E.（2011）仁平説子・仁平義明訳『ナラティヴから読み解くリジリエンス: 危機的状況から回復した「67分の9」』北大路書房．
Held, V.（2006）*The Ethics of Care: Personal, Political, and Global.* Oxford UP.
Koh, H.H. and Slye, R.C.（Eds.）（1999）*Deliberative Democracy and Human Rights.* New Haven, Conn. : Yale University Press.
Miller, J.（2012）*. Psychosocial Capacity Building in Response to Disasters.* New York: Columbia University Press.
森田明彦・セーブ・ザ・チルドレン・ジャパン（2013）『子どもの権利条約新議定書（個人通報制度）──子どもには世界に助けを求める権利がある！』萌文社．
日本弁護士連合会（2011）『問われる子どもの人権：日本の子どもたちがかかえるこれだけの問題: 子どもの権利条約・日弁連レポート』駒草出版．
Nino, C.S.（1996）*The Constitution of Deliberative Democracy.* New Haven: Yale University Press.

Noddings, N.（2006）『教育の哲学: ソクラテスから「ケアリング」まで』世界思想社。
Paris, J. and Phillips, J.（Eds.）（2013）*Making the DSM-5: Concepts and Controversies*. Springer.
Parkinson, J.（2006）*Deliberating in the Real World: Problems of Legitimacy in Deliberative Democracy*. Oxford : Oxford University Press.
Parkinson, J. and Mansbridge, J.（2013）. *Deliberative Systems: Deliberative Democracy at the Large*. Cambridge University Press, Reprint.
Pearce, C.（2011）*A Short Introduction to Promoting Resilience in Children*. London: Jessica Kingsley.
Rapoport, A.（2008）大野隆造・横山ゆりか訳『文化・建築・環境デザイン』彰国社。
Sen, A.（1999）池本幸生・野上裕生・佐藤仁訳『不平等の再検討: 潜在能力と自由』岩波書店。
Sevenhuijsen, S.（1998）*Citizenship and the Ethics of Care: Feminist Considerations on Justice Morality and Politics*. London and New York, Routledge.
田村哲樹（2008）『熟議の理由: 民主主義の政治理論』勁草書房。
Tronto, J.C.（2009）*Moral Boundaries : A Political Argument for an Ethics of Care*. New York: Routledge.
──────.（2013）*Caring Democracy: Markets, Equality, and Justice*. New York and London: New York UP.
浦河べてるの家（2008）『べてるの家の「当事者研究」』医学書院。
Wolin, S.J. and Wolin, S.（2002）奥野光・小森康永訳『サバイバーと心の回復力: 逆境を乗り越えるための七つのリジリアンス』金剛出版。

第2章　多元的共生社会の理論のために
――自立生活運動の実践から――

深田耕一郎

第1節　他者とともにあることの可能性

1　自立生活における障害者と介護者
――コンフリクトとディスコミュニケーション

　障害者の自立生活運動は「他者とともにあること」の可能性を問うてきた社会実践である。ここでいう「他者とともにあること」とは、特定の空間において2人以上の人間が存在し、何らかのコミュニケーションをかわしあう事態を指している。「ともにある」とはきわめて具体的な目の前の人間同士の「共在」の問題ではあるが、それは「ともに生きる」という社会的な「共生」の問題へとひと続きにつながっている。自立生活はこの共生をめぐる問題が最も先鋭的に現れる場所であり、「他者とともにある社会」がいかにして可能になるかという問いを追求してきた。

　自立生活とは、障害者が家族から離れ、また施設に入所するのでもなく、他者の手助けを受けながら暮らすライフスタイルをいう。家族の介護も施設の処遇もそのどちらもが障害者の生存を保障することはあっても、彼らの尊厳を守ることはなかった。そのことに対する異議申し立てと、それとは異なる生活を自ら創造する実践が自立生活運動である。

　一般に「障害者」と呼ばれる人びとは、「障害」と呼ばれる身体的特徴を無根拠に所有し、それは行為遂行を困難にすることが多いため、ある手段を用いながら「障害」を補って生きている。事実としては単にそれだけのことである。だが、その人は「正常」であるとされる人を前にすると「障害者」と呼ばれる人になる。制度的、物理的、意識的な齟齬が契機となって「障害者」には否定的な意味が付与される[1]。

一方、「障害者」である人を前にして「正常」とされる人びとは「健常者」になる。健常者は障害者に対面したとき、往々にしてダブルバインドと呼ぶことができるような状況に遭遇する。目の前の人を配慮すべきか、いや配慮は差別か。身体的・感情的なこわばり、硬直を経験する。障害者を気遣い、援助しているのが健常者であるならば、障害者に戸惑い、否定的なイメージを付与しているのもまた健常者である。このように障害者と健常者の間には常にディスコミュニケーションが生じうる蓋然性がある。

　自立生活運動はこうしたディスコミュニケーションに対していくつもの解法を編み出してきた。その一つが他者の管理から逃れ、自らの生を自らが生きるという「自立の思想」である。彼らは、身辺自立や職業自立は果たされていなくとも、自らの行為を「自己決定」しているという点でその人は自立していると主張した。そして、たいてい24時間の介護が必要なため介護者を昼夜間の交代制で要請し、数名の介護者とつきあう生活を築き上げた。具体的には身辺介護（食事、排泄、入浴、身体移乗、着脱）、家事援助（買物、洗濯、掃除、調理）、コミュニケーション援助、移動援助等を受ける。これは「自立の思想」の実践である。

　このように自立生活を営む障害者は「自己決定」を除いてほとんどの行為を他者に委ねている。社会学者の岡原正幸が繊細に記述しているように、障害者と介護者の間には意思決定や身体に染み込んだ規則、互いの生活様式の違いなどをめぐって、実に多様で複雑な「コンフリクト」が現れる（岡原、1990=1995）。しかし、障害者は常に他者を必要として生きている。そのため両者は不可避的に「絶対的な信頼関係」を形成する。衝突が起きようともどこかで他者を受け容れ、尊重しながら生きていくよりほかない生がここにはある。

　自分とは異なる存在としての他者を受け容れ尊重しつつ生きていかねばならないという事態を前にして、人と人はどのような関係を結び、ふるまっているのだろうか。本章では、自立生活運動における障害者と介護者の介護関係に着目することで、「他者とともにあること」がどのように問われ、いかなる現実を生み出してきたかを明らかにする。この自立生活運動の実践から示唆を得ることによって、多元的共生社会に向けた道筋を示す理論を導き出す。

2　心の共同体——自立生活の原像

　自立生活には障害者と介護者のコンフリクトが絶えまなく生じている。これは互いにとって互いが他者であることの証左であり、介護が1人の人間では成り立たず2人以上の人間によって成り立つ営為である限りにおいて、不可避的に生じるディスコミュニケーションである。自立生活とは他者とともにあることの困難さに満ちた試練の場である。

　しかし、これとは異なるイメージを私たちは得ることができる。たとえば、横塚晃一が遺した「介護ノート」にそれが見て取れる（横塚、1975＝2007）。日本の自立生活運動は1960年代後半から70年代にかけて質的な転換を遂げ、その急進性を増したといわれる。その中心を担ったのが脳性麻痺者の団体である「青い芝の会」であり、横塚はこの青い芝の会のリーダーであった人物だ。彼の主著『母よ！殺すな』に展開されている論理は、日本の自立生活運動の理念的基礎をかたちづくったことで知られている。

　1978年、横塚は胃がんの治療のため、都立駒込病院に入退院を繰り返していた。このとき彼に付き添った者たちによってまとめられた記録が『介護ノート』である。このノートを読むと、同じ脳性麻痺者で、妻であったりゑが書き残した言葉が目を引く。彼女は最初、横塚の看病に健常者がかかわることに対して葛藤が消えなかったという。長い葛藤の末、同じ願いのもとに「健全者と協力できる喜びと感謝」を抱くようになった。そのことを彼女が横塚に伝えたとき、彼は「心の共同体」の話をしたという。

　横塚は「ＣＰにかかわろうとする健全者は、常に自分の属している世界にはみられない何かを知りたい、何かを得たいと思ってやってくるのだ。その要求を満たしてやれないＣＰは健全者を使うことはできない」といい、「思いやりは相互に」を繰り返した。「健全者に思いやりを要求するだけではいけない。こちらも健全者のことを思いやらねば……」と語った。りゑによれば、思いやりとは健常者に遠慮することではなく、「思いやった上で、それでもなおＣＰとしての主張を通さなければならない。時と場合によれば、健全者がぶっ倒れるのを承知の上で、健全者を使い切らなければならない」というものだった。

　彼は介護者とともにモノを食べた。「ＣＰと一緒に平気で飲み食いできると

いうのは大事なことだ。介護者の○○君は、俺のたべ残したオカユを食べてしまうが、意識してやっているんだろう。子供の食べ残しを食うのにためらう母親はいないけれど、他人どうし、しかもＣＰの病人のなんだからな」と感激した。それから、介護者と風呂に入って、前をタオルで隠すようではとても「本物の関係」をつくることはできないといい、また、横塚の排泄物や吐物の始末をするときに嫌な顔をする介護者を見たことがなく、「△△君なんか、かえって嬉しそうに俺のウンコを始末してる」と喜んだという。

りゑによれば、横塚の闘争は脳性麻痺者の生存権保障の闘いであったが、同時に養護学校義務化反対運動に見られるような、強制隔離を拒否する闘いでもあった。隔離を拒むとはすなわち、社会の中で健常者とかかわりあう生き方を選ぶということだ。その「かかわり方の姿勢を追求し、共にＣＰとかかわり合える健全者をつくり出そうとした夫が、自分のまわりに集まる同志、とりわけ夫を少しでも長く、苦痛少なく生かそうと努める介護者との結びつきを言い表そうとした言葉が"心の共同体"であった」。横塚は「一期一会」という言葉を好み、「一生にただ一度出会えた因縁の不思議さを思い、若い介護者との出会いを大切にしようとした」という（横塚、1975=2007, pp267-8）。

ここには自立生活の原像がある。つまり、困難さに満ちた試練の場としての自立生活というイメージとはずいぶんと異なった「他者とともにある」世界を確認することができる。すると、自立生活には二つの具体像があることがわかる。第１はコンフリクトとディスコミュニケーションに満ちた自立生活であり、第２は思いやりを相互にかわしあう「心の共同体」としての自立生活である。

後に見るように、この二つの自立生活像は互いに独立して存在するものではなく、第１のものが第２のものに影響を与え、またその逆も同様であるような、相互依存的な関係にあるのだが、このことを考察するために、以下では共同体をめぐる議論を参照する。とりわけ、自立生活運動が起こった1970年代と同じ時期に書かれたコミューン論、社会構想論を手掛かりにしながら、「他者とともにあること」としての自立生活を理解しよう。

第2節　コミューンとしての自立生活——交響圏とルール圏

1　コミューンの共生実験

　1970年代は人と人が「ともに暮らすこと」、つまりコミューンという共同体のあり方が真摯に問われた時代であった。いくつものコミューンの実験と邂逅してきた栗原彬は、青年の自己同一性の問題と共同体の問題とが呼応しあっていたことを指摘している。コミューンの実践を振り返りながら、彼らにとって問題を問うための切実な条件の一つは「ともに住むということ」だった（栗原、1973a, p21）。

　「水俣病患者、三里塚の『百姓』の苦渋に充ちた闘いの中に、また、いくつかのコミューンの共生実験に、分裂と深い矛盾を含みながらも倫理＝共同性は確かな質をもって現れ、既存のシステムの中に異化作用を引き起こしてきた。システムから疎隔され、否定的アイデンティティやスティグマを強いられた人々は、システムの役割・機能規定に依存しない、文字通りの人柄と人柄の出会いへ、つまり間柄性の確認の中から自己と他者の発見へと歩み出る以外になかった。自己の一度の死と抑圧的構造の確認、信頼できる者とできない者の区別、よりよい生活の生みの苦しみに賭けること、敵の中にも尚人間的な力の源泉を看取ること——これらの経験の綴れ織りの中から、やさしくしたたかな人柄と間柄性とが鍛えあげられてきた。」（栗原、1973b:p85）

　コミューンの共生実験はこの時代に、世界同時多発的に試みられ、また様々な分野において実践された。いずれのコミューンも自分とは異なる「他者とともに暮らす」というきわめて具体的な課題の中から新たな人間関係のあり方を獲得しようとした。この時代に生まれた自立生活運動とはコミューンの共生実験であったと理解することができる。横塚の「介護ノート」に見られたように、自立生活という場において「やさしくしたたかな人柄と間柄性」が鍛えあげられていっただろう。

　他方で、栗原が書き記しているように、コミューンは「分裂と深い矛盾」を

含みながらそれ自体を運動のダイナミズムとして生成変化していく。自立生活においても障害者と健常者のコンフリクトは繰り返し現れ、この生活の存続を危うくした。コミューンが思想運動としての側面をもち、その分裂や挫折が必ずしも実践者の生命までを脅かさなかったのとは異なり、障害者にとって自立生活の破綻は生存の危機を意味した。そのため、コミューンの共生実験を「実験」で終わらせるのではなく、確実な生の保障へと組み換えていかなければならなかった。つまり、自立生活の第1の側面であるコンフリクトとディスコミュニケーションに対する解決法を模索しながら、なお第2の側面である「心の共同体＝コミューン」が追求されたのである。このことは「他者とともにあること」の内実を問うことであり、さらに言えば、私たちがどのような社会を構想するかという問いに開かれている。以下では、ある社会学者の手による社会構想の理論を参照する。

2　交響圏とルール圏

見田宗介は、社会を構想する仕方には二つの発想の様式があると述べ、それぞれに「交響圏」と「ルール圏」という概念を与えている。言うまでもなく見田は1970年代にコミューンの実践とその理論化に従事した社会学者であり、「交響圏とルール圏」はかつて「コミューンと最適社会」として構想された（真木、1971; 見田、1976; 真木1977）。

見田によれば、交響圏とは「歓びと感動に充ちた生のあり方、関係のあり方を追求し、現実の内に実現することをめざすもの」であり、「関係の積極的な実質を創出する」圏域である。ルール圏とは「人間が相互に他者として生きるということの現実から来る不幸や抑圧を、最小のものに止めるルールを明確化してゆこうとするもの」であり、「関係の消極的な形式を設定する」圏域である（見田、1996, p152）。

これら二つの発想の様式は対立するものではなく互いに相補する。したがって、「一方のない他方は空虚なものであり、他方のない一方は危険なものである」。なぜなら、二つの圏域は関係の射程を異にするからであり、交響圏は当該社会の成員すべてに広がるような全域性をもたず、局域的に生まれるものである（全域的であり得ないものの夢を、全域的であるかのように幻想した巨大

な社会実験が「コミュニズム」だった)。他方、ルール圏はルールの構想という課題を持ち、社会の全域を覆う（見田、1996, pp153-154）。交響圏において出会われる他者とは〈交歓する他者〉であり、〈関係のユートピア〉をかたちづくる。この交響圏が純化された極限のようなものとして〈愛の絶対境〉を想定すると、それは次のことが言える。

「純粋な〈愛の絶対境〉というものを乾燥した言葉で定義するなら、〈他者の歓びが直接に自己の歓びであり、自己の歓びが直接に他者の歓びである〉という原的な相乗性の関係であるが、『ルール』とは、他者の歓びが自己にとっては歓びではなく、自己の歓びが他者にとっては歓びでない限りにおいて、必要とされるものだからである。
　けれどこのように、純化されつくした〈愛の絶対境〉は、ほとんど極限の理念としてか、限定された持続の内部の真実としてしか一般には存在しない。どんな交響体も、現実の集団として年月を持続してゆく限り（そして、抑圧の共同体に転化するのでない限り、）さまざまな願望たちの間に折り合いをつける、ルールの関係の補助的な導入を必要とする。」（見田、1996, pp168-170）

このように見田は私たちが社会を構想するさいのあり得べき様式として、交響圏とルール圏という二つの圏域を区別して論じている。自立生活運動もこの二つの圏域を相補的に構想していたと考えることができる。つまり、第1にコンフリクトとディスコミュニケーションの生起に対しては何らかの解法を与えルール圏を構想する。第2にそれと同時に障害者と健常者がともによろこびを分かち合って生きることができる交響圏を構想する。これらの圏域は密接にリンクしており、自立生活運動はこの二つの水準において「社会構想」を試みてきたといってよい。では、日本の自立生活運動において介護が具体的にいかなる形態のものとして構想されてきたか。次にそのことを見ていこう。

第3節　ルール圏の構築──自立生活運動における介護のシステム

1　青い芝の会──無償／友人

　日本の自立生活運動は1960年代〜70年代に生成したと考えられている。この時期、運動は親睦を目的とした互助活動から、糾弾・告発型の社会運動へと質的な変化を遂げる。その画期をなす出来事として脳性麻痺者の当事者団体である「青い芝の会」の登場と「府中療育センター闘争」（以下、府中闘争）をあげることができる。自立生活運動は社会の否定の力に抗う実践であり、端的には健常者の差別性を告発するものだった。だが、彼らの生の困難さ（であり可能性）は、「敵」を糾弾するだけでは自己の存在を肯定したことにはならないことにある。肯定するためにはその同じ敵に対してともに生きる態度を要求し、協力を得なければならない。自立生活運動は「攻撃し、けれども同時に、連帯を求めていく」姿勢をもったのである（立岩、1990=1995a, p178）。

　その問題が最も先鋭的に問われる契機が介護である。介護の関係をいかにして健常者と結び、どのような現実をつくりあげていくか。そのことが問われ続けてきた。ここでは自立生活運動における介護の位置付けの変容過程を概観しよう。

　はじめに青い芝の会の介護観を取り上げる。彼らの運動が急進性を帯びるようになったのは1970年に横浜で起こった障害児（脳性麻痺）の殺害事件がきっかけである。事件後、障害児を殺害した母親に対する減刑嘆願運動が地元住民から生じた。青い芝の会神奈川県連合会はこれに抗議し「われわれは殺されても仕方のない存在なのか」と問いかけ、厳正な裁判の実施を求めた。彼らは障害者に働く社会の否定の力を拒み、自らの存在を肯定するための闘争をはじめる（立岩、1990=1995 a, p178）。

　では、青い芝の会は介護をどのように考えていたか。会の行動綱領で「健全者文明を否定する」ことを謳った彼らは、「存在が社会全体によって直接的に支えられることを当然とすること」を訴え、すべての健常者が無償で直接的に介護者となることを求めた（立岩、1995, p184）。すべての健常者が「差別者としての存在を自覚し障害者の手足となって、同時に、友人として」介護するこ

とが望まれた（立岩1990=1995a, p184）。こうした健常者の自己変革を求めるという強い思想性のもとに、まったくのボランティアですべての健常者と障害者が向き合う介護関係の形成がめざされたのである。ここに、介護をサービスとしてとらえ給与を支払うといった発想はなく、介護の有償化には根強い反発があった。健常者が自己を問いなおすことによって、あくまで「友人として」ともにあることが求められた。

しかし、無償のボランティアによる介護が本当に可能なのか。介護は日常の生活を支える最も基本的な営みである。持続性と安定性が問われる介護をボランティアの自発性にゆだねることができるだろうか。こうした問題が常についてまわった。

実際にはボランティアによる介護は困難をきわめた。無償で介護を担うことができるのは学生や主婦など何らかの経済的基盤のある人びとに限定される。また自発性という行動原理に依存すれば、障害者は介護者が来るかどうかもわからない不安定な生活を強いられることになる。このことは介護する者の恣意によって生存が脅かされてしまうことを意味した。

2　公的介護保障要求運動からCILへ——有償／サービス

それに対して青い芝の会とは異なる方向を示したのが府中療育センターの施設改善闘争から派生する、公的介護保障要求運動である[3]。彼らは思想的には青い芝の会の影響を受けながらも、介護のあり方をめぐっては制度による公的保障という方向に向かった。具体的には、介護に要する費用（介護料と呼ばれる）を行政に要求し、介護料を介護者に手渡すことで介護者の生活を保障する方法である。介護者の生活保障は障害者の介護保障を支える土台となり、自立生活を安定化させると考えられた。特徴的な点は彼らが介護者（人材）ではなく、介護料（貨幣）を求めた点である。行政に対して、介護者を派遣せよと要求しているのではなく、介護者は自分たちで探し関係をつくる。その関係構築を支える費用を保障せよと求めたのである。これは1974年に東京都の重度脳性麻痺者介護人派遣事業という介護制度になって結実する。翌1975年には、厚生省との交渉によって生活保護他人介護加算の特別基準を受給するに至る。

もっとも、介護制度が創設されたといっても、この派遣事業は週に4時間し

か提供されないきわめて限定的なものだった。そのために有償ボランティアに近い介護が続けられた。依然、介護者は介護とは別に賃労働をして自らの生活費を得ていたのである。それが要求運動の成果によって少しずつ時間数・介護料が増えていく。1982年にはおよそ月額6万円を介護者に手渡すことができる状態になる。この介護料を用いることによって、介護と労働を一致させることができると考えられた。彼らが「専従介護」と呼ぶ介護の労働化の実現である。専従介護とはその名が示す通り、障害者と健常者が関係を結び、専従で介護に入る労働形態をいう。従来、家族かボランティアによる介護が当然とされていた価値規範を転換し、「労働としての介護」というあり方を示した。青い芝の会にあっては「すべての健常者が」とされた担い手は、「介護を職業とする健常者＝介護労働者」へと変化し、「無償」とされた財源面については、公費の再分配による「有償」の介護が採用されるようになったのである。

1980年代の後半に入ると、専従介護をさらに拡大するべく組織的な展開が見られるようになる。専従介護とは基本的に障害者が自身の力で介護者を探し、関係を形成しながら生活をかたちづくっていくものだった。しかし、重度の身体障害者が多数の介護者を自ら集め自身の専従介護者として育成していくことは容易なことではない。実際は、障害者一人がすべて自分で介護関係を管理するというのはきわめて困難なことだった。そこで登場するのが自立生活センター（CIL）などの障害当事者によって組織された介護派遣センターである[(4)]。CILは介護者を多数集めプールすることによって障害者の必要に応じて介護をサービスとして提供する。障害者は日々の介護者探しに苦心することなくCILからの派遣を利用することができるようになった。それまでの専従介護が二者関係による介護の形態であったとすれば、CILは組織が障害者と介護者を結びつけコーディネートする三者関係を形成した。CILは障害当事者の運動体としての特性を活かし、日常生活の相談やピアカウンセリングなど、介護サービスに限定されない自立生活支援を行っている。

以上のように、自立生活運動は公的保障による介護の有償化と労働化という形態をとり、さらに派遣組織を確立することによってその利用可能性を高めた。無償から有償へ、友人からサービスへという介護形態の変容は、自らを生きさせるためのシステムとして、彼ら自身が生の葛藤のなかからつくりあげてきた

ものである。ここに自立生活運動におけるルール圏の構築を見ることができる。

第4節　交響圏のゆくえ——自立生活運動における介護のコミュニケーション

1　CILの現在——ルール圏の優先

　では、交響圏はどのようなものとして構想されたか。ここからは第1にCILが構想した自立生活の現在を記述し、第2にCILとは異なる介護観をもつ公的介護保障要求運動の世界を取り上げよう。

　CILは有償の介護サービスを組織的に供給するあり方を編み出した。これは無償の介護に限界があったことはもちろん、「専従」介護という障害者と健常者が1対1で向き合って関係を形成することの難しさを反映したものでもあった。全国公的介護保障要求者組合の設立メンバーであり、日本の自立生活運動を中心で牽引した高橋修は、東京に叢生する府中闘争型の運動を自身の活動のルーツとしながらも、ある時期からは専従介護に行き詰まりを感じ、CILという組織的な介護サービスの供給に可能性を見出していく。高橋は立岩真也のインタビューに答えてこう語っている。

　「むかしの東京の活動って、介護もそうだけどみんな全部個人の関係だったのよ。みんな関係性って、なんていうかな、個人の面倒見なのよね。個人的な応援体制なのよ。おれ、個人のネットワークっていうのは意味がない。意味がないというか、それでは限界があるんだと。組織としてきちっとやるべきだし。(中略)仕事として割るんだと、割り切っちゃうんだと。個人的魅力のある人間なんか介護者確保できるわけよ。どんなかたちでも。ほんとに自己主張できない、知識障害があるとか、精神障害があるとか、そういう人たちが、サポートがなきゃ自立できないんだ、一人暮らしできないんだと。それは個人では無理である。そういったときに、中西さんのその、サービスという。それと障害種別をこえて応援するんだというところ。」(立岩、2001、p256)

　専従介護はどうしても個人の能力に依存する。そのため専従介護形態では、

どんなに重度の障害があっても介護を利用して自立生活を営むという理想を実現することが難しい。高橋は専従介護から集団的な介護の供給形態への転換を図る。その際に介護を「サービス」として位置づけ「仕事として」「割り切ること」が安定的な供給を可能にすると認識された。

　ここでは「サービス」という言葉が重要である。CIL以前においても、介護の提供や相談は行われてきた。助言を求めて訪れた者はそのグループに属する障害者に魅力を感じ、見よう見まねで自らの生き方を見出してきた。だが、介護派遣や相談援助を「サービス」として打ち出したのはCILがはじめてである。サービスは場所、期間、料金が設定されパッケージ化される。利用者は自分の必要に応じたサービスを消費することが可能になり、介護サービスの「消費者」となった。その結果、「偶然にでき上がった人間関係やつてに頼って行われてきたものが、サービスの存在と内容が公開され可視化されることによって、それを必要とする全ての人に開かれたもの」になった（立岩、1990=1995b, p272）。CILは青い芝の会や公的介護保障要求運動のように介護者との間に「関係をつくる」のではなく、介護関係を貨幣で「割り切る」ことによって介護の利用可能性を高め、利用者の拡大をもたらしたのである。

　このことは障害者と介護者のコミュニケーションのありようにも変化をもたらした。CILに所属する介護者に、その特徴を見ることができる。CILの介護者は第1に運動の理念を内面化し、障害者の自己決定、自己選択、自己責任を尊重する。CILでは、日常のあらゆる場面で障害者の意思を確認しながら介護にあたることが原則であり、そうした「指示待ち介護」が奨励されている。第2に「仕事として」介護をはじめた者が多い。介護者たちは賃労働としてこの職についており、「アルバイト感覚」の者も少なくない。コーディネーターからの指示で派遣先を指定され、在宅障害者の介護に入ることになる。

　こうしたCILの介護者へインタビューを実施したことがある。(5)彼らは自らの介護スタイルを「あくまで利用者の手足であること」や「空気であること」「黒子ですね」と語った。なかには介護という仕事に「人間的なつながり」を感じることもあり、そこに重点をおいた介護が求められている場面もあると認識しているが、「"お仕事として"やっているほうが楽」と語る介護者もいた。そのため「かぎりなく友達に近い黒子」なのだと自己定義していた。もちろん、こ

れらのインタビューは一部の介護者への調査であり、CILに登録する介護者すべてを代表する語りではないが、CILの傾向性として「サービスとしての介護」の提供者であることを自覚し、職業的関係を結ぶ介護者の姿を確認することができる。

　ここにかつて横塚が描いたような、コミューンとしての自立生活の原像を見ることは難しい。それとは対照的に、人間的・人格的なものの交流をあらかじめ排除し、コンフリクトとディスコミュニケーションに満ちた自立生活の困難さを回避するためのシステムが確立されていることがわかる。つまり、ルール圏の構築によってこの生活は安定性を得たのである。したがってCILの場合、交響圏の生成については介護にそれをもち込むことは危険であるという認識があるだろう。もちろん、介護のコミュニケーション過程で偶然的に交響圏が生まれることを拒むものではないが、それは強く求められるのではなく、ルール圏の構築が優先に考えられている。

2　公的介護保障要求運動の現在──青い芝とCILのあいだで

　では、ここで青い芝の会の「無償・友人の介護」でもなく、CILの「有償・サービスの介護」とも異なる主張をもったグループとして公的介護保障要求運動を取り上げる。というのも、彼らは介護の有償化を1970年代に求めたにもかかわらず、介護をサービスや消費財とも位置付けない、独自の志向を見せているためだ。それは彼らが要求した介護保障制度の仕組みを見てもわかる。東京都の重度脳性麻痺者介護人派遣事業は介護料を支給する制度であり、それを受け取った障害者が介護者に手渡す制度設計がなされた。それだけ個々の介護関係に大きな自由度が残されていた。要求運動は、最初に介護の「人間関係」があり、それを支えるための介護保障という順番でルール圏の構築を図った。先述の類型にあえて当てはめるとすれば、「有償・友人の介護」というきわめて奇妙な介護関係の形成をめざしたのである。

　有償の友人など存在するだろうか。一般的な友人の定義にしたがえば、これは矛盾した言明である。しかし、彼らの間ではまったく矛盾するものではない。介護者の生活費を公的に保障しながら、具体的なコミュニケーションのレベルでは友人としてつきあう。この両立は可能なことだと考えられた。

たとえば、私は公的介護保障要求運動の世界に、その中心人物であった新田勲の介護者として参与観察を継続してきたが、そのような場面に日常的に遭遇した。要求運動の世界においても「心の共同体」のように、障害者と介護者がともにモノを食べ、ともに風呂に入ることが実践されていた。私は有償の介護者だったが、職業人としての性格はまるでなく、介護を「サービスとして割り切る」という発想はもちようがなかった。一度、入浴の最中に、なぜ介護者とともに風呂に入るのかと質問したことがあった。新田は「健全者の意識は、脳性麻痺は気持ち悪いとか怖いとか不気味とかが多い。一緒にめしを食って一緒に風呂に入って障害者と健全者がともに生きるっていうことを追求したい。少なくとも介護者の意識は変えていきたい」と答えた。こうしたライフスタイルを実践する目的の一つは、横塚が述べていたことと同様に、健常者の差別意識を身体レベルから変え、「ともにかかわりあえる健常者」を育てるという意図があった。

　また、二つにここには介護者が障害者を配慮するだけでなく、障害者が介護者を配慮するという、配慮の相互性が見られる。新田はときおり「自分だけがごはんを食べるとか、自分だけが風呂に入るなんて大嫌い」と口にしたが、「介護者にもこの場を楽しんでほしい」という思いが強くある。だから、ともに風呂に入るという誘いは彼の率直な感情であり、新田にとって風呂に入るという経験は障害者・介護者双方にとって「風呂に入る」ことであるらしい。これも横塚のいう「思いやりは相互に」と重なる。実際、彼が気持ちよさそうにしている姿は私にとって快であったが、同じように私が気持ちよさそうにしている姿は彼にとっても快なのだろう。これは入浴介護に限らず他の場面にも見られ、介護とはどちらか一方がする／される経験ではなく、互いが互いを助ける「相互扶助」だと定義されていた。なお、新田の著書にある介護関係の記述を見ると以下のことが書かれてある。

　「障害者というのは、重度であればある程、自分のからだの身動きが閉ざされたなかで、明かりを強く求めて、それを自分の生きていく配下に置こうとします。その明かりというのは生きていく上で頼れる人、孤独なときに甘えさせてくれる人、信じることができる人、生きていくのにいつ何時でも手

を貸してくれて、生きている限り救ってくれる人のことです。
　そんな人には、両親でもなれません。まして、それを他人に求めていくこと自体、全く不可能だと分かり切っていても、身動きできない立場におかれると、自分の介護に関わる人に、そのように自分の存在や命までも託してしまうのです。(中略)
　自分の命の全てを誰かに依存するという考えはよくないけれど、ある程度、頼り頼られ、また、介護者もいろんな弱いところを見せていくなかで、関係ができてくるものです。そもそも介護という仕事は、介護される側との関係でいえば、あなたの動く手足を借りますよ、あなたの動く手足を頼りにして私は生きていきますよ、ということが前提の仕事なのです。依存してはいけない、頼ってはいけないといっても、そもそも、誰にも依存しないし、誰も頼らないというような人間は、健全者にもいないと思います。人間社会は、他人との共存というなかで成り立っています。そこは特に、弱者の介護を仕事とする以上、頼られていく存在であるということを自覚して、この仕事をやってください。」(新田、2009, pp178-179)

　ここには自立生活を送る重度障害者の心のうちが率直に吐露されている。自立生活は「自立」という言葉がもつ「強さ」によって支えられているのではなく、常に人間の「弱さ」を潜在させた営みであることが強調されている。そこでは障害者も介護者も互いに「弱いところ」を見せ合いながら、共存していくことが望まれるという。ここに「他者とともにある」交響圏の一端を見ることができるだろう。
　介護を有償化し安定的に供給するというルール圏を構築しながらも、要求運動が第一に求めているものは交響圏の生成である。サービスとして割り切った介護を全域化させるシステムではなく、局域的に交響圏を立ち上げていくことがめざされている。では、彼らが自立生活に交響圏を存立させようとするのはなぜか。そのことを記述して本章のまとめに代えよう。

第5節　まとめに代えて——多元的共生社会の理論のために
1　リスクの回避、ドラマへの賭け

　自立生活運動における介護のあり方の変遷を辿ってきた。具体的には、青い芝の会、公的介護保障要求運動、CILの主張を読み解いたが、ここからは共生実験としての自立生活の様相を見ることができただろう。そこでは第1にコンフリクトとディスコミュニケーションに満ちた自立生活の困難さにいかなるルールを設定し安定性を確保するか、ということが問われ、第2に「心の共同体」に見られた交響圏をどのように守るか、ということが問われた。青い芝の会が「無償・友人の介護」を求めたのに対し、CILは「有償・サービスの介護」を求め、公的介護保障要求運動はその間としての「有償・友人の介護」を求めたことを確認した。自立生活運動の現在にあっては、CILがルール圏の構築を優先し交響圏の生成を後景に退けたのに対し、要求運動は交響圏を立ち上げるためにルール圏を構築する志向性をもっていた。では、この交響圏の位置づけをめぐる主張の差異に注目しよう。なぜ要求運動は交響圏を守ろうとするのか。

　それは重度障害者が重度障害者として存在することのできる領域は交響圏に定位するという認識がもたれているからだ。交響圏とは「自立」や「平等」といった社会的な言葉を一度遮断した人間の身体の自由さに根ざした場である。人間が、だらしなく、非合理的に、愛しあったり、傷つけあったりすることの自由が承認される場が交響圏である。要求運動は、こうした意味での交響圏の生成を企図しており、生身の身体としての人間が自己を発露できる非社会的な領域を、社会的な力＝公的介護保障というルール圏によって確保することを志向してきた。

　福祉とは本来、誰もが傷つくことのない、受苦的経験を排除するシステムをいう。たとえば、CILが構想した有償・サービスの福祉は、非合理的なものを排してシステマティックに人と人との出会いを準備するものだった。リスク回避のシステムが先にきている。他方、要求運動は人間の非合理性を排除しない。人間同士が傷つき傷つけあうことのできる場こそが尊重されるべきだと求めている。これは受苦性を排除する福祉とは正反対である。彼らは従来の枠組みで

は解決困難だった家族介護や施設収容の問題に普遍的で実現可能な解（システム）を与えながら、それでもなお、人間のドラマを保持することを求めた。というのも、システム化された福祉は誰も傷つかない代わりにドラマもない。ドラマのないところに人間の尊厳も生まれない。彼らは自立生活に満ちている困難さが不可避的に生む問題を排除するためではなく、困難さに丁寧につきあい、傷つけあったりする自由さを承認するために交響圏の生成を志向する。困難をリスクとして「回避」するだけではなく、ドラマとして直面することに「賭け」ようとしているのである。このように、日本の自立生活運動はシステムの構築によるリスクの回避と、そこには決して収まりきらない人間のドラマへの賭けを結びあわせながら、「他者とともにあること」の可能性を追求してきたと考えることができる。これは多元的共生社会を構想する際に参照すべき理論だと言えるだろう。

2　共生社会へのインプリケーション

　自立生活運動は障害者と介護者のきわめて具体的な介護のコミュニケーションという水準から、社会を構想する水準までを一続きにとらえ、実際に自立生活の安定性を確保するシステムを見出してきた。同時に、システムに回収されてしまわない人間のドラマ、すなわち交響圏を守ることにも絶えざる注意を払ってきた。ここに彼らが求めた「他者とともにあること」の可能性の内実を確認することができる。

　私たちは自立生活運動が追求してきた〈他者の歓びが直接に自己の歓びであり、自己の歓びが直接に他者の歓びである〉ような、人間の関係と社会を構想すべき地点に立っている。彼らが問い続けた交響圏（人間ドラマ）とルール圏（システムの構築）のアイデアから示唆を得ることで、私たちは共生社会の具体像を描いていくことができるだろう。

注
1　この意味で「障害者」というカテゴリーは常に状況依存的であるため、表記にはすべてカッコをつけるべきだが、本章では煩雑さを避けるためにカッコを付していない。「健常者」についても同様である。

2　ダブルバインドはベイトソンが用いた概念であり、次の要素からなる。①２人あるいはそれ以上の人間から構成されていること、②繰り返される経験であること、③第１次の禁止命令が存在すること、④より抽象的なレベルで第１次の禁止命令と衝突する第２次の禁止命令が存在すること、⑤犠牲者が関係の場から逃れるのを禁ずる第３次の禁止命令が存在すること、である（Bateson,1972,pp270-271＝1990, pp294-295）。介護においてもこの要件が内在しているように思われる。

3　府中療育センター闘争は施設から出た人たちが地域で暮らしはじめる契機となる出来事であり、公的介護保障要求運動を形成する始点となる。府中闘争とは、在所生が施設の管理体制を批判して行った一連の抗議行動である。1970年11月、理解のあった職員の異動に抗議して在所生がハンストを行う。71年には一部在所生の民間施設への移転が明らかになり、それに対する反対運動が起きる。72年9月からは都庁前にテントを張った座り込みが実行される。在所生の有志は外部からの支援者（多くは学生）を巻き込みながら運動を継続していく。しかし、運動方針の不一致と支援者である新左翼党派の主導権争いによって、運動は施設内の改善を訴える第１テント派と施設から出て地域での生活を志向する第２テント派に分派する。この後、第１テントは都庁前の座り込みをつづける。74年、都知事との交渉以降、継続的に交渉がもたれることになり運動は一つの区切りを迎える。他方、第２テントは73年の段階でテント闘争を終結させ、在宅生活を可能とするための介護制度の設置を都に求めていく。同年、彼らは「在宅障害者の保障を考える会」（以下、在障会）を結成、都民生局との交渉によって、73年に重度脳性麻痺者介護人派遣事業を獲得、74年度から実施される。

4　日本の自立生活センター（Center for Independent Living ＝CIL）は1980年代にアメリカから紹介されたといわれる。1986年、中西正司や安積遊歩らがアメリカのCILの方法を学び日本にもち帰り、東京都八王子市にヒューマンケア協会を設立する。彼らは青い芝の会や府中闘争のグループなど、日本の自立生活運動とは別の流れで、CILの方法論を前面に出し、事業と運動の両面で活動を展開していく。89年には樋口恵子らが町田市に町田ヒューマンネットワークを設立している。中西や樋口らは91年に全国自立生活センター協議会（Japan Council on Independent Living Center＝JILジル）を組織し、日本国内のCILのネットワーク化を図った。JILのホームページに掲載されている情報では、2013年9月2日 現在、加盟団体は128である。

5　インタビューは2005年9月～12月に東京都内のCILに所属する介護者20名に対して実施した。

6　新田勲は1940年生まれの脳性麻痺の当事者である。府中療育センター入所時に施設の処遇改善と移転反対運動にかかわる。1973年にセンターを退所し、自立生活をはじめる。以後、生涯にわたって公的な介護保障を求める運動を続けた。2013

年1月3日逝去。

参考文献
Bateson, G., (1972) *Steps to an Ecology of Mind,* New York, Harper & Row. 佐藤良明訳（1990）『精神の生態学』思索社.
栗原彬（1973a）「共生の実験——青年の共同体について」立教法学会『法学周辺別冊』4,pp20-29.
栗原彬（1973b）「存在証明の政治社会学へ」『思想』587,pp81-91.
真木悠介（1971）「コミューンと最適社会——人間的未来の構想」『展望』146,pp10-42.→『人間解放の理論のために』筑摩書房、pp153-216.
真木悠介（1977）『気流の鳴る音——交響するコミューン』筑摩書房.
見田宗介（1976）「現代社会の社会意識」見田宗介編『社会意識論』東京大学出版会、pp1-26.
見田宗介（1996）「交響圏とルール圏」井上俊・上野千鶴子・大澤真幸・見田宗介・吉見俊哉編『社会構想の社会学』岩波書店、pp149-175→2006『社会学入門』岩波書店.
新田勲編著（2009）『足文字は叫ぶ！——全身性重度障害者のいのちの保障を』現代書館.
岡原正幸（1990＝1995）「コンフリクトへの自由——介助関係の模索」安積純子・岡原正幸・尾中文哉・立岩真也『生の技法——家と施設を出て暮らす障害者の社会学』藤原書店、pp121-146.
立岩真也（1990＝1995a）「はやく・ゆっくり——自立生活運動の生成と展開」安積ほか、前掲書、pp165-226.
立岩真也（1990＝1995b）「自立生活センターの挑戦」安積ほか、前掲書,pp267-321.
立岩真也（2001）「高橋修——引けないな。引いたら、自分は何のために、1981年から」全国自立生活センター協議会編『自立生活運動と障害文化——当事者からの福祉論』現代書館、pp249-262.
横塚晃一（1975）『母よ！殺すな』すずさわ書房→（2007）生活書院。

第3章　共生社会を実現するための障害者基本計画と障害者の所得保障

百瀬　優

第1節　障害者基本計画と障害者の所得保障

　2013年9月27日の閣議で、政府は、新たな障害者基本計画（第3次計画 平成25年度～平成29年度）を決定した。この計画の「はじめに」では、「政府は、障害者基本計画（第3次）を策定し、障害の有無にかかわらず、国民誰もが相互に人格と個性を尊重し支え合う共生社会の実現に向け、障害者の自立と社会参加の支援等のための施策の一層の推進を図るものとする」と述べられている。ここで掲げられている共生社会は、本書で取り上げられている多元的共生社会の概念に近いものとなっている。

　そのような共生社会の実現に向けて、この基本計画は、「障害者を、必要な支援を受けながら、自らの決定に基づき社会のあらゆる活動に参加する主体としてとらえ、障害者が自らの能力を最大限発揮し自己実現できるよう支援するとともに、障害者の活動を制限し、社会への参加を制約している社会的な障壁を除去するため、政府が取り組むべき障害者施策の基本的な方向」を定めている。

　計画の内容は多岐にわたるが、そのなかには、「雇用・就業、経済的自立の支援」も含まれている。その基本的考え方として、障害者が地域で自立した生活を送るために、その適性に応じて能力を発揮することができるよう、雇用・就業に対する総合的な支援を推進するとともに、年金等の支給により経済的自立を支援することが掲げられている。そして、障害者雇用の促進、総合的な就労支援、障害特性に応じた就労支援及び多様な就業の機会の確保、福祉的就労の底上げ、経済的自立の支援の五つの分野について具体的な記述が行われている。このうち、最後の分野には、以下のような記述が盛り込まれている。

「障害者が地域で質の高い自立した生活を営むことができるよう、雇用・就業（自営業を含む。）の促進に関する施策との適切な組み合わせの下、年金や諸手当を支給するとともに、各種の税制上の優遇措置を運用し、経済的自立を支援する。また、受給資格を有する障害者が、制度の不知・無理解により、障害年金を受け取ることができないことのないよう、制度の周知に取り組む。さらに、年金生活者支援給付金制度の着実な実施により所得保障の充実を図るとともに、障害者の実態把握に係る調査を引き続き実施していく中で、所得状況の把握についてはその改善を検討する。」

これらは、いずれも共生社会の実現において必要なものであるが、障害者の所得保障とのかかわりで、本稿で着目するのは、「障害年金制度の周知」と「年金生活者支援給付金制度の着実な実施」である。以下では、それぞれの意義や課題について論じたい。

第2節　障害年金制度の周知

1　制度周知の重要性と年金教育

障害年金制度の周知の重要性は、厚生労働省による障害年金に係るサンプル調査結果からも明らかである[2]。この調査は、厚生労働省が、地方公共団体から情報提供を受けた身体障害者手帳交付者から、障害年金受給者や65歳以上の者などを除いた335人を抽出し、障害年金を受給していない理由についてアンケート調査を実施したものである（2011年11月～2012年2月）。2013年7月に厚生労働省年金局より民主党厚労部門会議に示されたその調査結果によれば、335人中295人から回答があり、障害年金を受給していない理由（複数回答可）として最も多かったのが、「障害の程度が年金の基準外等」の143件（45%）であったが、その次に多かったのが、「障害年金の制度を知らなかった」の58件（19%）であった。そして、この調査をきっかけに、27人が新たに障害年金を受給できるようになっている。

障害者の自立と社会参加の支援等のための施策が実施されていたとしても、

その施策がそれを必要とする当事者に利用されなければ、障害者基本計画が謳うような共生社会の実現はできないであろう。しかし、上記のサンプル調査結果が示しているように、当事者の中でも障害年金の周知度は十分ではない。その意味で、制度の周知に関する文言が障害者基本計画に入ったことには意義がある。

現在、政府は、制度の周知に関して、2013年8月13日に閣議で決定、国会に提出された「障害年金に関する質問に対する答弁書」の中で、次のように述べている。

「障害年金制度については、日本年金機構から市区町村に対し、障害者手帳の交付を受けた者を対象とした障害年金制度に関するリーフレットを配布し、障害者手帳交付窓口への配置及び障害年金制度の周知について依頼するとともに、厚生労働省と日本年金機構のホームページにおいて障害年金受給のための案内を掲載するなど、周知に取り組んでいるところである。今後とも、周知内容や周知方法の改善等について検討しつつ、必要な対策を講じてまいりたい。」

このような形での当事者に対する周知内容や方法の改善が求められると同時に、今後は、国民全体に対して、今以上に、この制度を周知し、理解してもらう必要がある。というのも、日本の公的年金は拠出制を採用しており、当事者になった段階でこの制度を知ったとしても、事前にこの制度の給付を受けるために必要な保険料納付や免除猶予の手続きを取っていなければ、障害年金を受給できないからである。

それ故、国民全体に対する障害年金の周知の必要性はこれまでにも指摘されてきたことではあるが、現実に目を向ければ、（20歳以上のすべての国民が加入する）国民年金の第1号被保険者では、障害年金の周知度がここ数年間低下傾向にある。厚生労働省「国民年金被保険者実態調査」によれば、障害年金の周知度は、平成17年調査の59.0％から平成23年調査の54.1％に低下している。また、20代の被保険者に限定した場合、直近の同数値は50％を割っており、半数以上が障害年金の存在を知らない。20歳到達直前に送付されるパンフレットを

被保険者が読んでいるはずという想定は成り立っておらず、障害年金の周知度をあげるためには、教育現場での伝達や各種メディアの活用などにおいて、更なる工夫が必要になっている。

その一方で、障害年金の周知度をあげれば、それで十分かと言えば、そうではない。制度の存在を知っていることだけでは、必ずしも、保険料納付あるいは免除猶予行動には結びつかない。前掲の実態調査では、障害年金の周知度別の保険料納付状況が確認できる(3)。それによれば、「障害年金を知らなかった」第１号被保険者では、保険料滞納者の割合が26.4%(4)であるが、「障害年金を知っていた」第１号被保険者でも、保険料滞納者の割合は21.7%となっている(5)。更に、学生の１号被保険者に限定した結果を見れば、「障害年金を知らなかった」では、保険料滞納者の割合が11.4%、「障害年金を知っていた」では、保険料滞納者の割合が11.9%となっている。特に、学生の場合、保険料の納付が猶予される学生納付特例の仕組みが用意されているにもかかわらず、保険料を滞納する学生が一定割合存在しており、しかもその割合は、障害年金を知っている場合とそうでない場合でほとんど違いがない。

つまり、単に国民に制度の存在を周知するだけで不十分であり、障害年金の意義や仕組みについての理解を促し、それを前提として、保険料納付行動あるいは免除猶予行動をとってもらう必要がある。そのためには、若年層に対する年金教育が有効と思われるが、どのような方法で障害年金を取り上げれば、このような目的を達成することができるのであろうか。この問いに対する回答の参考の一つとして、筆者がこれまで各大学で実践してきた取り組みを紹介したい。

2 映像資料を使った年金教育(6)

筆者は、これまでいくつかの大学で社会保障や年金にかかわる講義科目を担当してきた。１年間で複数回の講義を行うが、そのなかでも、特に学生からの反響が大きいのが、障害年金について講義する回である。その回では、公的な障害年金の目的、現行の障害基礎年金および障害厚生年金の支給要件や支給額など制度の要点を説明した後に、映像資料を視聴させている。使用する映像資料は、日本民間放送連盟賞の2011年度テレビ報道番組部門において最優秀賞

を受賞したドキュメンタリー番組「年金不信」（ＡＢＣ朝日放送2011年5月15日）の特に前半部分である。

同番組では、3人の無年金障害者にスポットが当てられている。

1人目は、大学生の国民年金への加入が任意だった時代に卒業直前の事故で障害の状態に至ったＨさんである。当時はほとんどの学生が国民年金に未加入であり、Ｈさんは内定していた就職の道も断たれたうえに障害年金も受給できなかった。そして、65歳を超えた現在も障害年金は受給できていない。

2人目は、交通事故の後遺症による高次脳機能障害のあるＦさんである。Ｆさんは事故当時、厚生年金保険に加入し保険料を納付していたが、過去のフリーター時代の未納期間があるために、拠出要件をわずかに満たせず、障害年金を受給できていない。更に、保護の補足性の原理と世帯単位の原則により、生活保護も認められず、Ｆさんの生活費や入院費等の負担が両親に重くのしかかっている。

3人目は、阪神淡路大震災で被災したＯさんである。中途障害者であるＯさんは、保険料は欠かさず納付していたが、制度を知らず、また、周りに教えてくれる人もおらず、障害年金を受給することができなかった。制度を知ったときには、懸命のリハビリの結果、支給対象となる障害の状態には該当しなくなっていた。

番組は、3人の生活状況の取材を中心として、無年金障害者の生活状況の厳しさを知らせるとともに、そのような事態を生んでいる障害年金の現行制度に対する問題提起を行っている。

筆者には、同番組の後半部分での厚生労働省に対する批判内容などで完全には同意できない部分もある。しかし、若年層に障害年金の重要性と無年金障害者の問題を伝えるという点で貴重な映像資料であると考えている。また、映像の力は大きく、このような映像資料を用いることで、言葉だけで説明する場合以上に、受講者を強く惹きつけることができる。さらに、同番組から学ぶことができる点として、以下のような補足説明を加えている。

（1）学生納付特例の意義

Ｈさんの事例をもとに、大学生がなぜ任意加入から強制加入になったのか、

その後になぜ学生納付特例の導入が必要となったのかを説明している。それによって、受講者は学生納付特例の意義や必要性を強く認識することが可能になる。この仕組みは、国民年金開始当初から存在したのではなく、過去に在学中の事故等により無年金障害者となった方々の悲しみの上に成り立っており、今の大学生は、彼らの悲しみを無駄にしないためにも、保険料が払えない場合は学生納付特例を利用しなければならないと伝えている。

(2) 年金知識をもつことの重要性

Oさんの事例から、受講者に年金知識をもつことの重要性を理解してもらうことができる。また、Oさんの場合は、周りからも障害年金の存在を教えられていなかったことに触れ、年金の知識をもつことは自分の身を守るだけでなく、自分の周りの大切な人を助けることになるかもしれないと伝えている。特に、家族や恋人や友人で障害年金を知らない人がいれば、その存在をぜひ教えて欲しいと依頼している。これによって受講者だけでなく、その周囲にも障害年金の周知をすることができる。

(3) 障害年金の拠出要件の特徴

Fさんの事例をもとに、障害年金では老齢年金とは異なり短期の保険料未納でも無年金となる恐れがあること、事故当時に保険料を納付していても過去の未納が影響して無年金となる可能性があることなどを強調している。そして、拠出要件は初診日の前日で判断され、保険料の後払いも認められないため、納付手続きあるいは免除猶予手続きは欠かさずに行うことが重要であると伝えている。

(4) 保険料未納の影響は本人だけではなく家族にも及ぶこと

Fさんの事例で多くの受講者が驚くのは、障害年金が支給されていないだけでなく、生活保護も認められず、Fさんが家族の金銭的扶養に全面的に依存しなければならないということである。生活保護を受給するために、福祉事務所から両親の離婚という解決策の提案があったことが番組で紹介されているが、Fさんが所得保障を受けるためには、このような非現実的な方法しか残されて

いない。それゆえ、(仮にこうした状況が改善されるべきであったとしても、)現在の制度体系のもとでは、保険料未納という選択によって、障害の状態に至った場合に、自分の家族の金銭的負担をより大きくする可能性がある。そのような選択が本当に正しいのかどうかよく考えてほしいと説明している。

(5) 保険料未納による無年金障害者に対して障害年金を支給することの困難

番組のなかで、厚生労働省職員が説明しているように、保険料未納のために拠出要件を満たせなかった障害者に対しては、保険料を納付してきた被保険者との公平性の観点から、障害年金を支給することはできないであろう。番組では、これについて批判的な意見も紹介されているが、講義では、拠出制を基本とする制度においては、このような取扱いが求められるのは不可避であることを説明し、保険料納付やそれができない場合の免除猶予がいかに重要なのかを強調している。(7)

制度の要点解説と映像資料の視聴の後に、このような補足説明を加えることで、受講者に障害年金の意義や仕組みを理解してもらうことが可能になる。受講後に感想を書いて提出してもらっているが、それを読む限り、多くの学生は、この講義で初めて障害年金という名称を知った、あるいは、名称は知っていたが制度の内容を初めて知ったという。それだけでなく、学生は公的年金に対する関心を高め、それが自分たちにも関係する制度であるとの認識を強めていることも分かる。そして、受講前は保険料を未納している学生であっても、ほぼ確実に保険料納付あるいは学生納付特例の手続きにつなげることができている。また、後日、この講義をきっかけに友人や親と年金について話し合ったという報告を受けることもある。

もちろん、このような映像資料を用いた講義は、一例である。それを用いることができなくとも、(1)～(5)のポイントを取り入れながら障害年金について講義することによって、制度の周知だけでは達成できない効果を生むことができる。障害者基本計画が目指す共生社会の実現のためには、その前提として、制度の周知を目的とする広報活動だけでなく、制度の理解を促す年金教育が、大学生のみならず、それ以外の若年層においても、広く実施されることが

求められる。

第3節　年金生活者支援給付金制度の着実な実施

1　年金生活者支援給付金制度の概要

　障害者基本計画において、その着実な実施が求められている年金生活者支援給付金制度は、2012年11月16日に成立した年金生活者支援給付金法（年金生活者支援給付金の支給に関する法律）に基づく制度である[8]。同法律では、低所得の年金受給者の生活の支援を図ることを目的として、年金制度とは別枠の全額国庫負担による年金生活者支援給付金の支給が規定されている。

　年金生活者支援給付金制度には、所得の額が一定の基準を下回る老齢基礎年金の受給者に支給される老齢年金生活者支援給付金、所得の逆転を生じさせないよう、老齢年金生活者支援給付金の所得基準を上回る一定範囲の者に支給される補足的老齢年金生活者支援給付金、一定の障害基礎年金または遺族基礎年金の受給者に支給される障害年金生活者支援給付金または遺族年金生活者支援給付金が存在する。

　この給付金制度は、社会保障・税一体改革の一環として提案された年金機能強化法案（公的年金制度の財政基盤及び最低保障機能の強化等のための国民年金法等の一部を改正する法律案）に存在していた低所得者等に対する年金額加算の規定が、社会保険方式に馴染まないという理由や保険料納付意欲に悪影響を与えるという理由で削除され、その代わりに別の法律で実現したものである。こうした経緯から、保険料納付意欲に配慮するために、給付金の対象者は年金受給者に限定されており（無年金者は対象外）、また、老齢基礎年金受給者に対する給付金の給付額は、保険料納付済期間（や保険料免除期間）の長さに応じて決定される。

　年金生活者支援給付金制度は、消費税の引上げにより増加する消費税収を活用して、2015年10月1日から施行される予定である。給付金の所要見込み額は5,600億円、給付金の対象者は790万人程度と見込まれている。給付金の支払い事務は日本年金機構に委任され、年金と同様に2カ月毎に支給される。

2　障害年金生活者支援給付金の意義と課題[9]

　年金生活者支援給付金制度のうち障害者の所得保障にかかわるのが障害年金生活者支援給付金である。一定の障害基礎年金受給権者について、給付月額5,000円（障害等級の1級該当の場合は6,250円）の給付金が支給される。この給付金については、以下のような指摘ができる。

　障害年金の受給者では、障害基礎年金のみの受給者が多く、特にそのようなケースにおいて所得が低くなる傾向がある。厚生労働省『厚生年金保険・国民年金事業年報』に基づけば、2011年度末現在、障害年金の受給者総数の7割強が、障害基礎年金のみの受給者である。そして、厚生労働省「年金制度基礎調査（障害年金受給者実態調査）平成21年」によれば、障害基礎年金のみの受給者[10]の就業率は23.6%（65歳未満で見た場合30.2%）となっているが、その就業する受給者の6割弱は、仕事による年間収入が50万円未満である。また、世帯の（年金を含む）年間収入を見ても、障害基礎年金のみの受給者の場合は、29.5%が100万円未満である。さらに、今後、マクロ経済スライドが実施されれば、障害基礎年金にも給付水準削減の影響が及ぶことになる。具体的には、平成21年財政検証によれば、障害基礎年金2級の場合、給付水準は、現役男子の平均手取り収入の約18.3%（2009年）から約13.4%（2038年）に大きく低下する[12]。このような状況を考えれば、低所得の障害基礎年金受給者に対する給付金には意義が認められる。

　しかし、障害年金生活者支援給付金の支給範囲は、社会保障・税一体改革関連法案に関する3党合意文章及び平成24年11月14日第181国会衆議院厚生労働委員会の政府参考人の答弁を確認すれば、20歳前障害基礎年金の支給範囲を参考として決定することとされており、低所得者には限定されていない。この点は、老齢年金生活者支援給付金の支給範囲が、住民税が家族全員非課税で、前年の年金収入＋その他所得の合計額が老齢基礎年金満額（平成27年度で77万円）以下であることとされているのとは対照的である。

　具体的には、20歳前障害基礎年金の全額支給停止の基準は、扶養家族がいない場合でも、所得で約462万（給与収入で約645万円）であるため、低所得とは言えない障害基礎年金受給者（障害厚生年金との同時受給者を含む）も、その対

象となる可能性がある。厚生労働省の資料では、障害年金生活支援者給付金の対象者として、遺族年金生活者支援給付金の対象者とあわせて約190万人という数値が示されているが、この数値が障害基礎年金と遺族基礎年金の受給者の合計にほぼ匹敵していることからもそのことがうかがえる。

　その一方、年金生活者支援給付金法では、障害年金生活者支援給付金の支給要件を定めた第15条において、国民年金法の規定による障害基礎年金の受給権者であって当該障害基礎年金の裁定の請求をしたものが、前年の所得が政令で定める額以下であるときに、障害年金生活者支援給付金を支給するとしている。すなわち、2011年度末現在、約11万人いる３級の障害厚生年金の受給者で障害基礎年金の受給権を有していない者については、低所得であっても、障害年金生活者支援給付金が支給されないことになる。

　そもそも、年金機能強化法案から削除された低所得者への年金額加算は、社会保障・税一体改革素案によれば、年金制度の最低保障機能の強化を図り、高齢者等の生活の安定を図るための改革として提案されている。そして、老齢基礎年金の低所得者に対する加算との均衡を考慮して、障害基礎年金にも一定の加算を行うこととされていた。それ故、この加算の代わりに導入された給付金においても、支給範囲が障害基礎年金受給権者に限定されたと考えられる。また、３級の障害厚生年金の受給者の場合は、就労が期待できるので、福祉的な給付金は必要ないという考え方もあり得る。

　しかし、実際には、厚生労働省『厚生年金保険・国民年金事業年報』に基づけば、３級の障害厚生年金の受給者の平均年金月額は約5.5万円であり、また、前掲の年金制度基礎調査では、就業率が約４割となっているものの、労働収入が低い者や障害のために働けない者もおり、３級の受給者の21.0％は世帯の（年金を含む）年間収入が100万円未満となっている。障害基礎年金のみの受給者と同じように、低所得の状態にある者が少なくない。

　つまり、障害年金生活者支援給付金は、低所得とは言えない障害年金受給者にも支給が行われることがある一方で、低所得の障害年金受給者であっても支給対象としないことがある。確かに、障害者の所得保障という観点から、障害者基本計画で記述されているように、この制度の着実な実施が求められる。しかし、この福祉的な給付金が基礎年金に対する加算ではなくなったこと、そし

て、低所得の年金受給者にこそ必要であることを考えれば、その支給範囲は障害年金の種類ではなく、受給者の所得を重視して決める必要があると思われる。

おわりに

　本稿では、共生社会の実現を掲げた障害者基本計画に盛り込まれた「障害年金制度の周知」と「年金生活者支援給付金制度の着実な実施」に着目して、その意義や課題について論じた。

　まず、「障害年金制度の周知」の意義は、厚生労働省による障害年金に係るサンプル調査結果からも明らかである。それに加えて、制度の周知は、当事者だけでなく、国民全般に対して行う必要があること、また、単に制度を周知するだけでは不十分であり、制度の理解を促す年金教育が求められることを指摘した。そして、その実践例として、大学における年金教育の事例を紹介した。

　次に、「年金生活者支援給付金制度の着実な実施」については、厚生労働省「年金制度基礎調査」に基づく現在の障害年金受給者の所得状況やマクロ経済スライドの影響などから、その意義が認められる。しかし、今回の給付金は、制度の趣旨を考えれば、低所得の障害厚生年金３級の受給者にも給付が行われるよう、支給範囲の見直しが必要と思われることを指摘した。

　以上の二つの施策を含めて、今後、共生社会の実現に向けて、障害者基本計画に基づく施策の展開と充実が求められる。それと同時に、障害者基本計画には盛り込まれなかったものの、これからの障害者の所得保障にかかわる課題として考えられることを２点だけ指摘しておきたい。

　一つは、「無年金障害者問題への対応」である。本稿で検討した障害年金制度の周知は、将来の無年金障害者を減少させるが、現在の無年金障害者を救済するものではない。また、年金生活者支援給付金制度も対象者は年金受給者に限定されており、無年金障害者は対象外である。

　無年金障害者については、2002年に策定された障害者基本計画（第２次計画）では、「年金を受給していない障害者の所得保障については、拠出制の年金制度をはじめとする既存制度との整合性などの問題に留意しつつ、福祉的観点からの措置で対応することを含め、幅広い観点から検討する。」との記述が見ら

れた。その後、国民年金に任意加入していなかったことにより障害基礎年金等を受給していない障害者（学生無年金障害者等）に対する特別障害給付金が実施されたこともあり、新たな障害者基本計画（第3次計画）では、「特定障害者に対する特別障害給付金の支給に関する法律（平成16年法律第166号）に基づき、同法にいう特定障害者に対し、特別障害給付金を支給する。」との記述のみになり、それ以上の対応については言及されていない。

　確かに、現在でも、最後のセーフティネットとしての生活保護があり、保護を受ける無年金障害者も存在する。しかし、若年期の経済的理由や理解不足、雇用形態の多様化などを背景として滞納率が高くなっていること、障害年金の場合は、短期間の未納でも無年金になるケースもあることなどを考えれば（保険料滞納については、本人の責任が全くないとは言えないが）、無年金となった場合の救済を生活保護に委ねることが妥当であるとは言い切れない。そして、生活保護では受給にスティグマが伴うだけでなく、補足性の原理によって、親族による扶養などが優先されるため、受給のハードルが高く、無年金であっても保護が受けられるとは限らない。現状では、障害年金と生活保護の間に深刻な隙間が生じている可能性が高く、その部分は家族による扶養で補われている。この状況を放置することは家族の負担を重くするだけでなく、本人の自立を妨げる恐れがある[14]。それゆえ、保険料納付者との公平性にも配慮しつつ、永野（2013）も指摘するように、現在の生活保護とは異なる新しい無拠出制の障害者への所得保障の在り方を検討することも必要と思われる[15]。

　もう一つは、「制度改革論議の連携」である。障害者に対する所得保障の在り方は、平成17年に成立した（旧）障害者自立支援法の附則において、「政府は、障害者等の福祉に関する施策の実施の状況、障害者等の経済的な状況等を踏まえ就労の支援を含めた障害者等の所得の確保に係る施策の在り方について検討を加え、その結果に基づいて必要な措置を講ずるものとする」との規定が設けられたように、今日の障害者施策の中でも重要な検討課題である。それと同時に、障害年金が公的年金の給付であるため、年金改革論議においても、検討課題となるはずである。

　実際に、内閣府に設置された「障がい者制度改革推進会議」の第一次意見書においても、「厚生労働省において平成25年常会に法案提出を予定している新

たな年金制度創設に向けた議論の中で、障害者が地域において自立した生活を営むために必要な所得保障の在り方について、給付水準と負担、並びに稼働所得との調整の在り方を含めて検討を行うべきである」との記述が見られる。

　本稿で検討した障害年金生活者支援給付金の導入は、障害者施策分野からのこのような要請に応えて実施されたものであるが、厚生労働省に設置された「社会保障審議会年金部会」での審議状況などを見れば、障害者が地域において自立した生活を営むために必要な所得保障の在り方の検討が十分に行われたとは言えないであろう。年金改革論議においては、受給者数、年金総額ともに圧倒的に多い老齢年金に議論が集中するのはやむを得ないことではある。しかし、障害年金は、公的年金に占める割合は小さいが、障害者の所得保障に係る制度としては最大である。それ故、今後は、障害者施策分野での改革論議と連携しながら、年金改革論議の中でも、障害者の所得保障の在り方についての検討が行われることが強く求められる。

注
1　障害者基本計画（第3次）は以下のURLからダウンロードしたファイルを参照した。http://www8.cao.go.jp/shougai/suishin/pdf/kihonkeikaku25.pdf
2　同調査の概要と結果については、『年金実務』第2057号pp.22-24に基づく。
3　本文中の数値については、「国民年金被保険者実態調査」の統計表には存在しないため、筆者代表の平成22年度厚生労働科研費研究事業の一環として、厚労省年金局事業企画課調査室より数値の提供を受けた。
4　ここで言う保険料滞納者とは、過去２年間の納付対象月の保険料を１月も納付していない者（免除や猶予を受けていた者を除く）を指す。
5　「障害年金を知っていた」第１号被保険者のほうが保険料滞納者の割合が少ないのは、障害年金を知っている者と障害年金を知らなかった者の年齢構成の違いが影響していると思われる。障害年金を知っていた者の割合は、被保険者の年齢が高まるにつれて、高くなる。それ故、前者のほうが年齢構成が高い。そして、被保険者の年齢が高いほど（所得が高くなることなどもあり）保険料滞納者が減少するため、前者のほうが滞納者割合は低くなる。
6　本項の内容は、百瀬（2013a）に基づく。ドキュメンタリー番組「年金不信」のディレクター氏には、同論文で同番組を取り上げることをご承認頂いた。改めて御礼申し上げたい。
7　ちなみに、だからと言って、現在の無年金障害者が放置されてよいとは思われ

ない。この点については、後述する。
8 同制度の制定経緯と概要については、有木（2013）及び和田（2013）を参照。
9 本項の内容は、百瀬（2013b）に基づく。同論文では、年金生活者支援給付金だけでなく、障害年金の視点から、年金機能強化法や被用者年金一元化法についても論じている。
10 ここでの「障害基礎年金のみの受給者」は、厳密には、同一の年金種別の厚生年金保険（旧共済組合を除く）の受給権をもたない障害基礎年金受給者である。
11 ここでの「障害基礎年金のみの受給者」は、厳密には、障害基礎年金を受給している者（障害厚生年金を受給している者を除く）あるいは昭和60年改正以前（旧法）の国民年金の障害年金受給者であって、調査に回答した者である。
12 厚生労働省「国民年金及び厚生年金に係る財政の現況及び見通し──平成21年財政検証結果──」を参照。
13 厚生労働省「年金制度の改正について（社会保障・税一体改革関連）」サイト内の「年金生活者支援給付金の支給に関する法律」の概要に基づく。http://www.mhlw.go.jp/seisakunitsuite/bunya/nenkin/nenkin/topics/2012/tp0829-01.html
14 百瀬（2011）pp.217-219を参照。
15 永野（2013）pp.263-264を参照。
16 例えば、2013年7月18日の社会保障審議会障害者部会（第50回）議事録では、菊池馨実委員より次のような発言がなされている。「私も部会長と年金部会に関わっておりますが、前回の一体改革のときも、年金に関わる改正の中で障害基礎年金に関係する改正もありましたが、私の記憶では障害年金に関わる質問は私以外ほとんどなかったのです。必ずしも年金部会の皆様の御関心の中には障害年金は入っていないという印象を受けたのです。」

参考文献

有木悠一朗（2013）「年金生活者支援給付金の支給──社会保障・税一体改革関連法」『時の法令』1929号
永野仁美（2013）『障害者の雇用と所得保障』信山社。
百瀬優（2011）「欧米諸国における障害者に係る所得保障制度と日本への示唆」『欧米諸国における障害年金を中心とした障害者に係る所得保障制度に関する研究 平成22年度 総括・分担研究報告書』厚生労働科学研究費補助金。
百瀬優（2013a）「障害年金に着目した年金教育」『企業年金』2013年6月号。
百瀬優（2013b）「障害年金の視点から見る平成24年年金制度改革」『週刊社会保障』No.2747.
和田幸典（2013）「社会保障・税一体改革と年金改革法について」『年金と経済』Vol.31 No.4.

第4章　精神保健福祉政策を通して構想する多元的共生社会

酒本知美

はじめに

　私たちの社会は「共生社会」という概念についてどのような方向性で歩んできたのだろうか。日本では、「共生社会」よりも社会から排除されてきた人びとをイメージするほうが容易かもしれない。社会から排除された人びとの中には、障害者の施設等への隔離収容や孤立（孤独）死、ひきこもりなどがある。さらには、ここ数年は社会の様々な制度・政策から排除された人びととして貧困問題に焦点が当てられてきた。貧困問題は金銭的な貧しさだけではなく、その人を取り巻く人間関係の貧しさも問題になっている。つまり、様々な要因から社会参加できない人たちがいる社会は「共生社会」といえない。

　精神障害者はこれらの問題に複合的に関わってくる。例えば、病状や障害により一般就労が不可能な場合は金銭的な問題を抱えることになり、障害年金や生活保護を受給する。また、家族や近隣、友人との関係性が希薄になることもある。こうした状況により、社会参加が難しくなることも想定できる。実際に、日本の精神保健福祉政策では、精神科病院への隔離収容という物理的な形での社会参加への制限を見ることができる。その例として挙げられるのが、OECD加盟諸国にくらべて日本における人口千人当たりの精神科病床数が非常に多いことや、精神科の平均在院日数が長期に及んでいることである。

　図1で示したように、1993年の日本の人口千人当たりの精神科病床数は2.9床で他の国にくらべると大幅に病床数が多いことがわかる。その後、およそ20年が経過した2011年度でも2.7床と、ほとんど病床数が減少していないことがわかる[1]。ちなみに2011年度のOECD諸国の平均は、千人当たり0.7床である。

　精神保健福祉の領域でもう一つ他国との比較で用いられる指標が精神科退院

者の平均在院日数である。2011年度の精神科退院患者の平均在院日数は291.9日となっている。OECD Health dataによると、2005年の精神科退院患者の平均在院日数はイギリスで57.9日、ドイツ22日、スウェーデン16.5日、イタリア13.3日、アメリカ合衆国6.9日、フランス6.3日となっている。これらの国々と比較すると、日本の精神科での在院日数が突出して長いことわかる。その上、日本における291.9日という数値は精神科病院全体の数値であり、統合失調症に限った日数でいうと628.5日となっている。このように、増大した精神科病床数と在院日数の長さから見る限り、日本における精神保健福祉領域では「共生社会」とはほど遠いところで生活をしている人たちがいることがわかる。

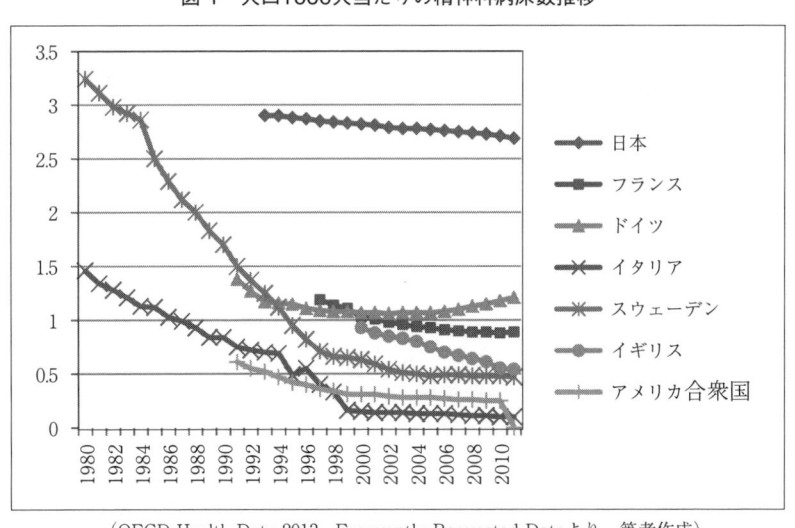

図1　人口1000人当たりの精神科病床数推移

(OECD Health Data 2013 - Frequently Requested Dataより、筆者作成)

なぜ、このように世界的に類をみないほど精神科病院に依存する状況が日本では生まれたのだろうか。はじめに精神保健福祉領域について、関連法の制定や改正を社会的なでき事を見ながら述べていく。その上で現在の日本の精神科病院に入院している精神障害者、特に統合失調症を中心に630調査を中心に考察を行っていく。そして最後に精神保健領域における「共生社会」の可能性について述べていきたい。

第 1 節　日本の精神保健福祉政策と背景

1　精神保健福祉政策の流れ

　西川は、日本の精神障害者政策を「第 1 期：行政警察規則（1875年〜1899年）、第 2 期：精神病者監護法（1900年〜1918年）、第 3 期：精神病院法（1919年〜1945年）、第 4 期：国民優生法（1940年〜1945年）」に時期区分している(5)。

　広田はその著書で「精神病者監護法前史」（1900年まで）を加え、精神保健福祉に関する法律の制定と改正で時期を区分している(6)。また、精神保健福祉行政のあゆみ編集委員会による『精神保健福祉行政のあゆみ』でも黎明期から始まり、各種法律の制定と改正、そこに精神保健福祉士法の制定（1998年）を加えた内容となっている。

　その後、「心神喪失等の状態で重大な他害行為を行った者の医療及び観察等に関する法律」（以下、医療観察法、2003年）、障害者自立支援法の施行とそれに伴う精神保健及び精神障害者福祉に関する法律（以下、精神保健福祉法）の一部改正（2006年）を経て、精神保健福祉法の一部改正（2010年）、障害者総合支援法の施行と精神保健福祉法の一部改正（2013年）と続いている。近年は、障害福祉に関する領域での法律改正に伴い、精神保健福祉領域でも改正が続いている。

　こうした一連の流れから、精神病者監護法制定前（〜1899年）、精神病者監護法期（1900年〜1918年）、精神病院法期（1919年〜1949年）、精神衛生法期（1950年〜1986年）、精神保健法期（1987年〜1994年）、精神保健福祉法期（1995年以降）の六つの時期に分け、その法律の施行や改正が行われた社会的背景やその後の精神保健福祉政策に影響してきたか、そしてその時期にどれだけ「共生社会」が実現していたかという点から考察していく。

2　精神病者監護法制定前（〜1899年）

　明治初期、精神障害者に関する直接的な法律はなく、警察が精神障害者に日常的に関与していた(7)。1879年に東京府癲狂院が設置されるなど、治安維持のための隔離収容政策が始まった。精神障害者に対する治療は加持祈祷のような民

間療法が中心に行われていた。こうした治療は寺社や民間施設などの宿泊施設で展開されていた。しかし、「大多数の精神障礙者は、家族・共同体によって内包されていたことは事実」[8]であるともされていて、警察による治安維持の側面をもちながらも、一方では地域で精神障害者が生活することができる時代であったと言えよう。治安維持という社会防衛的な面は見られるが、精神障害者が家族や地域に支えられることで限定的に包括された「共生社会」としての一面を残している時代であったと言える。

また、この時代に成立した法律としては「行旅病人及行路死亡人取扱法」がある。現行法として機能している法律である。行き先のない病人や死亡者に関する法律で、こうした人たちの中に精神病（精神障害者）も含まれていると考えられる。

3 精神病者監護法期（1900年〜1918年）

1900年に制定された精神病者監護法は日本で初めての精神障害者を対象とした法律である。その内容は「監護義務者に関する規定、監置する際の手続き、行政庁の権限、費用負担、不服申し立ておよび罰則規定から構成されて」[9]いた。この法律の目的は、精神障害者の保護と社会防衛の二つの側面を併せもっていた。

この時代、公立の精神病院の設置は進まず、さらに精神医学を専門とする医師が不足している状況で、医療面での精神障害者への支援は十分ではなかった。精神病者監護法の当初の目的は不法な監禁を禁止するものであったにもかかわらず、私宅監置の側面が強くなっていった[10]。こうして、家族は内包する立場から監置義務という立場に変容していった。本来は保護の側面をもっていたにもかかわらず、この法律が監置の側面を強めながら運用されたことで、社会において精神障害者は法律によって排除される存在になっていった。

4 精神病院法期（1919年〜1949年）

1917年の精神障害者の全国一斉調査で、「精神病者数は約六万五〇〇〇人、そのうち精神病院等に入院中のものが約五〇〇〇人に過ぎず、私宅監置を含めて約六万人の患者が医療の枠外にあるという実状」[11]が明らかになった。こうし

た医療の枠外にある私宅監置が問題となり、精神障害者の治療と保護を目的に1919年に精神病院法が制定された。この法律で注目されるべきことは、「精神病に対する公共の責任として公的精神病院を設置する考え方が初めて明らかに」なったことであろう。しかし、その一方で「公立精神病院の建設は予算不足のため遅々として進ま」ない状況も続いた。精神障害者に対する公的な責任が示されていたにもかかわらず、精神病院法制定後12年経った1931年末の段階で公立精神病院はわずか6施設のみであった。一方で私立精神病院は78施設となっていた。

このように1900年代前半からすでに現在の私立の精神科病院が公共の精神病院の代わりを担っていたことがわかる。予算不足を原因として私立病院に精神科医療を任せるという基礎がつくられてしまったことが、現在の日本の精神科病院の公立と私立の割合が2対8であること、そして私立精神科病院への依存により病床数の削減が難しくなってしまったことに影響を与えていると考えられる。

5　精神衛生法期（1950年〜1986年）

精神衛生法の制定により、精神病者監護法と精神病院法は廃止された。精神衛生法が制定された1950年の提案理由の中に、精神科病床数に関する記述がある。欧米では人口200人から500人につき1床の病床数であるが、日本では4000人に1床となっているというものである。こうした病床数の不足により、精神科病院に収容できずに私宅監置されている精神障害者がいることを指摘し、病床数の増加を提言している。私宅監置を廃止し、精神科病院に入院させることで、治療と保護を行うという概念があったと言える。その一方で、「都道府県が設置する精神病院に代わる施設として指定病院を指定する」としていて、この法律でも不足している精神科病床数の補充について都道府県が果たすべき役割を私立の精神病院に託してしまっている。

1955年に向精神薬のクロルプロマジンが導入されたことから、1950年代後半に精神科病院での治療体制が整ったと言われている。クロルプロマジンの登場によって、この頃から欧米では精神障害者は精神科病院から地域へという「共生社会」に向けた動きが始まっている。また、日本でも、精神衛生法では精神

図2　日本の精神科病床数の推移

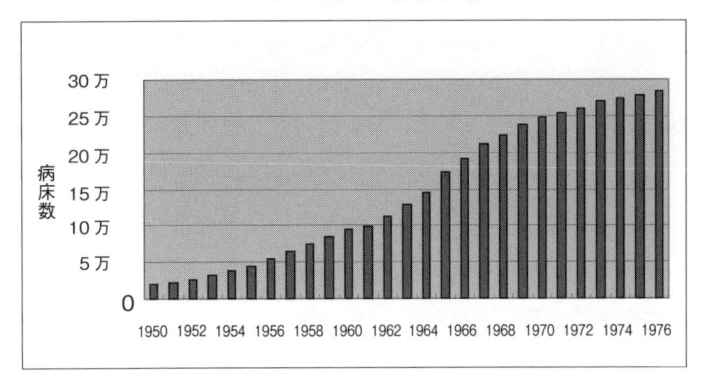

（厚生白書より筆者作成。）

病の予防の概念が盛り込まれるなど、精神障害者に限らず広く国民に対しての啓発も行われている。しかし、実際には1958年の精神科特例[18]や1960年の医療金融公庫法[19]の施行により、日本では急速に私立の精神科病院の数が増加していく（図2）。「医療」の管理の下に社会から排除される精神障害者が増加していった。

また、精神衛生法時代の大きな出来事の一つは1964年のライシャワー事件がある[20]。この事件がきっかけとなり精神障害者に対する治安維持の側面が社会に対して強調されてしまった。さらに1986年の医療法改正により、生活圏から離れた地域に建設されていた精神科病院の地域的不均衡さが合法化された。住み慣れた地域での生活ができなくなることを法律が可能としてしまったのである。しかし、1965年の法改正では、保健所を地域の精神保健の拠点とすることや、在宅の精神障害者の通院の負担を軽減するための医療費の公費負担制度など地域の精神障害者の生活を支援する方向性も示された。

このようにこの時期は、精神科病床数が飛躍的に増加して精神障害者の隔離収容による政策が進められた。その背景の一つには、社会防衛的な側面の強化があった。一方で地域精神保健福祉の方向性も探られていた。しかし、地域精神保健福祉のための社会資源の整備は精神科病院の病床数の増加に見合うものではなかった。こうした精神科病院内での隔離収容によるひずみは、1984年の宇都宮病院事件[21]というショッキングな形で社会に報じられた。管理的な環境におかれ、社会から排除された存在であった精神障害者にとって、大きな転換を

迎えるきっかけは精神障害者が精神科病院内で殺人の被害者になるという最悪の人権侵害まで待たなければならなかった。このような事実が起きたことに対して日本の精神障害者政策は反省をしなければならない。この時代は、理念としての地域精神保健を掲げており「共生社会」という形を探っていた様子がうかがえる。しかしその実情は、その対極の暴力や搾取といった人権侵害が行われる温床としての精神科病院が一部とはいえ存在していた時代であったといえる。

6　精神保健法期（1987年～1994年）

　宇都宮病院事件により表面化した一部の精神科病院での人権侵害問題を受け、人権に配慮した医療や保護、社会復帰という概念が盛り込まれたのが精神保健法である。社会復帰施設の規定が設けられたことや、地域精神保健という考え方から二次医療圏ごとに地域を見直し、地域で生活する精神障害者への支援という見通しが示された。こうした方向性が示されたにもかかわらず、精神保健福祉領域において地域生活支援へと積極的な動きがあったとはいえない時代であった。しかし、精神障害者の人権に対する一定の認識をもてたことは「共生社会」への方向性が示されたと考えられる。

7　精神保健福祉法期（1995年～）

　精神保健法が改正されて名称に「精神障害者福祉」と示され、精神障害者保健福祉手帳制度が創設されるなど精神障害者にとって疾病の治療だけではなく、福祉サービスを受けることで生活面への支援が明確になった。社会参加が掲げられたことで、精神科病院に隔離収容されたり、家族に良くも悪くも内包されていた精神障害者の支援が社会化されていく。
　1995年の「障害者プラン～ノーマライゼーション七か年戦略」（計画開始の1998年から2002年まで）策定により様々な施策について目標数値が明記された。また、1998年に精神保健福祉士法が施行されて精神科からの退院促進や地域生活支援を専門的に支援するなど、法律の上でも精神障害者に対する「共生社会」への道が開かれてきたといえよう。
　その後、医療観察法（2003年）、障害者自立支援法（2007年）、障害者総合支

援法（2013年）という精神保健福祉の領域に関する法律の施行にともない精神保健福祉法は変化していく。

　障害者自立支援法施行により、それまで通院医療費公費負担制度により5％であった負担が自立支援医療費制度に変更され、負担額が10％に引き上げられた。継続した治療が必要な中での医療費の負担増は地域で生活する精神障害者にとってのダメージとしては小さくないと思われる。

　このように、精神障害者にとって近年は多くの面で地域生活支援の方向性が示されている。法律が整備され、目標数値(22)が掲げられるなど遅々としたペースではあっても「共生社会」に向けた土台が整備されてきている。しかし、精神科病院に入院している人たちが地域で生活できるだけの社会資源が十分に整備されていないのが現状である。さらには、法律には様々な解釈が可能であり、解釈の仕方次第では1900年の精神病者監護法の運用のように排他的、管理的な社会になる可能性は否定できない。例えば、2013年の精神保健福祉法一部改正では、家族負担を軽減するため、保護者制度が削除された。その一方で、医療保護入院の運用はハードルが下がり、制度が維持された。精神障害者にとっての「共生社会」の実現に向けて、各種法律をいかに運用していくか注視しなければならない。

第2節　日本の精神科医療の現状——統合失調症の入院を中心として

　ここでは、これまでの精神保健福祉政策を経た結果、日本の現状がどのようになっているのかを2011年の630調査データを中心に見ていく。

1　統合失調症による入院患者割合から見る現状

　統合失調症による入院者数は176,165人で全精神科入院者数の58％である(23)。しかし、地域格差があり、その割合に大きな差が生じている。統合失調症はおよそ100人に1人が発症するとされているにもかかわらず、入院者数の割合に地域格差が生じるということは、その時に住んでいる場所や家族の住んでいる所によって、入院による治療が主となるか通院による治療が主となるか違いが生じてしまう。そこで、都道府県と政令指定都市の比較から見ていく。

精神科の入院比率のうち統合失調症が占める割合の高い都道府県は和歌山県が79％で一番高く、次いで徳島県の72％、茨城県の70％となっている（図３）。政令指定都市ではさいたま市の83％、静岡市の76％、川崎市・堺市の63％となっている。一方で割合の低い都道府県は、北海道の46％、宮崎県の49％、福岡県の48％と続く。また、政令指定都市では、相模原市と大阪市の34％、仙台市と京都市の40％と続く。

２　年齢から見る日本の現状

　この章のはじめに日本の精神病院は病床数がOECD諸国と比較して非常に多いこと、また入院期間が長いことを特徴としてあげた。ここでは、入院患者の年齢を属性に現状を見ていく。

　統合失調症で入院している人は、20歳未満は547人（0.3％）、20歳以上40歳未満は17,008人（9.7％）、40歳以上65歳未満は92,285人（52.4％）、65歳以上75歳未満は43,496人（24.7％）、75歳以上は22,829人（13.0％）となっている。40歳以上65歳未満が全体の半分以上を占めている。一方で、65歳以上75歳未満は対象になる期間が10年間と短いにもかかわらず、全体のおよそ25％を占めている。次に述べる入院年数にもつながっていくが、日本の精神科病院では40歳以上が90％を占めている。長期にわたり、隔離収容を行ってきた結果がこのような年齢分布に表れていると考えられる。

３　精神科入院年数からみる日本の現状と課題

　現在では、短期間の入院で集中的に治療を行った後、地域での生活へと移行させていくケースが増えていることから、精神科の入院比率のうち統合失調症が占める割合が高いことが必ずしも悪いとは言えない。そのため、精神科の入院比率のうち統合失調症が占める割合の高い地域と低い地域について、入院期間との関係から地域の現状を見ていく。

　図４のように全国平均では、１年未満と１年以上５年未満の合計が50％を超えている。しかし、和歌山県では、１年以上５年未満の25％に並んで、20年以上の入院も25％となっている。20年以上の入院が25％を超えるのは和歌山県と福井県のみである。つまり、和歌山県では、精神科は統合失調症の入院患者の

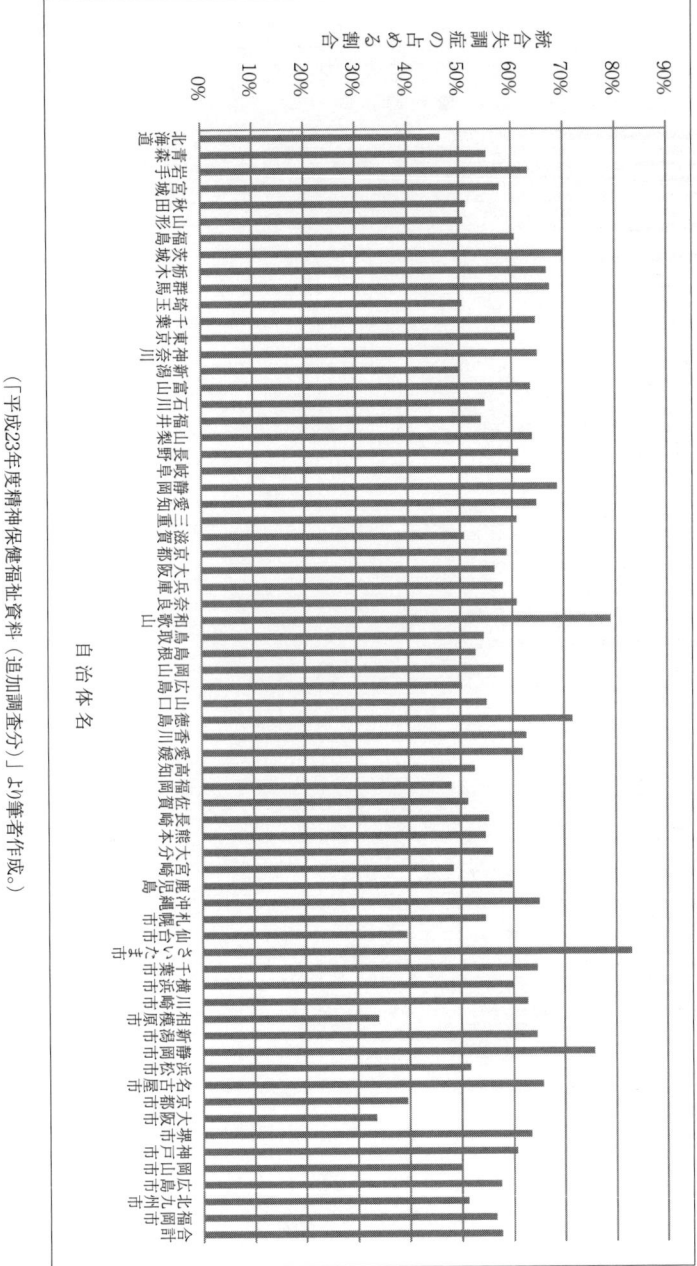

図3 統合失調症による入院患者割合の自治体比較（2011年度）

（「平成23年度精神保健福祉資料（追加調査分）」より筆者作成。）

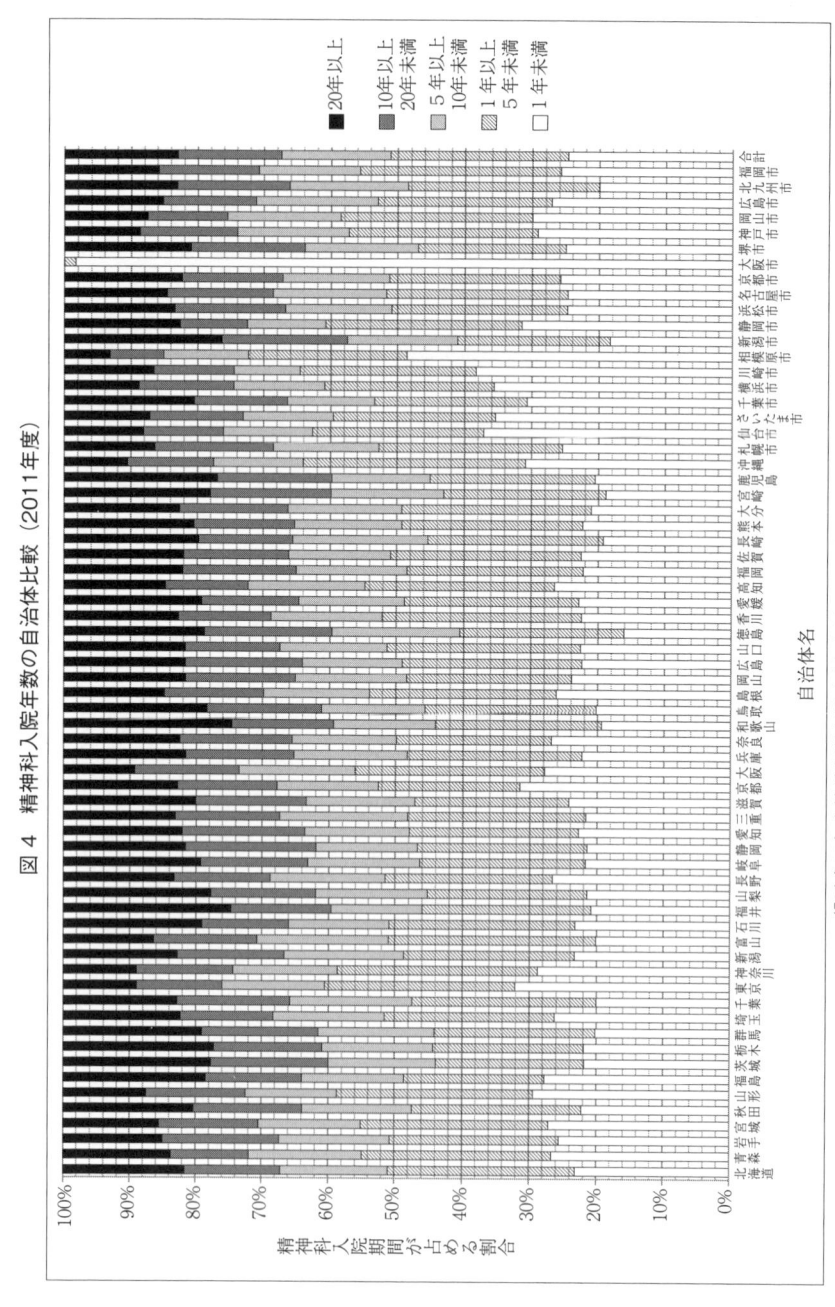

図4 精神科入院年数の自治体比較（2011年度）

（「平成23年度精神保健福祉資料（追加調査分）」より筆者作成。）

割合が多く、またその入院が長期化する傾向がある。次いで20年以上の割合が高いのは、茨城県の22％、徳島県の21％である。統合失調症の入院患者が精神科の入院の70％を超える都道府県においては、入院期間も長期化する傾向があると言えよう。

一方で精神科の入院比率のうち統合失調症が占める割合の高いさいたま市は、１年未満が35％、１年以上５年未満が24％となっている。20年以上の入院は13％と全国平均と比較すると低くなっていて、短期間の入院を行い地域へ移行していくという姿勢がうかがえる。静岡市、川崎市、堺市での入院も統合失調症の入院患者が精神科入院を占める割合が高いが、それぞれ１年未満が占める割合が一番多くなっている。

統合失調症の割合の低い自治体である北海道は、１年以上５年未満が28％、１年未満が23％となっている。また、20年以上は18％であった。全国平均とほぼ同じ割合を示している。一方で宮崎県は、１年以上５年未満が24％で一番多く、20年以上が22％と二番目に多くなっている。また、１年以内に退院する人の割合が20％を下回っている。精神科全体における統合失調症の占める割合は49％と低くなっているが、その一方で入院期間が長引く傾向がある。福岡県では、１年未満、１年以上５年未満の割合が全国平均よりもやや低いため、入院期間が長期化しやすい傾向があることがわかる。統合失調症の割合の低さと入院期間の関係性は低いと考えられる。

相模原市では、１年未満が49％と高い割合を示している。また、１年以上５年未満も24％となっている。一方で20年以上は７％となっている[24]。また、仙台市も１年未満が37％となっていて高い数値を示している。しかし、京都市は１年未満が26％で全国平均と大きく変わらない。

こうした傾向から言えることは、政令指定都市の精神科病院のほうが都道府県の精神科病医院よりも在院年数が20年を超える入院患者が占める割合が低い傾向にあることだ。もちろん例外はあり、千葉市の20％や新潟市の24％などの在院20年以上の割合が20％を超える自治もある。一方で東京都、神奈川県、大阪府の11％のように人口の多い都府県では在院期間が短くなる傾向がある。つまり、政令指定都市や東京都、神奈川県、大阪府のような大都市圏では社会資源も多く、通院による支援が可能になると考えられる。

第４章　精神保健福祉政策を通して構想する多元的共生社会

4　年齢と入院期間の現状と課題

年齢と入院期間から見ると、その差が明確である（表1）。19歳までは90.3％が1年未満で退院している。また、5年未満で退院する人も9.1％となっている。20歳から39歳にかけても1年未満で退院している人たちが全体の54.0％と半数を超えている。次いで1年以上5年未満が27.6％となっている。しかし、入院期間が20年以上という層も0.4％存在していて、年齢から推測すると人生の半分以上を精神科病院で過ごしていることになる。こうした人たちが一部とはいえ存在していることは問題である。

表1　統合失調症による精神科病院の年齢と入院期間

	1年未満	1年以上5年未満	5年以上10年未満	10年以上20年未満	20年以上
〜19歳	494	50	3	0	―
	90.3％	9.1％	0.6％	0.0％	―
20歳〜39歳	9,190	4,690	1,920	1,147	61
	54.0％	27.6％	11.3％	6.7％	0.4％
40歳〜64歳	22,019	24,366	15,552	15,947	14,401
	23.9％	26.4％	16.8％	17.3％	15.6％
65歳〜74歳	7,529	10,932	7,309	7,044	10,682
	17.3％	25.1％	16.8％	16.2％	24.6％
75歳〜	4,270	6,453	3,946	3,293	4,867
	18.7％	28.3％	17.3％	14.4％	21.3％

※上段は人数、下段は割合を示している。
（「平成23年度精神保健福祉資料（追加調査分）」より筆者作成。）

40歳以上になるとこうした構図が変化していく。一つ目は1年未満の人たちの割合が低くなることである。40歳〜64歳では23.9％と全体の4分の1を下回る。また、65歳〜74歳では17.3％、75歳以上では18.7％となり、5分の1を下回る。この数値から考えると、2011年度の精神科退院患者の平均在院日数を291.9日に平均化してしまうことで、いかに現実が見えにくくなるかということがわかる。また、対象はあくまでも精神科病床全体の平均値であり、精神科病院のみ（一般病院の精神科病床は含まない）では、332.2日となって未だ

300日を下回っていない。[25]

　また、40歳以上のすべての年齢層で1年以上5年未満が全体を占める割合で一番高くなっていて、25％を超えているのが二つ目の特徴である。さらには、40歳以上で大きく変化するのは20年以上の入院の数値である。40歳から64歳では15.6％となり、39歳までの層と比較すると大幅に数値が上昇する。また、65歳から74歳では24.6％とおよそ4人に1人、75歳以上では21.3％でおよそ5人に1人が20年以上の入院期間となっている。このように長期にわたり精神科病院に入院している人たちは「共生社会」の中にあるとは言えない。40歳以上で長期に入院している場合、退院支援や地域生活支援は日中活動の場、生活の場の確保、ADL、家族を含む人間関係、金銭面など様々な場面で地域生活を送ることが難しいと予測される。長期間に及ぶ入院生活は、個々の人たちの生活を根こそぎ奪ってしまうだけの威力がある。

　これからの精神保健福祉領域では、39歳までの層で見ることができるように入院のみに頼らず、社会資源を調整しながら地域で生活をしながら治療を続けていくというかたちにスライドしていくだろう。しかし、先にも述べたように10年や20年といった長期に及ぶ入院が一部とはいえ存在していることを自覚し、個々の必要性に合わせて必要なサービスを活用し、支援をつくっていく必要がある。

まとめ

　精神科病院に長期間入院している人たちにとって退院をする意思の有無があるかどうかは退院支援やその後の地域生活支援の継続に大きな影響を与える。また、時々「精神科病院から退院したくない人がいるのではないか」という問いかけをされることがある。その答えは、残念ながら"Yes"なのである。しかし、私たちは"Yes"と答える人たちの背景を客観的に考察しなければならない。彼らは精神病を発症し、生活のしづらさを抱えながらやっとの思いで精神科病院にたどり着いたのかもしれない。そして、長い間、精神科病院で「生活」することで、社会から隔離されてしまった。1年間という期間でも社会の変化はめまぐるしい。その期間が5年、10年と経っている場合は退院して生活

していくことに不安があって当然だと考える。こうした不安が根底にあり、彼らは消極的な選択肢としての入院生活を望む結果になっていると筆者は考えている。初めて精神科病院に入院するときに、退院に向けた支援が開始され、地域で安心して豊かな生活が送れる状況でも彼らは精神科の病院での生活を選択するか、という視点で彼らの置かれている立場を考えることから見えてくるものもあるだろう。

　このように長い期間、精神保健福祉政策は精神科医療の中に包括されるか、家族が抱え込むかという狭い範囲の選択肢しか示されてこなかった「共生社会」から取りこぼされてしまった人たちがいたのである。しかし、家族のあり方も時代と共に変わってきた近年は、家族が精神障害者の生活を抱え込むということに限界が生じ、精神障害者だけに限らず支援の社会化が進んできている。また、障害者の人権尊重など社会的な枠組みも変化してきた。こうして徐々にではあるが、精神障害者にとっての選択肢も増えてきている。選択肢を増やし、既存のサービスを利用することを精神障害者に強制するのではなく、精神障害者自身が中心となる相談支援やサービス提供を組み立てていくことが「共生社会」に向けた一歩になっていくと考えられる。また、精神障害者に対する偏見や差別は完全には払拭されていないため、医療観察法のように社会防衛的な側面が何かのきっかけで強調される可能性もある。こうした可能性をなくすために、繰り返すが、様々な制度・政策をいかに解釈して運用していくかが重要なことであると考える。

　精神保健福祉領域に限ったことではないが、「共生社会」を考える上では自立（自律）という概念や社会資源の調整だけでは不十分になってきている。必要なことは、精神障害者が主体的になってサービスを組み立てることだ。そのためには、精神病の中でも遅れている統合失調症についての知識の普及と精神病全般の予防についての情報提供のあり方を再検討することが求められている。また、精神障害者にとって「人が何らかの行為をする能力をも含意する、agency」[26]という言葉がキーワードになると考えられる。精神障害者が行為主体者（agency）としての力をもっていることに改めて注目し、その力を生かしていく支援こそが「共生社会」に向かっていくことになると考える。

注

1　OECD Health Data 2013 - Frequently Requested Data
http://www.oecd.org/els/health-systems/oecdhealthdata2013-frequentlyrequested-data.htm

2　『平成24年病院報告　上巻』（全国）年次推移（患者票）、政府統計の総合窓口
http://www.e-stat.go.jp/SG1/estat/GL02020101.do?method=extendTclass&refTarget=toukeihyo&listFormat=hierarchy&statCode=00450023&tstatCode=000001030749&tclass1=000001061396&tclass2=000001061397&tclass3=000001061399&tclass4=&tclass5=

　この数値は精神科病院（329.1日）と一般病院の精神科病床（216.5日）の平均値であり、単科の精神病院では依然として300日を超えた日数となっている。（2013年9月28日アクセス）

3　患者調査　平成8年〜23年、政府統計の総合窓口
http://www.e-stat.go.jp/SG1/estat/GL02020101.do?method=extendTclass&refTarget=toukeihyo&listFormat=hierarchy&statCode=00450022&tstatCode=&tclass1=&tclass2=&tclass3=&tclass4=&tclass5=（2013年9月28日アクセス）

4　630調査とは、厚生労働省社会・援護局障害保健福祉部精神・障害保健課が毎年6月30日付で都道府県・指定都市に報告を依頼している調査のこと。正式名称は「精神保健福祉資料」。精神保健医療福祉の改革ビジョン研究ページ、「630関連調査データ」http://www.ncnp.go.jp/nimh/keikaku/vision/data.html（2013年9月28日アクセス）

5　西川『日本精神障礙者政策史』のはしがきにおいて、精神障害者政策の時期区分を行っている。

6　広田（1999）『立法百年史　精神保健・医療・福祉関連法規の立法史』精神保健福祉法の改正の一部改正までがまとめられている。

7　西川、p21、広田、p12.

8　西川、p46.

9　西川、p59.

10　の状況に対して、呉秀三と樫田五郎による『精神病者私宅監置ノ實況及ビ其統計的觀察』（1918）が出版された。この本は、日本の私宅監置についての貴重な資料となっている。

11　精神福祉行政のあゆみ編集委員会（2000）p5.

12　同上書、p6.

13　同上書、p6.

14　同上書、p7.

15　2012年度『病院報告』上巻　第22表　病院数,病院の種類・開設者（小分類）

別（6月末現在）」http://www.e-stat.go.jp/SG1/estat/GL02020101.do?method=extendTclass&refTarget=toukeihyo&listFormat=hierarchy&statCode=00450023&tstatCode=000001030749&tclass1=000001061396&tclass2=000001061397&tclass3=000001061441&tclass4=&tclass5= （2013年9月28日アクセス）より筆者集計。

16 広田、p.47.
17 精神福祉行政のあゆみ編集委員会、p.8.
18 入院患者1人当たりの医師や看護師が一般病棟よりも少なくて良いとされた法律。
19 病院の建設や整備のために必要な融資が低金利で行うための公庫がつくられた。この時期、精神科病院の建設や整備に多く利用された。
20 ライシャワー駐日アメリカ大使が精神障害の少年に刺されて負傷した事件。
21 1984年に入院患者が看護職員によって殴打され、死亡する事件が発覚した事件。この病院では、日常的な入院患者に対する暴力だけではなく、入院患者の労働に対する搾取など様々な問題が表面化した。この問題は日本国内のみならず、海外からも注目を集めた。
22 2007年度『病院報告』上巻 第6表「1日平均在院－外来患者数，病床の種類・年次別」http://www.e-stat.go.jp/SG1/estat/GL02020101.do?method=extendTclass&refTarget=toukeihyo&listFormat=hierarchy&statCode=00450023&tstatCode=000001030749&tclass1=000001030750&tclass2=&tclass3=&tclass4=&tclass5= （2013年9月28日アクセス）によると、1996年の精神科病院の入院患者数は340,419人だった。2007年の「重点施策5か年計画——障害の有無にかかわらず国民誰もが互いに支え合い共に生きる社会へのさらなる取組」では、精神科病院の入院患者数は317,350人であった。1998年の重点施策5か年計画は退院可能な精神障害者は72,000人とされていた。2007年の重点施策5か年計画は退院可能な精神障害者は49,000人に減少。実際に1998年と2007年の数値の差は精神科の入院患者数が23,069人減少した。
23 平成23年度精神保健福祉資料（追加調査分）、精神保健医療福祉の改革ビジョン研究ページ http://www.ncnp.go.jp/nimh/keikaku/vision/pdf/data_h23/h23_630_tsuika.pdf （2013年9月7日アクセス）
24 大阪市の精神科在院患者数は179人、うち統合失調症は60人である。また、5年以上の入院患者数が0人である特殊な自治体であるため、今回は比較対象から除いている。
25 平成23年『病院報告』上巻（全国）
http://www.e-stat.go.jp/SG1/estat/GL02020101.do?method=extendTclass&refTarget=toukeihyo&listFormat=hierarchy&statCode=00450023&tstatCode=000001030749&tclass1=000001055607&tclass2=000001055608&tclass3=000001055610&tclass4

=&tclass5=（2013年9月7日アクセス）
26　尾形健（2008）p8

参考文献
朝比奈ミカ・北野誠一・玉木幸則（2013）『障害者本人中心の相談支援とサービス等利用計画ハンドブック』ミネルヴァ書房。
金川英雄（2012）『日本の精神医療史　明治から昭和初期まで』青弓社。
金川英雄・堀みゆき（2009）『精神病院の社会史』青弓社。
尾形健（2008）「『自立』をめぐる法理論の諸相」、菊池馨実『自立支援と社会保障——主体性を尊重する福祉、医療、所得保障を求めて』日本加除出版。
岡崎伸郎編（2011）『メンタルヘルス・ライブラリー　精神保健・医療・福祉の根本問題２』批評社。
長瀬修・東俊裕・川島聡編（2012）『増補改訂　障害者の権利条約と日本——概要と展望』生活書院。
精神障害者地域移行・地域定着支援事業実施要
　http://www.mhlw.go.jp/bunya/shougaihoken/service/dl/chiikiikou_01.pdf（2013年8月13日アクセス）
精神福祉行政のあゆみ編集委員会（2000）『精神保健福祉行政のあゆみ』中央法規出版
社会福祉法人日本精神科病院協会（2007）『改訂　精神保健福祉の最新知識——歴史と臨床実務』中央法規出版。

第5章　障害者虐待と多元的共生社会

　　　　　　　　　　　　　　　　　　　　　　　　　　河東田　博

はじめに

　2011年6月24日、障害者虐待防止法が制定された(1)（2012年10月1日施行）。なぜこの法律が制定されたのだろうか。本法第1条で、次のように、法律制定の目的を明記している。

　「第1条　この法律は、障害者に対する虐待が障害者の尊厳を害するものであり、障害者の自立及び社会参加にとって障害者に対する虐待を防止することが極めて重要であること等に鑑み、（中略）障害者虐待の防止、養護者に対する支援等に関する施策を促進し、もって障害者の権利利益の擁護に資することを目的とする。」

　この法律の目的条項は、数多くの障害者虐待が見られ、障害者虐待が身近な人たちからなされていることなどを暗に示唆した内容となっている。
　第1条で示唆したことが、第2条第2項で明らかになってくる。虐待をしているのは誰かということである。

　「第2条
　2　この法律において『障害者虐待』とは、養護者による障害者虐待、障害者福祉施設従事者等による障害者虐待及び使用者による障害者虐待をいう。」

　第2条第2項が意味していることは明白であり、障害者虐待は、身近なところで身近な人たちによって（恐らく日常的に）、人の見ていないところで陰湿に、時に公然と行われているということである。

では、障害者虐待とは何か。第2条第6項～第8項に、その定義が次のように示されている。

「第2条
6　この法律において「養護者による障害者虐待」とは、次のいずれかに該当する行為をいう。
　一　養護者がその養護する障害者について行う次に掲げる行為
　　イ　障害者の身体に外傷が生じ、若しくは生じるおそれのある暴行を加え、又は正当な理由なく障害者の身体を拘束すること。
　　ロ　障害者にわいせつな行為をすること又は障害者をしてわいせつな行為をさせること。
　　ハ　障害者に対する著しい暴言又は著しく拒絶的な対応その他の障害者に著しい心理的外傷を与える言動を行うこと。
　　ニ　障害者を衰弱させるような著しい減食又は長時間の放置等。
　二　養護者又は障害者の親族が当該障害者の財産を不当に処分することその他当該障害者から不当に財産上の利益を得ること。
（以下、第7項に「障害者福祉施設従事者等による障害者虐待」が、第8項に「使用者による障害者虐待」について明記されている。）

本稿では、まず、障害者虐待の実態について述べる。次に、障害者虐待の中でも性暴力（性的虐待：わいせつな行為をすること又はわいせつな行為をさせること）に焦点をあて、性暴力が被害者にどのような影響を与えるのか、性暴力被害に遭わないようにするためにはどうしたらよいのかなどについて述べ、性的暴力を含む障害者虐待が起こらないようにするためには、複雑に絡み合う人間社会の中で、何をどう整理して多元的共生社会に結び付けていったらよいのかを検討する。

第1節　過去から現在に至るまで続く障害者への暴力・虐待

数え上げればきりがないくらい夥しい数の障害のある人たちへの暴力・虐待

は、歴史の所産でもある。この歴史的事実は、19世紀から20世紀前半にかけ、世界各国で、社会的保護という名の下に、障害者入所施設が多数造られていった時代にまで遡ることができる。また、19世紀末から今世紀初頭にかけて吹き荒れた優生思想や「無性の存在」としての障害者観が影響していたこととも関係している。つまり、障害のある人たちへの暴力や虐待を肯定・容認する社会的風潮は、障害者差別・社会的排除を背景とする百年以上もの長い歴史をもっているということである。

当時の人たちが、例えば知的障害のある人たちに対して抱いていた思いや社会的な反応や対応をアン・クラフト（Ann Craft）は、次のように記している。

「とても強い性欲をもち、自制心に欠け、一般に社会を脅かす人と見られている。このような考え方は、精神薄弱と呼ばれていた人たちが隔離され人里離れたコロニーに入れられていた結果であった。そこでは、性的行動を見つけられると厳しく罰せられ、結婚は禁止され、同意なしで不妊手術を認める法律があった。(2)」

例えば、知的障害のある人たちは「性的な表現の仕方が不適切なため、当然無視されるべきものである(3)」とされ、「無性の存在」としての障害者観が当然視されていた。

このようなものの見方や社会的対応の結果、知的障害のある人たちの性が長い間タブー視され、遠ざけられ、消極的・否定的な受け止め方をされ、ほとんど何も伝えられずに寝たままの状態にさせられてきた。今日でも見受けられる性は自然に覚えるものという考え方は、知的障害のある人たちの性に関する情報入手をより一層困難なものとしていたのである。

障害のある人たちへの暴力や虐待は、1970年代以前から存在し、1970年代に社会問題化していったと考えられる。古くは精神障害者や重度身体障害者、重度知的障害者に対する座敷牢の存在や、1970年5月に横浜で起こった「二児の母親が将来を悲観して下の女の子・2歳CP児をエプロンの紐で絞殺(4)」という障害児殺し、精神障害者や高齢者、重症心身障害児・者に対するベッド拘束、動く重度児に対する柱などへの拘束、手足を動かせなくするための抑制帯の使

用なども障害者虐待と言うことができよう。自閉症者に対する行動抑制や暴力行為も障害者虐待ということができる。精神病院隔離病棟や独房も虐待の範疇に入れることができる。入所施設の鍵のついた部屋で暮らさざるを得ない利用者と言われる人たちも同様である。

1990年代半ばの某国立（現国立行政法人）病院併設のある重心施設の例(5)を示そう。

　それは夕食時。入居者に出された夕食は、誰も彼もが軟食。きざみの副食。混ぜ合わせると丼にすべてがスッポリおさまってしまう。おいしそうであるはずがない。食は文化というが、そこには文化の欠片もなかった。スプーンで食べている人もいれば、つい手掴みになってしまう人もいる。皆無表情。そこに看護助手がやってきた。手掴みの人を見つけて、「まあ！」。スプーンを持ち、彼を見下ろしたまま、黙々介助を始める。看護助手は次から次へと食べ物をスプーンで彼の口の中へ放り込んでいく。みるみるうちに口が膨らみ、今にも食べた物を吐き出しそうになる。看護助手はタオルを取りにその場を離れた。彼は当然のごとく、口一杯に押し込められた食べ物をすべて吐き出してしまった。戻ってきた看護助手は、無言で吐き出した食べ物をまた口の中に放り込んだ。タオルで口を押さえる。上を向かせて水を飲ませる。流し込みである。食事は数分で終わってしまった。

　何日か後の同施設の動く重度児・者棟。入口には鍵がかかっていた。中に入ると、入居者の何人かが抑制帯を腕や身体に巻かれ、柱や手摺りにつながれていた。鍵のかかった狭い部屋で過ごしている入居者も何人かいた。まるで「動物園」のようであった。医療・福祉のモデルとなるべき国立病院付属の施設が、なぜこのような入居者に対する人権侵害の数々を平気で行っているのかが信じられなかった。しかし、このような実態を知りつつ、親も関係者も何も言えなかった。

　このような入所施設における暴力や虐待は、様々な形で日常的に行われていた。「夜、尿をもらしたとき朝まで裸にされて、放置された。理由がないのに『お前なんか死んじまえ』と言われた。トイレで緊張したとき、緊張するなと足で体を蹴飛ばされた。居住者のいない部屋に入り、電話やテレビを勝手に使う。

トイレを数多くすると、文句を言われる……」と枚挙に暇がないほどの虐待の実態が出てくる。その最たるものが1996年に明らかになった水戸事件であった。入所施設のような閉鎖的な環境であればあるほどそれは顕著であった。

ところで、障害者虐待防止法制定・施行に大きな影響を与えたのは、日本社会福祉士会が2009年に行った「障害者の権利擁護及び虐待防止に向けた相談支援等のあり方に関する調査」であったと思われるため、同調査報告書の概要を引用・要約し、紹介してみよう。

寄せられた966件の虐待被害の内訳を見てみると「40歳未満」（18歳未満26.6％、18～40歳未満37.0％）の3分の2近くの「知的障害者」（602件、62.3％、参考：身体障害18.4％、精神障害13.1％）が虐待の被害にあっており、知的障害者の被害の多さに驚く。また、他の種類の虐待被害の内訳（世話の放棄・放任37.9％、身体的虐待35.7％、経済的虐待33.1％、心理的虐待29.2％）に比べるとその割合は低いものの、知的障害のある人たちが「性的虐待」（66件、6.8％）に遭っており、見過ごすことのできない調査結果が示されていた。虐待を受けていた人たちは、「被害を受けている自覚がない」（29.8％）か「ＳＯＳのサインが出せない」（34.9％）でいた。多くの知的障害のある人たちがなぜ被害に遭ってしまうのかがよく分かる被害の実態が、結果として示されていたのである。

一方、虐待の加害者が誰かも明らかにされている。障害のある人たちに虐待をしていたのは、親（55.1％）やきょうだい（18.0％）、その他の親族（6.8％）、障害者サービス事業所・施設（2.7％）、企業・職場（使用者2.1％）等であり、最も信頼できるはずの身近な人たちだったのである。つまり、障害者虐待防止法第2条第2項に明示されている「養護者」であり、「障害者福祉施設従事者等」「使用者」であったのである。さらに、加害者の多くは、被害者に対する「差別や偏見」（10.1％）よりも「障害特性の理解不足」（40.4％）と思われる結果が示されていたのである。

第2節　身近な人たちから受けている性暴力

障害のある人々の性をめぐる暴力や虐待も後を絶たない。1993年に発覚した子宮摘出問題や、過去のでき事とは言え、1997年にマスコミを通して世界の人

びとを震撼させた強制不妊手術の問題(10)などがよい例である。上述した日本社会福祉士会の調査では、「身近な人たち」から性暴力被害にあっている実態が示されていた。

　なぜ知的な障害のある人たちは、性暴力を身近な人たちから受けているのだろうか。被害に遭っても被害に遭ったことを言わない・言えない、言っても信用してもらえない、等々の理由が考えられる。「言っても信用してもらえない」という理由に至っては、本人の言動の問題や信憑性の問題が取り上げられ、門前払いされ、意見聴取の対象にすらされないことがある。性暴力被害に遭っても、本人発言の揺れや信憑性が「本人が望んだこと」「合意の上」などという加害者の嘘や詭弁とも言える発言を正当化させてしまっている。

　こうしたことを考えると、ここには周囲にいる私たちの認識上の誤りが存在し、差別や偏見をもちながら知的障害のある人たちを見、判断をしている可能性がある。何人も「人」としてかけがえのない生を生きているにもかかわらず、「知的障害者」とレッテルがはられるだけで、特別な目でその人たちを見てしまう私たちがおり、特別な目で見られてしまう彼ら彼女たちがいる。

　こうしたことは、例えば、一般の人たちに「知的障害者に対するイメージは？」「知的障害者の性に対するイメージは？」「知的障害者の結婚に対するイメージは？」と問い掛けてみればすぐに分かることである。恐らくほとんどの人が「消極的」「否定的」なイメージをもって応えるはずである。私たちは、例え親でも関係者でも、知的障害のある人たちに対して消極的・否定的イメージをもっているということの自覚がまず必要だと考える。私たちは人を見下し、人を押しのけて生きる「差別・偏見しがちな人間」であることを自覚し、このような認識を少しずつ変えていく努力の中にこそ「人」としての成長を見ることができるのではないかと整理しておく必要がある。また、知的障害者への根深い差別意識は、差別的法制度を伴いながら社会的・政治的につくられてきたことが幾つもの文献を通して明らかにされてきている。

第3節　性情報・性教育・性暴力被害をめぐる今日的課題

　障害児対象の性教育がほとんどなされていないがために、性に関する情報を

得ることができなかったり、認知理解力が乏しくなってしまうことが明らかになっている[11]。一方で、性教育の不十分さに気づき、何とか具体的に対応しようとすると、社会（政治家・教育委員会等）からの圧力がかかってくることを七生養護学校性教育裁判が証明している[12]。

かつて筆者たちが行った特別支援学校（当時の養護学校）高等部在籍者と卒業生とを対象にした調査[13]からは、「学校で教えられなかった事柄は、卒業してからも教えられずに分からないまま放置されていることが多い」「卒業生は社会的経験を積み重ねるなかで、性に関する情報をそれなりに入手し理解しているものの、これらの情報は体系的なものではなく、時には援助者から、時には職場の同僚から、さらにはマスメディアから断片的に入手しているにすぎなかった」ことが明らかになっている。この調査結果は生涯にわたるセクシュアリティ教育の重要性を示唆していたのだが、日本社会では上述したような政治的思惑に振り回され、研究結果は現場では何ら活かされていかない仕組みになっていることがよく分かる。

しかし、毎日のようにマスメディアを通して流されるリアルで多様なセクシュアリティ情報は障害当事者たちが入手できていないかというとそうではなく、誰も何も教えないから、自分たちで、仲間と一緒に、数多くの情報を何らかの形で入手し、隠しもっている。最近ではインターネットからリアルで具体的な場面を無料で入手できるようになってきている。親や関係者は、過保護・心配性・過干渉で、リスクを冒す尊厳を妨げ、情報を遮断し、無知の再生産を担っている。何も伝えず無知のまま放置しておくが故に、理想と現実のギャップの中で様々な不安・悩み・葛藤を抱え、ますます情報処理ができなくなり、無知を再生産し、歪んだセクシュアリティ像を作り上げていってしまっている。このような社会的実態の延長線上に性暴力被害に適切に対処できていない私たちがいるような気がする。私たち支援者もコミュニケーションの仕方や人間関係のあり方を学ぶ機会が十分に提供されておらず、障害当事者と接しているのが実態なのではないか。性暴力被害を個人的な問題に帰結させるのではなく、社会的課題として対応を検討する時期に来ており、不安・悩みへの対処の仕方、情報処理の仕方、性暴力被害とは何か、被害を受けたときにはどうするかなどを具体的に検討していく必要がある。

第4節　身近なところで身近な人たちによってなされている性暴力を防ぐために

　2004年の財団法人「女性のためのアジア平和基金」のパンフレット[14]によると、日本に住む女性100人のうち7人弱が性暴力被害にあっているという。性暴力被害は1割くらいしか通報されず、しかも被害届を出す件数はさらに減ってしまうのが現状のようである。統計に表れているのは氷山の一角であることが分かる。
　性暴力は、被害者に大変深刻な精神的反応を引き起こすことが分かっている。被害に直面したとき、被害者は「殺されるのではないか」「ひどい目にあわされる」という強い恐怖を感じるという。頭の中が真っ白になってどうしていいのかわからず、凍りついたようになってしまうともいう。そういう経験をした人は、事件後数週間、数カ月の間、さまざまな精神的反応を引き起こすことがあるようである。自分がおかしくなってしまったのではないかと不安になる人もいる。
　性暴力被害にあって傷ついている被害者をこれ以上傷つけないためにも、加害者の犯した罪を償わせ、このような犯罪が繰り返されないようにするためにも二次被害（被害者が被害の後に、周囲のさまざまな人の言動によってさらに傷つけられる状態のこと）を防ぐことが大切であり、被害者のためだけでなく社会にとっても大切なことなのである。
　なお、WHO（世界保健機関）は、性暴力のことを、「強制的であったり、暴力や傷つけるという脅かしを用いて行われる性行動のすべてであり、望まない性的コメントや接近、人を売買する行為も含まれる。被害者との関係や状況（自宅か職場かなど）を問わない」と定義しており、性暴力被害にはレイプ（強姦）、レイプ未遂、性的虐待、強制わいせつ、性的搾取など多くのことが含まれる。つまり、相手が誰であれ、本人の意思に反して強制的に行われる性的な行為は性暴力であり、被害者が受けるダメージは何ら変わることはない。
　性暴力被害をなくすために、社会的レベルでできることは、「教育・啓発の推進」であり、被害者支援システムをつくることである。自らの偏見に気づく

こと、被害者の心の傷に思いを馳せることなど個人レベルでできることもある。

次のような、「女性のためのアジア平和基金」パンフレットに記されている、被害者の回復を助ける7つのポイントも参考になる。

① 被害者を責めない。
② 被害者の罪悪感や自責感を助長しない。
③ 被害者の気持ちをよく聴く。
④ 被害者が悪いわけではないことを理解してもらう。
⑤ 被害者がおかしいわけではないことを知ってもらう。
⑥ 被害者の感情を認める。
⑦ 被害者を無力化せず、有力化（エンパワメント）する。

二次被害のない社会、性暴力のない社会は、女性にとっても男性にとっても安全で幸福な社会の姿である。このような社会では、男女はもっと信頼しあい、より良い関係を築けるはずである。そのために、性暴力被害対応への不安から脱し、積極的な性・結婚生活支援を行うことが大切である。私たちの中にある無理解・無知・差別・偏見意識に気づくことも大切であろう。性的ノーマライゼーション化に向けた環境づくりも、積極的な性・結婚生活支援に向けた取り組みも必要となる。一方で、一人で抱えずネットワークを活用することも必要である。当事者同士の学び合い・伝え合いを活用し、支援することも必要となる。ピア・カウンセリングやピア・サポート、本人活動支援も必要となる。

第5節　性暴力被害を防ぐために役立つノーマライゼーション原理

知的障害のある人たちに対する性と結婚について新しい考え方が示されるようになったのは、「ノーマライゼーションの原理」が1969年にスウェーデンのベンクト・ニィリエによって成文化されてからのことである。ニィリエは、ノーマライゼーションを成文化した際、性とノーマライゼーション原理との関係を次のように記していた。

「一般社会と同じように自然に男女が共に暮らすことにより、意欲が高まり、行動や環境をより良くする結果となる。そして、……他の人たち同様、結婚することでより良い生活を送ることになるかもしれないのである。」(15)

デンマークのニルス・E・バンク-ミケルセンは、人間社会のあるべき姿や対人サービスのあり方を示した人として知られている。彼は、1976年、ノーマライゼーションの重要な柱の一つとして、次のようにセクシュアリティの権利について明示した。

「ノーマリゼーションとは市民権をも含む生活のあらゆる側面において、精神遅滞者がほかの人びとと同等な立場におかれるべきであるということを意味している……市民権とは、住居と教育と仕事の権利のことである。また市民権は、投票権、結婚する権利、子どもを産む権利、および、たとえ結婚していなくても、また子どもをつくるのでなくても、性生活をいとなむ権利をも意味している。」(16)

バンク-ミケルセンが指摘をするまで市民権や性と結婚の権利に、このように具体的に言及した人はいなかった。しかし、今日この考え方は、多くの人たちに支持され、共通の理解となってきている。

ニィリエやバンク-ミケルセンのノーマライゼーション原理を通して、私たちは性や結婚の権利という考え方が知的障害のある人たちに対してなされる性暴力被害からの解放につながることを知った。また、ノーマライゼーション原理は、「地域社会の中で生き、住みたい。共に楽しい生活を送り、多くの価値を見出したい」(17)。「恋人をもち、好きな人と結婚をしたい」(18)という障害当事者の思いや願いが込められた概念でもあった。

おわりに

障害者への性暴力は身近な人から身近なところで起こされている。性暴力を受けた被害者への心理的影響は大きく、長期間消えることなくトラウマとなっ

て残る。被害者の回復を助けるためにはどうしたらよいのか、そして、二度と性暴力被害に遭わないようにするためにはどうしたらよいのか、その妙案はなかなか見つからないが、前者には、「女性のためのアジア平和基金」からの提案による被害者の回復を助ける7つのポイント(「被害者を責めない」「被害者の罪悪感や自責感を助長しない」「被害者の気持ちをよく聴く」「被害者が悪いわけではないことを理解してもらう」「被害者がおかしいわけではないことを知ってもらう」「被害者の感情を認める」「被害者を無力化せず、エンパワメントする」)が参考になる。また、後者には、「被害者・加害者プログラム」を用意し、「研修」を強化するとともに、多元的共生社会を目指す(1)人材の育成と啓蒙・広報活動・理解促進、(2)協働の場づくり、(3)相談窓口の設置・相談支援要員の確保、(4)社会資源の共有とネットワークづくり、が必要になる。前者・後者共に相補関係にあり、両者は「多元的共生社会の質的構築」向上のための5条件(「環境の整備」「個別の支援」「機能性」「心理的前提条件」「社会からの反応」)とも合致するものである。

　知的障害のある人たちのセクシュアリティに関する事柄はすべての人に関係する重要な問題であるにもかかわらず、偏見や誤解または情報不足からこれまであまり問題にされてこなかった。むしろ、無視され、時として迫害されてきた。こうした中から障害のある人たちへの性暴力が引き起こされてきたように思われる。しかし、障害者虐待防止法の制定・施行を契機に、障害者虐待や性暴力被害を根絶し、そのための体制や実際的な場を作り上げていく必要性がある。その際、「被害者・加害者プログラム」を「多元的共生社会の質的構築」向上のための5条件に組み込みながら、様々な人的資源・社会資源を利用し、多様なネットワークをつくり上げて行くなかで対処していく必要がある。

(本稿は、河東田博(2013)「知的しょうがい者と性暴力被害」『コミュニティ福祉学部紀要』第15号、pp39-49. 立教大学コミュニティ福祉学部、のp41及びp47部分を加筆・修正したものである。)

注
1　法律の正式名称は次の通りだが、通称「障害者虐待防止法」と呼んでいる。
　「障害者虐待の防止、障害者の養護者に対する支援等に関する法律」(2011年6月

24日法律79号）
2　Craft, A., (1987) Mental Handicap and Sexuality: Issues for Individuals with a Mental Handicap, their Parents and Professionals. In Craft, A. (ed.) *Mental Handicap and Sexuality.* Kent: Costello.（＝河東田博他訳（1994）「知的障害とセクシュアリティ」『四国学院大学論集』　第85号、p202からの引用）
3　同上、p203。
4　1970年5月に横浜で起こった障害児殺しは、下記文献等に詳述されている。
　　横塚晃一（2007）『増補改訂版　母よ！殺すな』生活書院。
5　1996年10月12日に同朋大学で開催された日本社会福祉学会第44回全国大会シンポジュウム「共生をめざす福祉」で、シンポジストとしてこの問題を提起した。同大会発表論集に要旨が掲載されている。また、全国各地の講演会などでもこの事実を紹介。当時の厚生省障害福祉専門官にも善処方要請。善通寺希望の家開所記念誌『えがお』にも「善通寺希望の家と地域生活支援への期待」（pp32-35, 1998年4月）として実態を紹介してある。（開所式翌日、この施設の施設長より法人理事長に対して、筆者の文章に対して、「人手不足でやむを得ない」という釈明と「動物園」という表現に対する文書での謝罪をとの申し入れがあったが、拒否したいきさつがある。表現内容は事実であり、人権侵害の改善を実施することこそが先決であると。）その後、某大新聞社の記者と夜間この施設を訪れたことがある。夜8時頃だったように思う。動く重度児棟2カ所で半数以上の人たちが抑制をされ、ベッドにくくりつけられている実態を見せられた。人手不足のためのやむを得ない措置とのことだったが、訪れた2人共絶句だった。その後この記事はとうとう書かれずじまいだった。さらに、その後、国立病院統廃合の方針が出された。病院統廃合によりこの施設の処遇内容も悪化するとの理由で、署名運動が展開されていた。署名の呼びかけ内容には、何ら人権侵害の実態について触れられていなかった。
　　なお、この記述に関しては、下記文献にも所収してある。
　　河東田博・孫良・杉田穏子・遠藤美貴・芥川正武（2002）『ヨーロッパにおける施設解体──スウェーデン・英・独と日本の現状』現代書館、pp7-8。
6　1992年秋に副島洋明弁護士によって作成された資料より。副島弁護士は、障害者人権弁護団を結成し、数々の障害者差別、人権侵害の問題に対処してきた。障害者の人権問題の先駆けをなした弁護士で、多くの弁護士に影響を与えた。
7　水戸事件のたたかいを支える会（2006）『絶対、許さねえってば──水戸事件（障害者差別・虐待のたたかい）の記録』現代書館。
8　社団法人日本社会福祉士会（2010）『障害者の権利擁護及び虐待防止に向けた相談支援等のあり方に関する調査研究事業報告書』2009（平成21）年度障害者保健福祉推進事業より引用・要約。

9 1993年6月12日付『毎日新聞』朝刊「障害者子宮摘出の教授語る『後ろめたさない』」。
10 各国で行われていた強制不妊手術の実態を、1997年9月2日付『読売新聞』が次のように伝えている（AFP通信、AP通信などをもとに作成されたものである）。

国名	実施期間	人数（推定）
アメリカ	1907 – 1960年代	60,000
スイス	1928 – ?	1,000
デンマーク	1929 – 1967	11,000
ノルウェー	1934 – 1976	2,000 – 15,000 （政府発表では2,000）
フィンランド	1935 – 1970	11,000 （政府発表では1,400）
スウェーデン	1935 – 1976	62,000
オーストリア		知的障害をもつ女性の70%

11 Katoda, H., (1991) *Health and sex education of schoolchildren with intellectual handicaps-A study in Japan and Sweden.* Almqvist & Wiksell international.
12 七生養護学校関連の取組みについては、下記文献が詳しい。
金崎満（2005）『検証 七生養護学校事件――性教育攻撃と教員大量処分の真実』群青社。知的障がい児のための「こころとからだの学習」編集委員会（2006）『知的障がい児のための「こころとからだの学習」』明石書店。
児玉勇二（2009）『性教育裁判――七生養護学校事件が残したもの』岩波ブックレットNo.765. 岩波書店。
13 河東田博（1995）「知的ハンディをもつ人々の健康・性・エイズ情報獲得プロセスに関する研究」『JASS PROCEEDINGS』pp32-41. 日本性教育協会。
14 「女性のためのアジア平和基金」パンフレットとは、下記文献のことを指す。本稿「5」に関わる記述は、下記文献を引用・要約したものである。
財団法人女性のためのアジア平和基金（2004）『レイプの二次被害を防ぐために――被害者の回復を助ける7つのポイント』
15 Nirje, B. (1969) The normalization principle and its human management implications. In R. Kugel and W. Wolfensberger (eds.) *Changing patterns in residential services for the mentally retarded.* Washington, D.C.: Presiden's Committee on Mental Retardation. ＝河東田博他訳編（1998）『ノーマライゼーションの原理』現代書館、p27から引用。
16 Bank-Mikkelsen, N. E. (1976) The principle of normalization. In B. Nielsen (ed.) *Flash 2 on the Danish National Service for the mentally retarded.* Copenhagen: Personal Trainig School, Copenhagen. ＝中園康夫訳（1978）「ノーマリゼーションの原理」『四国学院大学論集』第42号、p153から引用。
17 河東田博（1992）『スウェーデンの知的しょうがい者とノーマライゼーション――

当事者参加・参画の論理』現代書館、p113.
18　ＮＨＫ厚生文化事業団調査報告書（1996）『知的発達に障害のある人たちの職業と生活に関する調査——本人よりの聞き取りを通して』（要約版）の中で、「将来、いちばんしたいと思うことを、お聞かせください。」(p28) という設問に対して、163人（440人中）の人たちが「恋愛・結婚」と答えていた。

第6章　児童手当制度の形成過程にみる日本の家族政策の限界と可能性

浅井亜希

　本章の目的は、1971年に成立した児童手当法について、その制定過程を検討することによって、日本の児童手当制度がいかなるビジョンと制度モデルをもち、またそれが多元的共生社会における包括的な家族政策として、いかなる限界と可能性をもつのかを歴史的に考察する。児童手当制度は1972年1月より実施されているが、その特徴としては、日本における「最後の社会保障」といわれるように、他の社会保障制度より遅れて実現したこと、先進国の中で最も遅いスタートとなったこと、さらにはその制度の不十分さが挙げられている。そこで本章は、児童手当法の成立にむけた児童手当のビジョンが、厚生官僚や政府の審議会、政治家によっていかに形成され、政策としていかにフレーミングされていくかについて、イギリスとフランスの家族手当のモデルを参考にしながら検討していく。

第1節　児童手当制度への提言——社会保障における「生活権」として

　戦後、全国民を対象とする社会保障制度の確立のために、1946年2月社会保障研究会が結成され、同年7月、日本ではじめての総合プランとして「社会保障案」がまとめられた[1]。このなかで家族手当は、支給月額50円、その対象は妻と義務教育終了までのすべての児童であった。全額国庫負担が原則であったが、拠出制に基づく社会保険モデルとする場合には、保険料の国庫負担が50％に対し、被用者は本人25％・雇用主25％、自営業者および無職者は本人負担が50％となる構想であった。これは戦後、児童手当の具体案が初めて示されたものである。さらに社会保障研究会と深いつながりのあった社会保険制度調査会は、1947年「社会保障制度要綱」答申において、生活窮乏の原因は多様であるとし

た上で、社会保障制度がカバーすべきリスクとして、傷病、廃疾、死亡、出産、老齢、失業とともに育児をあげている。「児童手当金は、義務教育終了年齢以下の子女に対して支給」し、憲法第25条の趣旨である、健康にして文化的な国民の最低生活を保障するための広汎な社会保障制度の確立のため、所得額とは関係なく均一の給付を原則とした。これらの「社会保障案」および「社会保障制度要綱」には、イギリスのベヴァリッジ報告の影響が強い（部分的にはベヴァリッジ報告以上に社会主義的である）といわれるが、同時に、財政的見地からの批判も強かった（社会保障研究所、1975, pp158-159）。

また、1948年7月のアメリカ社会保障調査団による連合軍最高司令官に対する「社会保障制度への勧告（ワンデル報告書）」においては、戦時中にはじめられ戦後に普及していた労働者に対する賃金に含まれる家族手当を社会化するという、フランスモデルの家族手当制度を構想している。ワンデル報告書の提示した勧告のうち、いち早く実現をみたのは、「国会と責任ある政府機関とに対して、社会保障に関する企画、政策、立法につき勧告を行うために、内閣のレベルに於ての代表的審議委員会の設置」とされた、社会保障制度審議会の成立であった。1949年11月の同審議会による「社会保障制度確立のための覚書（いわゆる社会保障の原則）」においては、「社会保障制度は国民全部を対象とする」という前提のもと、第9項には「家族の扶養及び教育の責任並びに最低賃金制との関連を勘案し、家族手当をこの制度に包括すべきである」とされている。ここであらためて社会保障制度が、憲法によって保障される基本的人権を尊重し、国民の「生活権」を確保し、さらに民主主義社会の理想を実現するものと定義され、また家族給付を社会保障の一つの柱として位置付けられている。

日本においては戦後の混乱期のなかで、浮浪児対策等、緊急性の高い施策に重点が置かれていたことや、ベビーブームによる人口増加をさらに刺激する効果も懸念されたため、家族手当制度は、具体的な検討まで至らなかった。しかし国際的には、1944年ＩＬＯによる「所得保障に関する勧告（フィラデルフィア宣言）」、1952年「社会保障の最低基準に関する条約（第102号）」の第7部に家族給付が設けられていた。また1959年11月、国際連合第14回総会において「児童権利宣言」が採択され、第6条には「子供の多い家庭に属する児童については、その援助のため、国その他の機関による費用の負担が望ましい」と述べ

られるように、国際的には家族手当・児童手当は波及・拡大していく状況にあった。

1950年代後半になると日本の人口構造は少産少死型に移行していき、高度経済成長による将来の労働力不足の懸念から、児童手当制度をめぐる論議が再び活発になる。

第2節　児童手当制度の創設へむけて——労働政策から児童福祉へ

1　労働政策としての児童手当

1960年8月、厚生大臣の諮問機関である中央児童福祉審議会は「児童福祉行政の刷新強化に関する意見」答申において、児童手当制度について「国民皆保険、国民皆年金制が整備された今日、諸外国におけると同様、すみやかに児童手当制を実施するための検討を急ぐべきである」と述べている。また1960年12月に閣議決定された「国民所得倍増計画」の中でも、児童手当について「年功序列型賃金制度の是正を促進し、これによって労働生産性を高めるためには、すべての世帯に一律に児童手当を支給する制度の確立を検討する必要があろう」と明確に言及されている。所得倍増計画に基づき厚生省は1961年7月「厚生行政長期計画」を発表し、ＩＬＯの「社会保障の最低基準に関する条約」から算定すると、児童手当の支給対象を「15歳未満の第3子以降」に限定した上で、家族給付費として1000億円を計上している（厚生省、1961, p91）。

そのほかにも同時期、1962年8月の社会保障制度審議会の答申「社会保障制度の総合調整に関する基本方策についての答申および社会保障制度の推進に関する勧告」、1963年7月の中央児童福祉審議会保育制度特別部会の中間報告、および同年8月の同審議会家庭対策特別部会中間報告においても、児童手当制度の実現の要望がなされている。また1963年8月の人口問題審議会の意見具申「地域開発に関し人口問題の見地から特に留意すべき事項」、1965年12月雇用審議会の答申「産業および労働面における構造的変化等に伴う雇用に関する政策について」においては、児童手当制度による効果として、中高年労働者の雇用促進と労働力の流動化促進が明記されている。これは、労働政策として児童手当制度を発足させることによって、第1に、家族賃金を含んだ年功序列型賃金から職務給への移行を促すこと、第2に、社会保険制度として雇用主からの拠

出を制度化しようとする労働政策としてのフレーミングであった。

2　児童手当部会の設置

　このような背景のもと、1961年6月、中央児童福祉審議会に今井一男を部会長とする「児童手当部会」が設置された[3]。児童手当部会は3年間、20回余におよぶ会合の結果、「児童手当制度について」という中間報告を1964年10月に取りまとめた。中間報告の「はじめに」で述べられるように、「わが国における社会保障制度は、その水準はともかくとしても、全部手をつけられるようになったのにかかわらず、この児童（家族）手当の面だけは何故か久しく放置されてきた」と、児童手当制度が「最後の」社会保障制度として位置づけられ、既に世界62カ国で実施されている現状が記されている。児童手当部会は国内外事情の調査と分析に重点が置かれていたため、「成案の組立てよりも、むしろ問題点の解明に意を用い、今後の検討のための基礎となることを期した」ものであった。しかしこの中間報告は「第1章　児童手当制度に関する内外の動き」、「第2章　児童手当の考え方」、「第3章　本制度の組み立て」、「第4章　他の制度との関係」、「第5章　制度の内容についてのその他の問題点」、「第6章　本制度の効果と影響」という構成を見ても、包括的かつ体系的に児童手当制度について論じられており、特に第2章において示される、以下四つの観点からの児童手当制度の検討は、その後の制度の成立に向けて大きな影響を与えることになった。

①児童福祉の観点から

　「児童の扶養義務は、あくまでも両親にある。この義務は、生物本能的なものであって、いわば法律以前の問題である」という家族主義の前提のもと、「社会の複雑化に伴い、家庭における両親の扶養義務に依存するだけでは、児童の完全な保護育成は期待できにくくなる」という理由から、児童の人権尊重の基本原理として、現金給付の児童手当を位置付けた。これは単に貧困の防止、最低生活保障を目的とする社会保障制度とは区別され、いわば「社会保障制度プラスアルファ」といえる。

②社会保障の観点から

　多子は貧困の原因とした上で、イギリスのベヴァリッジ報告をモデルとする、

防貧のために児童手当制度を位置付ける。しかし、生活保護制度との関係を考慮し、日本においては「生活の共同化」という考え方から、社会保険システムがより望ましいとした。
③賃金体系の観点から
　年功序列型賃金や家族給は、賃金水準の上昇に伴いその必要性は低下するが、「企業は扶養家族の多い労働者の雇用をできるだけ避けようとする傾向」があるため、「中高年齢層は就職条件において不利となる」と指摘している。児童手当制度を賃金体系の変革（年功序列型、終身雇用）と結び付け、労働力の流動化や中高年齢層の就職、産業別横断的賃金制度につなげられるとした。また、家族給の廃止のためには、義務教育終了までの第1子から児童手当の支給が必要とされる。
④所得格差是正と人間能力開発の観点から
　年功序列型賃金体系は主として大企業に見られるため、大企業とその他との所得格差を、全国民適用による児童手当によって、家計における児童扶養費の負担を減らそうとする観点である。同時に、「人間能力開発ないし将来の優秀な社会的生産力確保をねらいとする点において、より積極的な意義」をもつ。それゆえ、それぞれの負担能力に応じた（主に大企業の）事業主負担となり、所得再分配の見地からも効果的である。

　児童手当部会による中間報告は、児童手当制度の構想を、労働政策、児童福祉、将来への投資と結び付け、さらに家族に対する国家の積極的な責任を示す、いわば政策が連携（パッケージ化）された、包括的な家族政策の形成を見出すことができる。また、児童手当制度のあり方として「被用者には社会保険として、その他に対しては社会扶助として発足することも十分考えられる」と、この段階から、被用者と非被用者を別建ての制度とすることも検討されている。財源は事業主の拠出が中心となるが、児童の育成等に対する国家の責任という積極的立場も明らかである。支給要件に関しては、第1子から支給を強調していることが重要である。児童手当と家族手当という名称のどちらを使用するかに関しては、妻の立場と子どもの立場とは区別されなければならず、妻の問題は賃金政策によって解決すべきという立場から、企業による家族手当と区別す

るため、児童手当部会をもって、児童手当が正式な呼称とされた。

　児童手当部会を受け、1964年11月経済審議会の答申「国民所得倍増計画の残された期間における中期の経済計画」でも、労働政策としての児童手当制度の意義が強調されている。1965年1月25日の佐藤栄作首相による第48回国会衆議院本会議、施政方針演説においては、児童手当についても言及されている。

　「社会保障については、国民皆保険、皆年金の制度が実施され、逐年堅実な前進を続けておりますが、なお、制度間に不均衡が存する等、改善、充実を要する点が少なくありません。政府は、均衡のとれた社会保障制度の整備を目標に、長期的な観点に立って社会保障の充実をはかる所存であります。（中略）児童、母子、老人、心身障害者等の福祉の向上につとめ、さらに児童手当の実現についても検討を進めたいと考えております。特に、日本の未来をになう児童とその母親に対しては、あたたかい配慮が必要であります。」
（『第48回国会衆議院本会議録』第4号、1965年1月25日、p18）

　これ以降、国会では社会保障制度について質疑が行われる際には、児童手当がいつ実現するのかといった批判が制度の成立まで続いていく。厚生大臣は1965年5月、官房企画室に児童手当準備室を設置し、児童養育費等の調査、関係資料の収集・整理、制度の企画立案を行わせ、以後、児童手当準備室が児童手当法成立にむけた中心となった。

　1960年代前半になると、政府だけではなく、経済サイド、社会保障サイドからも児童手当制度の問題が取り上げられるようになった。この時期、特に経済サイド（経済審議会、雇用審議会）からは特に、労働政策の一環、人的資源への投資として児童手当が考えられ、政策フレーミングがなされていたと特徴付けられる。また、北明美は、児童手当部会による中間報告が指し示す日本の家族が「高い賃金水準の男性の場合は基本的に賃金で妻を扶養し子の養育費の一部を児童手当で補う、他方、夫の賃金水準が妻や子を扶養するのに十分でない場合はその不足をともに子を扶養し児童手当でそれを補う」という、ジェンダー役割が埋め込まれた家族モデルをここに見出している（北、1999, p53）。

3　児童手当懇親会・児童手当審議会・自民党世話人会

　1966年5月の衆議院社会労働委員会において、鈴木善幸厚生大臣は児童手当について、「昭和43年ごろまでには何とか実施に移せるようにというような心組みで諸般の準備を急いでおる」との答弁を行い、はじめて具体的な実施年次を示した。翌1967年の衆議院選・統一地方選の際、自民党、社会党、公明党が児童手当制度の創設を公約とした。またこの年には、岩手県久慈市、東京都武蔵野市などで、独自の児童手当を実施する地方自治体が現れ、全国に拡大していく。このような背景のもとで、1967年11月、厚生大臣の私的諮問機関として、児童手当懇談会が設置されたのである。(4)

　児童手当懇談会は、1968年12月に「児童手当制度に関する報告」を齋藤昇厚生大臣に対して行った。「児童手当制度の創設は、少ない幼少人口を健全に育成し、将来の有為な経済人、社会人にするために、きわめて重要な意義を有する」という前提のもと、児童の養育が家計の最も重い負担となっていることを指摘した。(5) そのため「現金給付を行なうことにより、児童の養育費の一部を社会的に保障しようとするものであり、それは、直接には、家計負担の軽減に役立ち、有子家庭の生活の安定に寄与する」ことと同時に、「児童の福祉の増進を図ろうとする」政策フレーミングのはじまりであった。さらに、制度の創設によって出生率回復への期待や、労働力の効率的な配分、所得の再分配による格差の是正が、その効果としてあげられている。

　児童手当の制度の建て方は、118・119頁の表に示したように、適用範囲を「すべての国民にひとしく適用されることが望ましい」、「低所得者に限ってこの制度を考えようとすることは、問題の本筋を誤る」と強調した上で、従来の社会保険の区分と同様、被用者（拠出制）と自営業者・農民等の別建て（暫定的に無拠出制）に考えるのが「合理的」であるとした。そのため給付は、義務教育終了前の第1子から支給対象とするが、拠出の有無により月額に差を設けることはやむをえない。無拠出制児童手当については、「拠出制児童手当へ移行するまでの暫定措置」としての位置づけのため、所得制限が必要とされた。

　しかし当時、児童手当参事官であった近藤功は、この報告を受け児童手当に所得による給付制限を設けることに懸念を示し、以下のように述べている。

「児童を親の私有物とする見方を止揚し、社会の子供としてみなおすということでもある。世界の児童手当制度においては、このような考え方に立って、なお未発達の制度にとどまっているきわめて少数の例外を除き、受給権者の所得のいかんにより支給の制限を行うという制度をそなえていない。このことは、次代の栄光の担い手である児童の育成という児童手当制度の特別のねらいに着目してみれば、容易にうなずかれるところである」（近藤、1969, p50）。

　児童手当懇談会は具体的な制度構想を示したものではあったが、学識経験者のみで構成されており、広く各界からの意見を反映調整するという点で不十分であったため、1969年6月、公式の場として児童手当審議会が設置された[6]。第1回の児童手当審議会（1969年7月28日）では、齋藤昇厚生大臣は「昭和45年度を目途として実施すべき制度の大綱について会の意見を求める」ものとして、児童手当制度の早急な必要性を勘案し、いわゆる「齋藤大臣構想」といわれる独自の構想を示した。

①支給対象は、発足時はさしあたり第3子以降とすることが適当ではないか。
②手当の額は、被用者とその他の者とを区別することなく、一律とし、懇談会報告に示す額（3,000円）を勘案して定めるのが、制度の円滑な実施上適当ではないか。
③財源としては、企業側と国、地方公共団体が分担し、これをプールしてはどうか。

　齋藤大臣構想は、児童手当懇談会の構想に比べてかなり規模が小さいものであったが、制度の早期実施をねらいとし、全国民を一つの制度に取り込もうとした新しい政策フレーミングであった。財源のあり方も、地方公共団体の負担を求めるという新しいものであった。審議の参考として提出されたものであったが、結果的に児童手当審議会による「児童手当制度の大綱について」の骨子となる。齋藤大臣構想について、近藤功は「この私案は、規模こそかなり後退した印象を受けるとはいえ、齋藤厚生大臣の苦心が秘められ、いろいろと重要な問題が含まれている」と述べており、日本における児童手当制度の理想と現

表　児童手当制度の諸構想

	制度の建て方	給付内容	
		支給対象	手当額
児童手当懇談会報告 （1968年12月20日）	①適用対象を被用者と非被用者とに区分し、2本建ての制度とする ②被用者については、拠出制児童手当、非被用者については、暫定的に無拠出制児童手当を実施する	義務教育終了前のすべての児童とする	支給対象児童1人につき、拠出制児童手当は月額3,000円、無拠出制児童手当は月額1,500円とする
齋藤昇厚生大臣構想 （1969年7月28日）	適用対象を被用者と非被用者とに区分せず、全国民を通じた一つの制度とする	義務教育終了前の児童が3人以上いる場合の第3子以降の児童とする	被用者と非被用者を区別することなく一律とし、懇談会報告の額を勘案して定める
児童手当審議会答申 （1970年9月16日）	制度は単一のものとし、被用者と被用者以外の者につき、それぞれ別個の収支によるものとする	大臣構想と同じ	支給対象児童1人につき、月額3,000円とする
自民党世話人会構想 （1970年11月17日）	審議会答申と同じ	18歳未満の児童が3人以上いる場合の義務教育終了前の第3子以降の児童とする	審議会答申と同じ
児童手当法案 （1971年2月16日）	制度は単一のものとし、被用者、非被用者および公務員につき、それぞれ別個の収支によるものとする	世話人会構想と同じ	審議会答申と同じ

給付内容		費用負担	実施機構
所得制限	他制度との調整		
拠出制児童手当については行わず、無拠出制児童手当についてのみ行う	①公的年金制度における加給は児童手当に吸収し、特別児童扶養手当とは併給 ②生活保護世帯への措置を考える ③家族給とは調整する ④税制の扶養控除制度は、改善措置が必要	①拠出制児童手当 事業主8/10 国2/10 ②無拠出制児童手当 全額国庫負担	社会保険と同様に政府が直接行う
行わない	—	企業、国、都道府県および市町村が分担し、これをプールして支給の財源とする	政府、都道府県および市町村が行う
行わない	—	①被用者分： 事業主の拠出及び国庫負担（事業主8/10、国2/10） ②被用者以外の者の分： 一定限度以上の所得を有する者の拠出及び公費負担	—
扶養親族等5人の場合、前年の収入200万円を想定して所得制限を行う	①公的年金、児童扶養手当等他の公的制度とは併給する ②児童手当は非課税とする	①被用者分： 事業主7/10、国2/10、都道府県0.5/10、市町村0.5/10 ②被用者以外の者の分：国4/6、都道府県1/6、市町村1/6	①拠出金の徴収は政府が行う ②支給に関する事務は、市町村で行う
世話人会構想と同じ	世話人会構想と同じ	①被用者分： 世話人会構想①と同じ ②被用者以外の者の分： 世話人会構想②と同じ ③公務員分： 国、地方公共団体および公共企業体がそれぞれ負担	①拠出金の徴収は政府が行う ②被用者と非被用者に対する支給に関する事務は、市町村で行う ③公務員に対する支給に関する事務は、国、地方公共団体、公共企業体で行う

（参考資料：(2013)『五訂　児童手当法の解説』中央法規出版, p22. および坂元貞一郎（1972）『児童手当法の解説』社会保険研究所、pp45-48より、筆者作成）．

実が垣間見える（近藤、1970, pp168-169）。

　審議会は1969年度以内に答申として意見がまとまらなかったため、1970年6月には有澤会長を団長として天池、折井、近藤委員からなる調査団を、イギリス、フランス、オーストリア、西ドイツ、カナダに派遣し、海外における児童手当制度の実施状況を調査した。調査団は7月に内田厚生大臣に報告書を提出し、「児童手当の発展を図ることは世界の大勢である」との前提と、「児童手当は、社会保障を充実するばかりではなく社会構成の単位である家庭を健全に育成し、社会の健全な発展を期するものとして、早急に、これが実施に向って最大の努力をしなければならないと信ずる」と述べられている。この調査団報告の結果、および国会での審議が強く要望されていたため、1970年9月児童手当審議会は、「児童手当制度の大綱について」答申を行った。

①児童手当制度は、児童養育費の家計負担の軽減を図ることにより、家庭生活の安定に寄与するとともに、次代の担い手である児童の健全な育成と資質の向上を期することを目的とする。

②制度は単一のものとし、被用者と被用者以外の者につきそれぞれ別個の収支によるものとする。

③支給対象児童は、義務教育終了前の児童が3人以上いる場合の年齢順に数えて第3位以降の児童とし、支給にあたっては、所得制限は行わない。

④被用者に対する児童手当の財源は、事業主の拠出及び国の負担によるが、被用者以外の者に対する財源は、被用者以外の者のうち一定限度以上の所得を有するものの拠出及び公費の負担による。

　この大綱は、「理想的な姿からみればなお不十分なものがあろう」とした上で、「将来において児童手当の内容の充実、発展をめざす基礎を設けた」こと、また老人福祉との関連からもその意義を示している。厚生省は児童手当法案の政府案の作成に直ちに着手したが、成案を得るためには与党をはじめ意見調整が必要であった。そのため「この間において、この制度を昭和四十六年から発足させることについて佐藤総理大臣の強い意志表示があったことが、その調整を促進する極め手になった」と言われている（厚生省児童手当準備室、1971, p20）。

　1970年9月、児童手当審議会はその答申を与党である自民党の政務調査会社

会部会世話人会と協議することとなり、11月、自民党は「児童手当制度の構想」を取りまとめた。審議会との相違点は、以下の3点である。
①支給対象年齢を、義務教育終了前から18歳未満に引き上げる。
②被用者以外の者については、拠出を求めない。
③一定限度以上の所得を有する者には支給しない（所得制限を設ける）。

　厚生省は、1972年1月からの制度実施にむけて予算の概算要求を行うとともに、関係省庁との調整を図りながら政府案を決定させていく。この際、政府案の大綱は、公務員について支給及び費用負担関係を別扱いとしたこと、段階的に対象範囲を拡大する際の範囲を明確にしたこと以外、自民党の「児童手当制度の構想」に概ね沿ったものであった（表参照）。

第3節　児童手当法の成立──「小さく生んで大きく育てる」

　1971年2月10日、社会保障制度審議会による「児童手当法の制定について」答申において、「極めて貧弱な内容であるにもせよ、いよいよ発足の段階を迎えたことは、国民の要望にも一応答えたものとして、評価できよう。『社会保障の最低基準に関する国際条約』中、唯一のブランクであった部門も、形式的にはこれによって埋められ、ＩＬＯ常任理事国としての面目の維持にも、若干寄与することとなるであろう」と、その意義を認めた上で、被用者と被用者以外との均衡、事業主負担、給付、所得制限、拠出金の徴収制度、他の社会保障制度（特に障害児との関係）との調和といった、制度の不十分さを認識している。内田厚生大臣は、2月25日、第65回国会衆議院本会議にて児童手当法案に関して次のような趣旨説明を行った。

　「御承知のように、児童手当制度はわが国社会保障制度の中でいまだ実現を見ていない唯一の制度であり、次代の社会をになう児童の育成の場である家庭の生活を安定させ、児童の健全な育成と資質の向上をはかるためには、この制度の創設がかねてより懸案となっておりました。特に、今後において老齢化が予測されるわが国の人口構成を考えますとき、将来の高齢化社会をささえていくこととなる児童の健全な育成と資質の向上をはかることは、わ

が国が将来にわたって活力にあふれた社会として発展を続けていくために、今日においてとるべき緊急の課題といわなければなりません。政府といたしましては、このような観点から、わが国の国情に即応した児童手当制度を実現いたすべく、鋭意検討を続けてまいりましたが、このほど成案を得ましたので、この法律案を提出いたした次第であります。」(『第65回国会衆議院本会議録』第11号、1971年2月25日、p7)

1971年2月16日、児童手当法は閣議決定され、国会へ提出された。1971年5月14日、社会労働委員会で採決、本会議にて全会一致で可決成立された。児童手当法案の内容には、以下の特徴があげられる。

①児童手当制度の目的

児童手当法は、「家庭における生活の安定」と「次代を担う児童の健全な育成と資質の向上」に資すること、すなわち所得保障と児童福祉を目的としている。それ以外の賃金政策、雇用政策、あるいは人口政策的な目的をねらいとするものでも、低所得者対策でもない（坂元貞一郎、1972）。

②全国民を通じた単一の制度

支給内容、給付内容は被用者、非被用者で区別がなく、公務員以外、市町村長を通じて支給が一元的になされる。

③新しい社会保障拠出制度

拠出と給付の相互関係がない。被用者の児童手当の費用については事業主の拠出を求めるが、これは従来の社会保険、社会福祉のいずれとも異なった独自の負担割合である。さらに児童扶養手当や生活保護等との併給が可能であり、制度相互間の調整はされない。

④段階的実施

初年度から完全実施すると巨額の経費がかかるため、3段階に分け実施することを附帯決議(7)とした。1971年度・1972年度は5歳児未満（約120万人、約140万人）、1973年度は10歳児未満（235万人）、1974年度は義務教育終了前の児童（280万人）が児童手当の対象とされた。

⑤支給額と所得制限

児童手当制度の実施の際、手当額は月額3,000円であった。完全実施後、手

当額については検討する予定であったが、1973年末のオイルショックによる物価高騰により1974年10月にようやく4,000円に引き上げとなった。児童手当は事業主拠出金も導入されているため、所得制限については、扶養親族等5人の場合、給与収入200万円という水準が設定された。その後は国民の平均所得水準の上昇に合わせて上昇させる。

　日本において児童手当制度が導入されるまで、以上のプロセスが必要であった。次に、日本における児童手当がいかなる理念／制度モデルをもち、政策フレーミングがなされたのか、イギリスとフランスの家族手当成立過程と比較しながら検討する。

第4節　児童手当のビジョン——イギリスモデルとフランスモデル

1　イギリスにおける家族手当運動

　ランドとパーカーによると、イギリスにおいては明示的な家族政策は存在していない。その理由として、第1に、家族の問題はあくまで個人的なものであるべきという考え方の浸透である。これはゴーティエによる家族政策の「非介入主義モデル」の位置付けと一致する（Gauthier, 1996, pp204-205）。家族は重要な要素ではあるが、あくまでも個人が必要とする最低限のサポートを行う。第2に、イギリスの社会保障はあくまで「家族の外」にあるもの、すなわち貧困や失業、疾病等を対象としてきた歴史をもつ（Land, H and Parker, R., 1978, pp332-333）。イギリスにおいて家族手当を求める運動は、19世紀末から児童の貧困問題として比較的早い時期から行われていた。

　家族手当運動の中心人物であったE・ラスボーンは1912年、『女性の賃金の問題』というパンフレットの中で、母性手当の創設、女性の地位向上、職場の同一労働同一賃金を訴えた。さらに1917年には家族手当協会を創設し、母子保健施策や学校給食等が次第に拡大していく状況と、女性解放運動の影響、現金給付による家族手当の必要性から、運動を始めたのである。ラスボーンは家族手当の構想として、全国的な制度、全額国庫負担、夫ではなく妻が受給者、所得制限を設けない、という四つをあげている。1924年、『相続権を奪われた家族』を出版し、第1次大戦後の低賃金と失業率の増加により、ラスボーンの訴えは

支持を広げていく。

　こうしてイギリスの家族手当運動は、女性の解放と児童の擁護という立場から躍進した。当時ロンドン・スクール・オブ・エコノミクスの学長であったW・ベヴァリッジもラズボーンの家族手当協会に加入し、1924年には彼の学校の教職員に児童手当を導入するなど、イギリスにおける家族手当に大きな影響を与えた。それは『ベヴァリッジ報告』において、「社会保障のための計画の基礎をなす三つの前提される政策の第1は、一般的な児童手当の制度である」との位置付けのもとで、「両親が就業しているときは第1子を除く他のすべての児童に、また両親が就業していないときは第1子をも加えて、国庫負担による児童手当の現金支給がなされるべきである」としている（Beveridge, 1942=1969, pp237-244）。第1子が除かれることは、児童手当の費用は、国と扶養の責任のある両親が分担すべきであるという理由からであった。1945年にようやく家族手当法は成立されたが、就労の最低賃金よりも低い手当水準でなければ就労のインセンティブを奪うだろう、という懸念から、額は少額に留められた。

　イギリスの社会保障は、1948年に国民保健サービス、国民扶助法および児童法が成立し、体系化されていく。戦後、所得保障のみならず、保健医療サービスや、児童、高齢者、障害者に対する社会福祉サービスを、ナショナル・ミニマムとして実現させたことは、日本の社会保障理念にも大きな影響を与えた。イギリスにおける家族手当は、1952年および1968年に給付額が引き上げられたが、子どものいる世帯の貧困が再び社会問題となり、その改善は1975年の児童給付法の成立まで待たなければならない。

2　フランスにおける家族手当の社会保険モデル

　フランスの家族政策は、ゴーティエが「家族／出産奨励主義モデル」と示すように、その特徴として第1に、出生率が伝統的に中心的なイシューであり、出生率の上昇のため、家族へのサポートは国家の責任によって行われる。第2に、第1子から家族手当の支給対象にはせず、特に第3子を推奨するという多子家族を家族モデルにしていることである（Gauthier, 1996, pp203-205）。

　フランスにおける家族手当の制度化以前には、19世紀末からの企業家による労働者に対する家族手当の慣例があった。家族手当は、労働者の労働意欲を向

上させ、労働力の確保に活用され、特に、1918年にE・ロマネによって家族手当補償金庫が考案されて以降、急速に拡大していった。慣行の広がりを背景として、1932年に家族手当法が制定され、法による公権力の介入が明文化され、その内容は、県ごとの手当額の統一化、全国補償基金の設置、農業労働者に対しても家族手当を支払うこと、主婦手当の設置であった。

　出生率の低下、人口高齢化の進行といった人口問題の深刻化を受け、政府は1939年「人口に関する上級委員会」を設置し、7月には戦後の家族政策の基盤となる「フランスの出生率および家族に関するデクレロア」、いわゆる「家族法典」が制定された。これには出産奨励の性格がより強く表れている。つまり、第1子は家族手当の対象外とし、失業者には家族手当は支給されないという、労働者を中心とする社会保険システムであった。

　戦後、ド・ゴール臨時政府のもとに設置された特別委員会は1945年10月に「社会保障の組織に関するオルドナンス」を公表し、戦後フランスの社会保障の制度化が始まっていく。家族手当は、疾病保険および老齢保険と同様に、社会保障一般制度の一部を構成することが目指され、1956年の「社会保障法典」において法制化された[8]。戦後拡充された家族政策のうち、主要な項目としては以下があげられるが、これらは出産奨励主義とパッケージ化されていた。

①世帯人数に応じて税額を定める家族係数が導入され、子どもの数により養育費負担が不平等になることを防止した。これは家族の消費能力に配慮し、所得税を調整するために構築されたが、結果として大家族に対する税控除を意味している。
②家族手当額の改定により、給付率は第2子が10％から20％へ、第3子以上が20％から30％へ引き上げられた。
③所得制限付きではあるが1948年9月法により、住宅手当が創設された。

　以上のように、戦後フランスにおいては職域別の社会保険システムを基礎とし、出産奨励主義的な性格が強く表れた、家族を支援の単位とした包括的な家族政策の体系が形成された。戦後の家族政策の黄金期といわれる1950年代をすぎると、1970年代には再び出生率の低下が社会問題となる。そこで政府は1977年、最大2年間の育児休業がとれる養育親休暇を導入、1978年には家族補足手当を導入した。これは、それまでの単一賃金手当、主婦手当、保育費手当を統

合したものであり、3歳以上の3人以上の子を扶養する家族に対する最低所得保障型への家族政策の転換をはかるものとして位置付けられる（浅井、2013）。

3　日本の児童手当と政策モデル

　日本における児童手当制度創設のため、厚生省は海外の制度の実施状況について多くの調査を行った。戦後の社会保障の理念として重視され、多くの報告書においても言及されていたのはイギリスであったが、実際の制度モデルは事業主拠出を伴うフランスであったと言える。その理由は第1に、イギリスの公費による救貧的な手当制度は日本にはなじめず社会保険方式の実施が早くから目指されたこと、第2に、労働政策の観点からそれまでの家族賃金から職務給への移行を促すことが早くから見出されたからであった。しかし、明確な出生率の上昇を目的とする人口政策理念の縮減のための政策フレーミングとして、イギリスのベヴァリッジ報告における児童福祉の理念が強調されてきたことは明らかである。例えば、1963年の『児童福祉白書』における「児童手当の意味」においては、「英国のビバリッヂ報告が貧乏の原因として稼得能力の喪失または中断と収入と家族数との不均衡をあげ、前者には社会保険と公的扶助が対応し、後者には児童手当制度が対応すべきことを主張している」と述べてられている（厚生省児童局、1963，pp130-131）。

　児童手当は家族政策において、いかなる位置付けがなされるのだろうか。庄司洋子によると、「家族政策の定義のしかたは多様である。最も広義には、家族・自治体等の政策主体が家族に対して一定の影響を及ぼす意図をもって策定・実施する個別の政策あるいはそうした諸政策の総体をさしている。狭義には、家族関係に一定の秩序をもたらすための家族法領域に限定する用法がある」とした上で、日本における家族政策の伝統的な理念は、後者の「家族への規制」であると特徴付けている。また西欧の家族政策は、「単一の政策ではなく多くの政策を含む」（庄司他、1999，pp136-137）として、家族給付だけでなく、税控除、母子保健、住宅政策、保育サービス等、家族への支援のための包括的な政策として捉えられる。

　近藤功は、児童手当を「社会保障の中の所得保障に属するものであり、その意味においては、老齢年金や失業手当と同様と考えてよい」と述べている。し

かし一方で「その対象は、ほとんどすべての家庭に及ぶ（中略）『次代の栄光』に直結する問題である」とし、児童手当制度の位置付けを広く複合的に捉えている（日本児童福祉協会、1966, pp3-4）。つまり、包括的な家族政策の確立のためには諸政策のパッケージ化が必要であり、日本の児童手当制度には、生活保護、児童扶養手当等との併給に関する制度調整の発想はあっても、企業による家族福祉や家庭における専業主婦がケアを担っていたために、包括的な家族への支援に発展させることが難しいという限界をもち合わせていた。

4　児童手当制度見直しへ――日本の家族政策の限界

1972年1月より実施された児童手当制度は、支給対象児童を段階的に拡大しながらも、オイルショックを契機として、1975年には早くも制度の見直しという危機を迎える。

1974年11月の中央児童福祉審議会答申「今後実施すべき児童福祉対策について」において「児童は本来平等であるとするのが、児童福祉についての普遍的な考え方とされている。そこで、養育者についての所得制限は、制度としては、これを行わないことが望ましい」と改めて所得制限の撤廃が求められた。

そこで厚生省は、1976年11月より「児童手当制度意識調査」を行った。18歳未満の子どもをもつ世帯のうち、64％が「児童の養育で負担を感じている」ことが明らかにされた。また児童手当の受給者比率は14％弱であり、「児童手当を出すのは当然／必要」という児童手当の積極的支持派は、一般世帯で52％、企業および有識者においてもそれぞれ48％を占めた。一方で、「手当より環境整備の方がよい」「子どもを育てることは基本的には親の責任であるから、手当はさし控えるべきだ」とする児童手当否定派は、一般世帯で39％、企業51％、有識者50％となっている（週刊社会保障、1977, pp4-7）。中央児童福祉審議会は1977年12月、「児童手当制度に関する当面の改善策について」意見具申において、「児童手当制度は発足後5年余を経過したが、この間の経済不況、財政状況等をも反映して、そのあり方については各方面において制度の拡充から縮小廃止まで種々の意見が出されている」状況を理解しながらも、「経済的側面での社会的公平をはかる」、「各家庭の自主性を尊重しながら児童養育機能の強化をはかる」と児童手当の必要性を述べている。また、人口の急速な高齢化によ

る老齢人口の扶養負担を担う児童のため、次代を担う人口資質の向上、低下する家庭の養育機能強化のため、児童養育世帯と非養育世帯との負担の均衡のため、現金給付による所得保障以上に、児童の健全育成や資質向上といった児童福祉により重点が置かれるようになっている。

　このような多様性は、後の福祉施設（こどもの城建設）の導入に現れている。つまり、「今後の検討の方向」において「金銭給付にとどまらず、次代をになう児童の健全育成・資質向上の意識の啓発、健全育成施設の整備、優秀な児童文化財の普及、その他の健全育成施策を併せて実施し、金銭給付、施設、サービスが有機的関連性をもって運用され、十分な効果を発揮するような施策体系とすることが望ましい」とされた。ここで日本の児童手当制度に、複合的な家族政策への萌芽を見出せるのである。厚生省はこの意見具申を踏まえて、1978年、児童手当法を一部改正し、児童手当の支給に支障がない限りにおいて、福祉施設を導入することができることとなった。これは、児童手当の雇用主拠出負担に対する企業側の反発に対応したものだとも考えられる。

　1979年には財政問題が大きなイシューであったため、12月の財政制度審議会報告において、児童手当制度の見直しが提起された。児童手当の問題点と見直し理由に以下があげられた。

①児童養育費の負担のあり方に関して、親子の家庭における結びつきが強いため、社会的に負担するというヨーロッパ諸国のような考え方になじみにくい。
②わが国の賃金体系は、ヨーロッパ諸国と異なり、多くの場合、家族手当を含んだ年功序列型となっており、生活給としての色彩を有している。
③児童養育費の負担軽減に資するものとして、税制上の扶養控除制度が存在している。
④保育所その他の児童福祉施策との関連において、また、広く社会保障施策全体の中で、児童手当は必ずしも優先度が高いとはいえない。
⑤1976年に厚生省が実施した意識調査においても、児童手当の存在意義については、積極、消極がおおむね半ばしており、その意義と目的は疑問である。
⑥児童手当の費用分担について、現行制度では、被用者分については事業主からの拠出を求めているのに対し、非被用者分は全額公費負担となっており、負担の公平化、適正化の観点から、現在の費用負担の方法には、基本的な問

題があると考えられる。

児童手当見直しの風が強まるなか、厚生省は1978年11月に児童手当基本問題研究会を設置し、その検討結果は1980年9月の中央児童福祉審議会「児童手当制度の基本的あり方について」という意見具申に反映された。ここでは、日本が高齢化社会へ移行していく状況に対する施策として、児童手当制度の意義と制度改革を、以下のように求めている。

①世代間の信頼と連帯の醸成に資する

　今日、老人扶養年金等によりかなり社会化されているが、このような社会的扶養が円滑に維持されていくためには、将来の社会の担い手である児童を「社会の子」として社会的に配慮していくことが当然必要となる。

②社会の構成員全体の協力によって児童の健全育成・資質の向上に資する

　資源・エネルギーに恵まれないわが国が厳しい国際経済環境の中で今後とも繁栄・発展していくためには、優れた人的資源の確保が何よりも重要である。児童の養育は、基本的にはその家庭の責任であるが、将来の命運を託す児童の健全育成・資質の向上は社会全体の問題であるので、社会の構成員全体が協力する必要がある。

③児童養育家庭の経済的基盤の強化に資する

　児童を養育する家庭においては、児童の養育費がかなりの負担となっており、児童を養育していない家庭に比べて生活水準が相対的に低下している。

　ここでは児童が社会的存在として「社会の子」と位置付けられ、児童手当制度の意義が強調されている。そして、国の役割として、養育費の一部を社会化・脱家族化する必要性が明確に述べられ、児童手当は第1子から支給が必要であり、所得制限の撤廃も求められている。また、高齢化社会への対応が議論の中心的背景となっていることも注目される。1980年代、児童手当制度は児童福祉、所得保障だけでなく、老人福祉を含めた包括的な家族への支援へと舵を切るが、このことが児童手当そのものの発展の限界をまた示している。

第5節　多元的共生社会における家族政策の可能性

　本章においては、日本の児童手当制度の成立過程に関して、制度モデルと政

策フレーミングの変容を検討した。1960年代前半の労働政策としての児童手当から、児童福祉理念の強調による児童手当法の実現には、理念としてのイギリスモデルと、制度としてのフランスモデルがいわば折衷しているといえる。児童手当制度に大きく関わり、中央児童福祉審議会委員長も務めた五島貞次は、著書『生涯保障論』の中で、日本の児童手当制度は「『社会扶助』に含めるのは妥当ではない。なぜならば、児童手当には所得制限は設けられているが、その財源は公費だけではなく事業主の拠出金によってもまかなわれているからである。しかも、拠出と給付の関連が断たれているので『社会保険』の形態に入れるのも適当ではなく、社会扶助・社会保険・社会福祉の三形態の混合といってもよい」と説明している（五島、1977, p144）。また、元厚生省児童家庭局長の長尾立子は、児童手当に関して「一番最後の社会保障で登場したというのは非常に不利な点があることと、私はやはり事業主負担だけというのが最大の欠点だと思います」と述べている（厚生省児童家庭局、1998, p140）。

　北明美が指摘するように、1980年代以降の児童手当制度改革において、1978年の福祉施設費の導入、子どもの城建設は「企業がその従業員向けに事業所内保育施設を整備する際の助成金として利用する」という、企業による福祉を推進するものともみなされ、子育ての社会化を目指す「社会の子」理念とは異なる（北、2002b, p41）と言えるかもしれない。しかしここには、児童手当制度が他の制度と結び付き、政策がパッケージ化されていくという、いわば包括的な家族政策の形成のプロセスとみることも可能であるのではないか。もちろん児童手当の支給額や支給対象は十分であるとは言えず、制度自体に問題を抱えたままであったため、児童手当は拡大の限界を迎えていたが、多元的共生社会における家族政策の構築にむけた政策フレーミングは、確かにこの時期に見出せるだろう。

注
1　社会保障研究会は社会保障を専門とする研究者グループ（末高信、園乾治、近藤文二、平田冨太郎、大河内一男）であったが、社会保険制度調査会の第一小委員会（国民年金、家族手当、社会保険制度の統合および社会保障制度の創設）においても、大河内、末高、近藤、園がそのメンバーであったため、調査会は社会保障研究会の研究活動とほとんど区別できないものであった。

2　ただし実施上の考慮としては、段階的な実施が必要であり、被用者に対する児童手当給付は生計調査を伴うものとされている。
3　児童手当部会の委員は、以下8名であった。今井一男（国家公務員共済組合連合会理事長）、尾高邦雄（東京大学教授）、金子義雄（経済企画庁調査局長）、高橋長太郎（一橋大学教授）、舘稔（人口問題研究所長）、田辺繁子（専修大学教授）、中鉢正美（慶応大学教授）、中川善之助（学習院大学教授）。
4　児童手当懇談会の委員は以下8名であった。有澤廣巳（座長・日本経済研究センター会長）、石原周夫（日本開発銀行総裁）、今井一男（共済組合連盟会長）、近藤文二（大阪市立大学名誉教授）、隅谷三喜男（東京大学教授）、高田正巳（年金福祉事業団理事長）、舘稔（人口問題研究所長）、福良俊之（経済評論家）。
5　厚生省の1969年の調査によると、義務教育終了前の児童が2人いる世帯では、家計現金支出55,808円に対し児童養育費は17,283円で、その割合は31％である。また、義務教育終了前の児童が3人いる世帯の家計では、家計現金支出58,549円に対し、児童養育費は22,716円で、その割合は38.8％にも達する。
6　審議会の委員は以下18名であった。有澤廣巳（会長・東京大学名誉教授）、天池清次（全日本労働総同盟副会長）、荻田保（公営企業金融公庫総裁）、折井日向（日本鋼管株式会社専務取締役）、肥川治一郎（日本労働組合総評議会常任幹事生活局担当）、河野一之（太陽銀行頭取）、近藤文二（大阪市立大学名誉教授）、隅谷三喜男（東京大学教授）、高田正巳（東京厚生年金会館館長）、田辺繁子（専修大学教授）、友納武人（千葉県知事）、波多野勤子（日本家庭福祉協会理事長）、肥後和夫（成蹊大学教授）、福良俊之（経済評論家）、堀秀夫（雇用促進事業団理事長）、三谷祇賀（全国社会福祉協議会副会長）、宮崎一雄（日本長期信用銀行頭取）、矢部隆治（府中市長）。
7　両院の社会労働委員会は、段階的実施以外にも、以下を附帯決議として設けた。児童憲章の精神にのっとり児童手当・児童福祉対策の大幅な拡充に努めること、第3子以降となっている支給対象を拡大すること、心身障害児について特例を設けること、所得制限を緩和すること、養育費の実態を考慮しながら支給額を引き上げること。
8　戦後、家族手当の給付主体である家族手当補償金庫は、他の社会保険（労災、老齢者）と統合され総合的な「社会保障金庫」となることが目指されたが、雇用主からの反対が強く、家族手当は独自の金庫を継続することとなった。

参考文献

浅井亜希（2013）「スウェーデンとフランスにおける脱家族化への家族政策の転換」日本比較政治学会編『事例比較からみる福祉政治』ミネルヴァ書房。

Beveridge, W. (1942) *Social Insurance and Allied Services Report.* Agathon Press. 山田雄三監訳（1969）『社会保険および関連サービス：ベヴァリジ報告』至誠堂。

Gauthier, A.H.（1996）*The State and the Family: A Comparative Analysis of Family Policies in Industrialized Countries.* Clarendon Press.

『五訂　児童手当法の解説』（2013）中央法規出版。

五島貞次（1977）『生涯保障論』文化書房博文社。

―――――（1981）『児童手当制度論』厚生出版社。

北　明美（1999）「家族手当・児童手当をめぐる諸問題（下）『大月短大論集』第30号。

―――――（2002a）「日本の児童手当制度の展開と変質 ――その発展を制約したもの（上）」『大原社会問題研究所雑誌』524号、法政大学出版会。

―――――（2002b）「日本の児童手当制度の展開と変質 ――その発展を制約したもの（中）」『大原社会問題研究所雑誌』526・527号、法政大学出版会。

近藤功（1969）「児童手当懇談会『児童手当に関する報告』について」社会保障研究所『季刊社会保障研究』第4巻第4号、東京大学出版会。

―――――（1970）「児童手当の創設に関する動きと方向」社会保険法規研究会『日本の社会保障』。

―――――（2006）『児童手当創設日録』講談社出版サービスセンター。

厚生省（1961）『福祉国家への途』厚生白書昭和35年度版、大蔵省印刷局。

厚生省児童局編（1963）『児童福祉白書』厚生問題研究会。

厚生省家庭局編（1978）『児童福祉三十年の歩み』日本児童問題調査会。

―――――――（1998）『児童福祉五十年の歩み』厚生省児童家庭局。

厚生省児童手当準備室監修（1971）『創設された児童手当制度』社会保険法規研究会。

Land, H and Parker, R.（1978）"United Kingdom", Kamerman, S.B and Kahn, A.J. eds, *Family Policy.* Columbia University Press.

大蔵省印刷局（1965）『官報（号外）』1月25日。

―――――（1971）『官報（号外）』2月25日。

大塩まゆみ（1996）『家族手当の研究：児童手当から家族政策を展望する』法律文化社。

坂元貞一郎（1972）『児童手当法の解説』社会保険研究所。

社会保険法規研究会（1977）『週刊社会保障』No. 922、5月16日号。

社会保障研究所（1975）『日本社会保障資料Ⅰ』至誠堂。

庄司洋子・木下康仁・武川正吾・藤村正之編（1999）『福祉社会事典』弘文堂。

財団法人日本児童福祉協会（1965）『児童手当の報告と資料』。

―――――――――――――（1966）『児童手当制度』。

第7章　認知症高齢者のリハビリテーションを通して構想する多元的共生社会

佐川佳南枝

第1節　認知症高齢者と自立／自律概念

　「自立とは、自分の求めることを実現できるように環境をコントロールできることであり、自律とは、自分の求めるものを実現できるように自己コントロールすることである。自立とは、まずは、自分に関わる物事を自分で決定し、自分でさまざまなことを選ぶ自由を意味している。この意味での自立とは、根源的にその人が自分自身の主人であることができるかという人格の尊厳に関わってくる」（河野、2013,p15）。

　『自立と福祉──制度・臨床への学際的アプローチ』において河野哲也はこのように自立／自律を定義した。
　ここでは自立／自律を保障する制度や関わる他者を含めた環境と、自立／自律する主体としての在り方が示されている。しかしこれを読んだとき、この定義はすべての人にはあてはまらないのではないか、という反論が予測される。その筆頭として浮上してくるのが認知症高齢者であろう。
　認知症とは定義的には、正常に発達した知的機能が後天的な器質的障害によって持続的に低下し、日常生活や社会生活に支障をきたすようになった状態とされている。認知症の中核症状は記憶障害である。私たちは記憶によって過去と今とがつながり、自分が今どんな自空間を生きているのか、自分の位置を把握できる。しかし認知症になると、記憶の欠損によって思い出や経験の積み重ねが突き崩されてバラバラになり、現実感や統合感が失われる。では、そうした人びとに自立や自律の概念を適用するのは、そもそも無理な話なのか。はたまたそうした概念を主張することは、逆に弱い立場の人びとの存在を否定す

ることにつながってしまうのだろうか。

　ここで結論を先取りするならば、筆者は自己の統制感を失い、自分のみで自己決定することが困難になろうとも、自己決定のための選択肢が十分に用意され、一人の自己をもった主体として処遇されているならば、その人は自立／自律しているとみなすことができると考える。リハビリテーションの本来の意味である当事者の尊厳を復権すべく、最も自立／自律が困難と思える人びとを決定の主役の座に揺るぎなく対置し続けるならば、新しい社会、多元的共生社会の実現の道がそこに開けてくると考えるのである。

　ここではまずリハビリテーションの中で作業療法が、認知症高齢者をどのように捉えてきたかを振り返る。その上で事例を踏まえて、認知症高齢者へのリハビリテーションを通してみた新しい多元的共生社会を構想する糸口を探ってみたい。

第2節　認知症高齢者への作業療法

　認知症に対する医学的アプローチとしては認知機能の向上や周辺症状に働きかける薬物療法が中心となる。認知症のリハビリテーションは、頭部外傷や脳卒中後の高次脳機能障害のように原因が一時的で回復過程にあるものとは異なり、少しずつ進行し悪化する場合が主であるため、積極的な認知リハビリテーションを行っても大きな効果は期待できないとされる[1]。しかし、早期に脳を活性化させるように働きかけるものは効果があるとされ、ドリルを使った学習や回想法などで認知機能に働きかける場合でも、楽しみながらできる工夫をすることで意欲も高まり、二次的に認知機能が高まることが期待できるとされている（山口、2008, p182）。認知症のリハビリテーションには、たとえば見当識障害に働きかけるようなリアリティ・オリエンテーション[2]がある。これは、季節、日付、時間、場所を問い、間違えた場合には正しい答えを教えるという訓練である。しかし実際の現場では、訓練という形をとらず、プログラムの中に自然に取り入れられている場合が多い。たとえば朝の会の中で日付を確認し、新聞で季節の話題を紹介し、散歩で季節の植物を見つける。あるいはちぎり絵や絵手紙などの題材に季節のものを取り上げることもリアリティ・オリエンテー

ションに役立っていると考えられている。

　回想法(3)は、高齢者を対象とした心理療法の手法である。これは昔のでき事の記憶は比較的残っているという認知症高齢者の記憶の特性に働きかけるものでもあり、残存能力に働きかけることによる認知機能や精神活動の改善が期待されている。回想法には大きく分けてライフ・レビュー（life review）とレミニッセンス（reminiscence）があり、前者は人生を振り返って人生を総括して自己の統合を促すような治療アプローチであり、後者は昔の記憶を刺激するような素材(4)をもとに比較的保たれている長期記憶を刺激して、認知機能や精神機能の改善を図ろうとするものである。音楽療法も必ずといっていいほどデイサービス、デイケアで取り入れられており、昔の歌や季節感のある歌を歌って記憶や見当識を刺激し、いきいきした感情を味わい情緒の安定化が得られるという効果をもつとされている。また、より積極的に脳機能に働きかけるものとして簡単な計算ドリルや音読などが取り入れられるようになった(5)。介護老人保健施設を対象に認知症短期集中リハビリテーションが平成18年度より開始され、介護保険においても加算の対象となっている。

　しかし、一般的に認知症高齢者に対しては周辺症状に対処するための適切なケアの提供が中心課題とされ、認知症のリハビリテーションはこうしたケアも包括したものとして行われており、リハビリテーションとケアの境界はあいまいである。田島明子は1980・90年代のリハビリテーション雑誌より作業療法における認知症高齢者に対する「はたらきかけ」の変遷を分析した結果、認知症症状の中で治らないものとしての中核症状と治るものとしての周辺症状が分類されたこと、つまりアプローチ可能な周辺症状という対象が発見されたことによって作業療法の射程は後者、つまりは周辺症状へのアプローチであるという位置づけが明確になったのだとしている。そしてそのことによりハビリテーションとケアがより近接する位置取りとなったことを指摘している（田島、2013, p194）。

　認知症ケアのアプローチは社会生活の困難を緩和しようとするもので、認知障害があってもその人らしく暮らせるように支援することを基本としている。井口高志は近年よく目にするようになった「新しい認知症ケア」に代表されるように社会学、精神医学、心理学などの分野において新たな理解と対応のモデ

ルが登場してきていることを指摘する。それは「関係モデル」つまり「呆けゆく者の意思・意図の存在を想定し、その意思・意図を前提として周囲から働きかけることで、認知症症状の変更可能性を強調したり、症状に焦点を当てない相手の理解——人間の理解——の重要性を主張したりするような認知症理解のモデル」(6)(井口、2007, p86)である。これは従来の認知症を生物—医学的基盤をもつものとして理解し、「問題行動」を疾患の発現という病理的なものと捉える理解の仕方、そうした理解に基づいた対応の仕方をとる「疾患モデル」と対置されるものであるとしている（前掲書）。

　田島はこうした治療が不可能な（機能回復が見込めない）疾患を作業療法の対象に含め、リハビリテーションとケア、医療と福祉を統合するＱＯＬという概念を取り入れたことで、これまでとは異なる様相の多様な言説を作業療法学の中に包摂することになったと指摘している。具体的には1990年代より「ターミナルケア」「チームアプローチ」「グループホーム」「デイサービス」「デイケア」での取り組み、「家族関係の支援」「家族の介護負担の減少」など、これまでの医療モデルの作業療法とは異なる位相の言説が取り込まれるようになったことを示している（田島、2013, p191）。

　こうした転換は認知症の作業療法にとどまらず、作業療法全体の潮流としても、1960年代から続いた運動学や神経生理学、精神分析学等のメカニズムや機能に焦点を当てた還元主義的作業療法から、作業する存在として人間をホリスティックに捉えようとする方向へとパラダイムシフトが起こった。こうした潮流の中で世界的に広く普及していったのがカナダ作業遂行モデル（CMOP：Canadian Model of Occupational Performance）と呼ばれるものである。CMOPの主眼は「クライエント中心主義」である。対象者を、主体性を担う意志決定者とみなし、作業療法は作業療法士と対象者の協業（collaboration）により行うとする。そして対象者の重要な作業、意味のある作業の可能化（enabling occupation）を対象者と協業して目指すことが作業療法士の役割とされている。この作業に焦点を当てたクライエント中心の作業療法の実践のために生みだされたものがカナダ作業遂行測定（COPM：Canadian Occupational Performance Measure）と呼ばれる評価法である。作業療法ではまず対象者をアセスメント（評価）して治療計画を立てるという一連の流れがあるが、従来の医療モデ

ルの作業療法では筋力や認知機能、ADLがどれ位できているかの評価など機能や能力を客観的に測定するものが使用されている。しかしCOPMの考え方は、作業のみに焦点化されており、項目も、重要度（その作業がどれほど重要か）、遂行度（どのくらいできているのか）、満足度（その遂行度にどのくらい満足してるのか）というわずか3項目をクライエントにインタビューして明らかにしていくものなのである。従来の評価法が客観性を要求されていたのに対し、こちらは作業に対するクライエントの主観に焦点を当てている。ここには語り（ナラティブ）を聴き取るという技術も必要で、その人にとって重要な作業、意味のある作業を引き出すには、その人のライフストーリーが語られなければならない。その人がどのようなことに価値を置き、どんなことをして生きてきたのか、人生の物語を聴き取っていく。その上でクライエントと相談しながら決定した作業を行っていくという流れだ。それまでの医学モデルの作業療法では客観的評価から、対象者の目標も決定され、作業はその目標を達成するために手段として使われるものであった。しかしカナダ作業遂行モデル（CMOP）においては、その人の機能面の向上よりも、その人にとって意味のある作業、重要な作業をできるようにしていくこと（作業の可能化）を目的として行われるようになった。もちろん医療という枠組みの中でEMB（Evidence Based Medicine）が捨て去られたわけではないのだが、それ以上にNBM（Narrative Based Medicine）が重視される流れになっていることは明らかである。また認知症が重度化し、クライエントの意思を直接本人から確認できない場合には、クライエントをよく知る家族など周囲の人々から聴き取ることとされている。直接本人から聴けなくても、その人のこれまでの人生、そして現在の生活を知る親密な他者から聴き取り、その人にとって意味のある作業は何なのかを見つけ出すことは可能といえる。作業療法は人を「作業的存在」とみなし、作業する人間の中に自立／自律を見出す。そうした事例を示したい。

　次節は、筆者が重度認知症デイケアの作業療法士だった頃、認知症デイケアの通所者の配偶者より聴き取ったものをエスノグラフィーとして再現したものである。フィールドワークとインタビューは2003年に行われており、人物名等はすべて仮名である。なお、博士論文の記述をベースにしている（佐川、2012）。

　バーガーとケルナーは『結婚と現実の構成（*Marriage and the Construction of*

Reality)』(1964) の中で、結婚を究極の秩序維持装置と捉え、夫婦は会話のなかで、様々なものごとの解釈をめぐって話し合うことにより現実を構築し、維持し、修正していくとしている。夫婦は語り合うことにより二人の過去を統合して共通の記憶をつくりあげるのである。彼らは現在だけでなく過去の現実も構築しなおすのであり、再構築される現実も過去も連続したものとして感じられるものになる。いわば夫婦は語り合うことにより共同で自分たち夫婦の物語を作成しているのであり、木下のいう「合成バイオグラフィー」(木下 1997, pp80-87) を作成していくのである。そうして語られたある夫婦の物語りの中から、その人にとっての「作業」を抽出してみよう。

第3節　夫婦の物語を聞き取る

　ある冬の日、私は玄関横の日当たりのよい居間にて、85歳になるという森修治さんに介護や妻との関係性について話を聞いていた。修治さんは、ある会社の会長職にいまだあり、日中は仕事、帰宅後は介護の日常の中、その日は妻がショートステイで不在のため、久々のゆっくりした午前中を、私のインタビューにつきあい、少し遠くなった耳のため、何度か聞き返しながらも、ゆっくり誠実に答えてくださっていたのだった。南向きの庭に面した居間で森さんは「あれは美郷苑（ショートステイ先）やから、最近はおらんと寂しいわ。ね？ははは。気持ちがだんだん、なっているんですよ、こっちもね」と語る。
　森さんの妻はアルツハイマー型認知症で、すでに重度となっている。要介護度5でデイサービスを二つ、デイケアを一つ、毎日、日替わりで利用しているのだが、月に2、3度、この日のようにショートステイも利用する。森さんは、朝起きて準備をして送り出してから、車を運転して会社に向かい、また午後、送迎車の時間に合わせて帰宅して妻を迎え、ヘルパーに引き渡して再度会社へ向かい、また帰宅してから食事を食べさせて寝かせるまでの一日を几帳面に話してくださった。その中には森さんの妻に対するきめ細やかなケアが語られていた。森さんは「最近は要領も覚えたし、介護に対する認識も深くなって、気分的に楽になってきた」と語った。
　森さんは京都に近い生まれで、京都で呉服を扱う会社に勤め、終戦はソウル

の支社で迎えた。その会社の先輩の妻が、現在森さんが住むこの町の出身で、戦後は二人で文房具などの卸しの会社を始める。そしてその先輩の紹介で結婚する。夫婦生活の中で一番の試練として思い出されるのは妻が長女を出産した後、腎臓結核となり長男を流産してしまったことである。はじめ原因不明だったが、手遅れとなるところを手術で腎臓の片方を摘出する。森さんにとってはこのときの妻の病いの経験が、かけがえのない存在として初めて妻を認識したときかもしれない。その後、妻は順調に回復して次女をもうける。

　森さんによって回顧される妻は、子どものために洋服を縫っている姿である。
「あの当時、子どもの服、子ども服なんかも、そうないしね。古い着物、こう、ね、やりかえて子どもに着せたりしたでしょう？　それをしょっちゅう、こうやっとったから、自分の服でも、あれしたりして、こう、ほどいてなにしておったから、今でも、たまには、もってはこうやるでしょう？　しょっちゅうこうやってね」

　森さんは運針の手つきをする。デイケアでも他の作業はもう難しいのだが、雑巾は大きなバラバラの目ながら縫うことができる。一方、森さんは高度経済成長の中で家庭のことは妻に任せて仕事に没頭する。その当時をこう振り返る。

森：商売のほうは、まあ商売やからね、苦労して、資金的なあれもあったしねえ。いろいろあったけど。働いてなにすりゃ、何とかいっていたからね。
＊：ふーん。
森：今ごろは働くとこがないというようなね（笑）。何しろ経済はあの当時は上る一方で、あん時はね。今は下がる一方やけど。気力もないし、今は。年取ったら気力もないしな。ははは。（中略）そういう時だからね。商売に行って帰ってきても、やっぱり夜11時、12時だった。今よりもっと働く時間が長かったね。休みなんか、日曜日、ろくにないしね。
＊：じゃ、当時はあんまり、家庭のことはもう奥さんに任せっきりっていう感じ？
森：子どもの教育のことは、全然私は……あのー、学校へ行ったことないんです。年に1回か2、3回、父の日参観日とか何かあるでしょ？　あん時、

ちょこっと顔出して（笑）その程度。みんな家内が、ね？　子どものことは、まあ学校行ったり、やっとったが。そういうこともみんな家内がやってた。私は全然ノータッチでね。私は商売一本槍で。

　このように森さん夫婦も典型的な近代家族の性別役割分業を生きてきた夫婦であった。夫は仕事人間で家のことは妻に任せきり、妻は家事と夫、子どもの世話に専念していた。このまま結婚生活は穏やかな終盤を迎えていくように思われた。妻はコーラスやフォークダンスクラブに所属し、友達とも旅行を楽しんでいた。経済的に苦労をかけたわけでもないし、海外旅行にも何度か連れて行った。金婚式を間近にして、夫婦でどこか国内旅行をしようと話し合っていた矢先に妻に認知症の症状が現れたのである。
　妻の発症当時、夫はかなり混乱したようだ。十分な生活費を渡していたにもかかわらず、近所にお金を借りて歩く。娘を迎えに駅まで行って（娘が帰ってくるという事実はないのだが）、迷子になり警察に保護される。それでも主婦役割はしみついており、ご飯を炊こうとして電気釜を火にかけて溶かしてしまう。冒頭に紹介したように森さん自身、「切羽詰ったような気持ちだった」「妻が痴呆になるなんて世間体が悪い。恥ずかしいという気持ちだった」と振り返っている。社会的な地位もあり、世間体は人一倍に気にしていたと思われる。妻の変化を受け入れられず、「なぜこんなことをするのか」と妻に対して怒り、指示的になり、できない妻にまた怒るという日々が続いたと娘は述懐している。
　しかし森さん夫婦にも転換点があった。森さんは抱え込んで身動きが取れなくなった結果、周囲に妻の認知症を開示し助けを求めた。森さんは言う。「妻が呆けたということを周囲にざっくばらんに打ち明けたら、楽になった」と。彼は友人であった精神科病院の副院長に相談し、病院のデイケアに日中妻を預けることにする。周囲の助けを借りようと決意したのである。
　森さんの妻は認知症が進み、もはや夫を夫として認識しているかどうかさえも定かではない。施設の職員も夫もともに「先生」と呼びかける。「世話してもらう人、みんな先生だ（笑）」としながらも森さんは次のようにも語る。

森：……やっぱり、わからないなりに感謝の気持ちはあるんだろうね？

＊：うん？
森：口癖で、「ありがとう、ありがとう」で、もう何しても「ありがとう」でな。
＊：そういうのを聞かれると、どんな気持ち、されますか。
森：え？
＊：そういう言葉を聞くと？
森：いや、何でも分かっておるんかなと思って。
＊：ふーん。
森：今ごろ、そんな言葉使う……前なんかよう「バカだな、おまえ」って言うと、「バカ、バカ言いなさんな」って。ははは。「よう、言うたこと分かるんかな？」って言うて、笑った。

　「ありがとう」という言葉が口癖だとしながらも、その中に妻の自分に対する感謝の意味をくみ取ろうとする。自分と妻とは理解しあえている、妻の反応に通じあえていると解釈しようとしているのである。

森：女の人が、まあ、あなたたち女性も、小さい時からお母さんたちに、こう頭ね、頭の毛をね、
＊：ええ。
森：髪の毛を大事にして。髪の毛、なでてもらったらうれしかったでしょう。喜ぶでしょう。親もそういう感じでやってから。今もね、朝起きたらね、あのー、髪の毛、といてやるんですよ。
＊：ふーん。
森：やっぱりぐしゃっとなってるからね、「きれいにしなさい」って言って、正面でやってね、こうといてやる。と、がりがり、こうなってくるから引っ掛かるでしょう。「痛いか？」と言えば、「いや、痛うない」、「そうか」。ちゃんといて、鏡見せて「これ、だれか？」って言ったら、こういうふうになるね。「おい、これ、あんたで」って言ったら「ふーん」て言うて。ははは。うれしかったら泣きそうな顔するね。泣いとるんだろうか？……うれしいんで（笑）。……頭の毛でも、髪といてやるとね、やっぱり思い出すんだろうな、女だから。昔のこととか、母親と子供との間のこと、いろ

第7章　認知症高齢者のリハビリテーションを通して構想する多元的共生社会　141

んな、あるでしょ。それが一番喜ぶ。朝、起きてね、一緒にこうしてやるとね、鏡の前でね。喜ぶ。うれしいんだね。

　ここには相手の言葉に頼らずとも、相手の思い、相手の世界を理解し、解釈していこうとする強い意志が現れている。彼は妻の髪をときながら、妻に語りかける。「これは、あなただ」と教えても妻は理解しているのかどうか曖昧だ。しかし、彼は鏡の中の妻の表情に、泣いているかのような表情をみて、うれしいから泣きそうな表情をするのだと解釈する。髪をといてもらうという行為は、子どもとして母に髪をとかしてもらったこと、母として娘の髪をといてやったことを思い出させているのだと読み解いている。このように他人からは容易に理解できない主体となっても、相手の世界に意味を見出し、理解しつづけようとする。

　夫の語りから、現在の妻にとっての重要な意味のある作業は、雑巾を縫うことだと推察できるであろう。実際、他の作業はもはや困難で、他者との意味のある会話も困難なのだが、雑巾を縫っているとき彼女は夫の言うように子どもたちに服を縫ってやっていた時代を思い出しているのかもしれない。夫にとって重要な作業は妻へのケアであるということもわかる。夫はいつか妻を施設入所させざるを得なくなるとしても、出来るだけ長く一緒に生活することを望んでいた。妻へのケアを彼の最も重要な作業と認識し、妻の在宅生活が少しでも長く安全に安心して続けられるようにサポートすることが私たちのこのときの課題であったのだ。

　夫は妻へのケアを行いながら、夫婦の物語を紡ぎ続ける。彼は妻が認知症になりケアする対象となってから、妻への愛を自覚したのだという。妻に対する気持ちの変容のきっかけを、夫は「時間」と「愛」だと述べる。夫は今の愛情を「ほんとの芯からの」「最後のお互いの愛情」だと説明する。

＊：いつぐらいから、あるいはどういうことがきっかけで、そういうふうに気持ちを転換できるようになったんです？
森：きっかけ？（笑）……きっかけっていうか、まあ……あれですわね。きっかけもないんだが、やっぱり時間が解決したんでしょうね。

＊：ふーん。
森：長い間にね。それと、まあ、夫婦の愛情っちゅうかね。やっぱり、元気な時になかったような、
＊：うん？
森：ね？　愛情が生まれてきたっちゅうことですよね。
＊：ふーん。
森：愛情がね。……わからんのだ。
＊：やっぱり、今感じられる愛情は、昔の感じてた愛情とはまたちょっと質も違うもの？
森：違うわね、そりゃ何でもね。ほんとに、まあ、今まで感じとった、私らの夫婦の……、ほんとに、老人になってからのね、二人の夫婦の愛っちゅうもんは若いときと完全に違うと思うね。端から見とっても、気持ちがええんだね。ね？　老夫婦がお互いにね、あのー、手をつなぎ合って、ね？　そして労り合って、ね？　あれ、後ろ姿見ると、若い子が手つないできゃっきゃっ言うのと全然、見たほうの、あれの感じも違ってくるでしょう？だってそりゃ、やっぱり年取ってからの愛情っていうのは、やっぱりね、若いときの愛情と、年取った老夫婦の愛情とは違うと思うんですね。ほんとの芯からのね。
＊：うん。
森：今まで苦労してきた最後のお互いの愛情と思う。
＊：若いころとやっぱり、年を取ってからとでは、何ていうのかな？　夫婦の愛情とか、やっぱり変わってくるもんですかね？
森：変わってくるね、やっぱり。愛情っていうてもいろいろあるんだなあ。
＊：ふーん。若いころは、どんなふうに感じておられたんです？
森：全然そういうこと感じへん。はははは。
＊：仕事ばっかりで？
森：愛のことなんか……感じる暇なかった。はははは。

アーレントは、愛の親密圏について、「世界の中に客観的で目に見える場所を持たない」（Arendt 1958=1994, p61）と言い、その無世界性、他者性の不在を

辛辣に批判する。しかし他方で、親密圏は時々に応じて第三者に対して閉じられる。たとえば私が森さんと会話しながらそれを感じたのはトイレ介助の場面についてである。

森：やっぱり、あれでも本人もね、やっぱり、初めは多少感じるとこあって、やっぱり知らん人に言えないし、「嫌だ」って言うね。子どもに、特に子どもに世話なるのは嫌だっていう感じがあるね。で、私がやっても、たまには、こう、「恥ずかしい」って言うて、「そこ、座りんしゃい、（他の人には）分からないからええ」言うてね、あれするんだけど。

このように入浴場面やトイレ介助など、夫婦の間の肌の触れ合いやセクシュアリティを感じる場面が語られるとき、筆者は目の前でカーテンが降ろされるような感覚を感じていた。しかしそれは決して不快ではなかった。そのように第三者が決して介入できない親密圏があるということが、むしろ私を安心させていた。夫婦の在宅での自立生活は、デイサービス、デイケア、ヘルパー、そしてショートステイをフル活用することで支えられている。一方で夫婦の在宅生活は愛情やセクシュアリティーといった他者を容易に立ち入らせない私的な領域を保持している。サービスの選択が迷うほど多様に用意され、かつ私的な領域としての線引きの決定が主体である夫婦に委ねられる社会こそ自立／自律的な社会であると言えるのだと考える。

第4節　感情の共同体

第2節では、認知症の領域ではケアとリハビリテーションの境界が曖昧であることを述べた。しかしその人間観には違いがあるように見受けられる。社会学領域から認知症ケアを論じている天田は、呆けていくという経験を本人にとっても関わる人びとにとっても徹底的に不自由な暴力的な経験ととらえる。当事者たちは自分たちのアイデンティティを必死で保持しようとし、老い衰えゆくこととケアをめぐる根源的暴力性に抵抗しようとするが、その抵抗も困難なために当事者とケア労働者との間は「抜き差しならぬ関係」となる悪循環と

なると指摘した（天田、2003、2004）。出口は、特別養護老人ホームやグループホームにおいて、呆けてきているという気づきをもった高齢者と出会い、先進的な認知症ケアの試みとして出雲の小山のおうちの実践を紹介している。そこでは、呆けゆく不安や悲嘆を引き出し受け止めていくというケアが論じられている（出口、2000、2001、2004）。そこに描き出される認知症高齢者の姿は、おしなべて受動的、受苦的である。しかし私が臨床場面で接してきた彼らの日常にはユーモアも笑いもあり、生活者としてのたくましさ、したたかさを感じさせるものであった。リハビリテーションのなかの作業療法は、こうした人びとの残存能力や潜在能力に働きかけ、生きる力を引き出していこうとするものである。前述のように作業療法ではクライエントを作業的存在ととらえ、その人にとって意味のある作業を一緒に探し出し、実現していこうとする。認知症になったとしても、その人の生活歴、作業歴を、場合によっては家族と一緒に聞き取り、クライエント自身の今の記憶と結びつけ、生き生きとした感情を味わい、自己の統制感を得ることを目指す。つまり冒頭の河野の言葉を引用するならば「その人が自分自身の主人である」という体験を目指すのである。たとえば筆者は『自立と福祉——制度・臨床への学際的アプローチ』の第Ⅲ部第4章において、希望する作業をすることで生き生きと活性化していく認知症高齢者たちの例をあげた。しかしその人たちも家では、もの盗られ妄想を呈したり、身の回りのことができなくなっていたりと様々な問題を抱え、記憶障害から自己が解体していく不安にさらされているのである。ある人はそうした不安をデイケアの仲間にこのように語っている。

「あのね、私ね、すごいこの頃、感じるんですがね。……なんちゅうん？ 子どもが夕方になったら寂しがるじゃないですか。あんな感じでね。そう感じんかったのに、家へ入ると、なんとなく虚しいっていうんかな、待ってくれ手がないという……（中略）それで電気、全部つけて……全部つけるんですよ。そしたら落ち着いて。……むなしいっちゃあ、こんなことかと思ったりして。仏間へ行ってみたり、キッチンの方へ行ってみたりして。仏間へ行ったら、まぁ、戸を開けて拝んで。如来様を拝んで、主人に感謝して。だけどそれを終って火を消すと、なんとなくこう……子どもがよう、おらんよ

うなったら親を探す……あんな感じです。……私ねえ、じっとね、一人で、こう、考え込むときがね。寂しいっていうより、侘しいっていうのかな。侘しいって言葉を聞いても実感がわからんかったけども、侘しいって、こんなんをいうんかなあ、と。こう、何？……こう、底へどんどん落ちていくような、気持ちがね、沈んでいくような……」

　彼女は夕刻から夜へと移ろう時刻に感じる寄る辺ない孤独感を「子どもが親を探すよう」と表現し、気持ちの落ち込みを「底へどんどん落ちていくような」と奈落の底へ沈んでいくような感覚としてたとえている。これは孤独感とともに自我が解体しつつあるという漠然とした不安や恐怖を表している。また近しい人たちが亡くなり、物忘れが始まり記憶を喪い、そのようにいろいろなものを喪失していくなかで、現実と夢や幻との境界が曖昧になり、自己も曖昧になる。そうした漠然とした不安と寂しさとが入り混じった感情を、表現しようとしているのだろう。
　こうした不安はデイケアのなかで共有されていく。

　「年を拾うたら、忘れるばっかりだけえ、ふふふ……。次から次へ忘れていくんですよねえ」とＡさんは笑いながら言う。
　「みな、一緒だあな」とＢさん。「そりゃ、忘れる」とＣさん。Ｄさんも「うん、そりゃ、忘れる」
　Ａさんは言う。
　「若いときはね、『お前に言うときゃ大丈夫』言われとったが、今はすぐ忘れる」
　「歯がゆいように忘れる」とＣさんが重ねる。
　「ねえ」とＢさん。
　「覚えとかんにゃ、思うても忘れとるもんね」とＤさんも賛同する。
　「まあ、みんながそう言われりゃええけど。はははは……」とＡさんが笑う。
　「みんな、一緒にならぁな」「なあ」とＢさんとＤさん。
　「うちの娘がはっぱかけらぁな。大きな声で『しっかりしんさい！』言うがね（笑）。しっかりせぇいうて、どがぁにしっかりしようがあろうか……」と

Cさん。
「しっかりしとる気持ちじゃあるが」と笑いながらDさん。
「気持じゃな、しっかりしとるつもりでおるが（笑）、傍からみりゃ違うんだろうか」とBさんも笑いながら言う。
それから口々に、「忘れるんはしょうがないな」「忘れる、忘れる」「大忘れだぁな」と言い合い、笑い合っている。

物忘れや失敗の体験も、お互いに共感をもって語りあう。「みんな一緒だ」「同じ、同じ」といった言葉は、会話のなかで半ば無意識的に交わされている感もある。
認知症高齢者たちは、記憶の欠損から次第に地域のコミュニティから退き、家族のメンバーシップからも距離をとる人もいる。しかしその傷ついた感情、悲しみの感情を共有し共感しあうことで共同性をつくり上げていく。

「うちはいつも言うんだが、こういう所ができたのは、ええ思うよ」
「元気になるしねえ」
「同じような人と話せるけぇねえ」
「うんうん、そうそうそう。みんな同じ気持ちだけぇなあ。私、いいと思うよ」
「ええですよね、ここは。気を遣わんでええしね。気兼ねがない。聞いてもらえる。受け入れてもらえるっていう」
「ざっくばらんなんだぁね。うちはここへ来るんが一番楽しみだ。だけぇ、みんなに言いよる。『ここ来んさい』『行こう行こう』いうて」
「ここが一番安定しとられるな」

彼女たちはここが、「みんな同じ気持ち」をもっていて、「聞いてもらえる」「受け入れてもらえる」場所であり、「安定していられる」場所であると語る。また「来るのが楽しみ」で「元気になる」とも語る。ここにいればなんとかなるといった漠然とした希望のようなものを感じている。認知症初期ではエピソード記憶の脱落が始まり、記憶の不連続はアイデンティティ不安をもたらしていく。記憶の障害により自己の統制感を失い不安にかられながら、そうした不安

を共有し、「みんな一緒」「大丈夫」と保証しあうことで安心する。恥や自尊感情の傷つき、自信喪失といったネガティブな感情を語りあうことで共感しあい、仲間意識、共同性のようなものをつくりあげ、そしてそのなかで希望を見出していた。記憶は減弱していきながらも感情は保持されている。一人ひとりでは孤独で不安に圧倒されてしまうような弱い個であるが、集まることで感情が共有され、共鳴し共感しあい、感情の共同体を作り上げていったといえる。

第5節　共同性に支えられた自立

　そうした共同性の中でスタッフに支えられながら作業し、心が躍動するような経験をする。スタッフや仲間に支えられながら自分にとって意味のある作業を選択し、それを実現することで生き生きとした感覚、なにかわけのわからないものに翻弄されている感覚ではなく、自分がコントロールしているのだという感覚、自分が自分の主であるという感覚を得て喜びに到達することができる。私たちリハビリテーションに携わる者、その中でも特に作業療法士が求めるべき究極の目標は、目に見える身辺的自立でもなく、経済的自立でもなく、それは結局のところ、クライエントの＜喜び＞、すなわち＜生きる力＞を引き出すことなのではないかと考える。そしてそれは自分一人で立つ自立ではなく、共同性の中での自立、仲間やスタッフに支えられながらの自立／自律という形をとる。

　浅野俊哉によればスピノザが『エチカ』において繰り返したのはただ一つ、「汝の活動力を増大せしめるように行動せよ」、すなわち「汝の＜喜び＞を最大限に味わえるように行動せよ」ということであったという。スピノザは、人びとが結びつきあって共同で活動するときに人間の能動性は高まるのであり、「活動力」を増大させるような仕組み、すなわち＜喜び＞を増大させる仕組みとしての民主主義を構想していた。すなわち＜喜び＞の感情を少しでも多くの人びとが、少しでも大きく味わうことができるような、そういう仕組みをつくるにはどうしたらいいかということを考えていたのだという（浅野、2006a, 2006b）。

　その最も素朴な形は、自立／自律から最も遠いと思われている人びとがつくる感情の共同体において実現されているのではないか。その中に多元的共生社

会が実現していくプロセスを見ることも可能なのではないだろうか。

注
1　EBMを評価するChochrane Libraryでも有効性が高いと評価された認知症に対する療法はないとされている。
2　Reality Orientation Training (ROT)。
3　1960年代にアメリカの精神科医、ロバート・バトラーが確立した高齢者を対象とした心理療法。過去への回帰と否定的に捉えられてきた思い出話に、共感的・受容的に働きかけることで、人生の再評価、自己の強化や精神的安定、記憶力の強化を図るという積極的な意味を見出している。
4　たとえば戦前、戦中、戦後の映像や流行していた音楽、人気俳優などの写真、家族写真、尋常小学校の教科書、昔の電気機器など、様々なものが用いられる。
5　いわゆる「学習療法」は提唱者の東北大学教授川島隆太と公文教育研究会の登録商標となっている。
6　この関係モデルの論者の中心がイギリスの社会心理学者のキトウッドである。キトウッドはパーソンセンタードケア（person-centered care）（個人を中心にしたケア）を提唱し、問題行動と呼ばれるものは、神経生理学的な原因と、周囲の悪い環境との弁証法的プロセスから生まれるものであり、その悪い環境の中心的なものとしてケア提供者との関係性があげられている。井口はこのキトウッドについて「周囲との関係性において、人間性や自己の存在があるという認識論をもとにしている」として社会学的な研究として注目する（Kitwood 1997; 井口、2007, 84）。つまり「認知症と呼ばれている問題が、環境や人間関係によって作られ、深くさせられている」（井口、2007, i）という捉え方である。

参考文献
天田城介（2003）『＜老い衰えゆくこと＞の社会学』多賀出版。
────（2004）『老い衰えゆく自己の／と自由』ハーベスト社。
Arendt, Hannah（1958）*The Human Condition*, Chicago: University of Chicago Press., 志水速雄訳（1994）『人間の条件』筑摩書房。
浅野俊哉（2006a）『スピノザ　共同性のポリティクス』洛北出版。
────（2006b）「『喜び』とアソシエーションの理論──スピノザの情動、触発、コナトゥス」『談「情動回路」』76, pp43-58.
Berger, Peter L. and Hansfried Kellner（1964）"Marriage and the Construction of Reality", *Diogenes* 12（46）, pp 1-24.
出口泰靖（2000）「『呆けゆく』人のかたわら（床）に臨む──『痴呆性老人』ケア

のフィールドワーク」好井裕明・桜井厚編『フィールドワークの経験』せりか書房、pp194-211.
―――――（2001）「『呆けゆく』体験の臨床社会学」野口裕二ほか編『臨床社会学の実践』有斐閣、pp141-170.
―――――（2004）「『呆けゆく』体験をめぐって」山田富秋編『老いと障害の質的社会学』世界思想社、pp155-244.
井口高志（2007）『認知症家族介護を生きる――新しい認知症ケア時代の臨床社会学』東信堂。
木下康仁（1997）『ケアと老いの祝福』勁草書房。
Kitwood, Tom（1997）*Dementia Reconsidered: The Person Comes First,* Open University Press.
河野哲也（2013）「自立をめぐる哲学的考察」（第1章、pp12-35）庄司洋子・菅沼隆・河東田博・河野哲也編『自立と福祉――制度・臨床への学際的アプローチ』現代書館、p15
佐川佳南枝（2012）「記憶と感情の社会学――認知症とコルサコフ症候群のフィールドワークから」2012年度博士論文。
田島明子（2013）『日本における作業療法の現代史――対象者の「存在を肯定する」作業療法学の構築に向けて』生活書院。
山口晴保ほか（2008）『認知症テキストブック』中外医学社。

第8章　多元的共生社会における職場と労働
―― 「マタニティ・ハラスメント」問題を手がかりにして ――

杉浦浩美

はじめに

　本章では、「多元的共生社会における職場と労働」というテーマで考えてみたい。
　戦後の高度経済成長期以降、長らく日本の職場、あるいは労働のありようは、多様性を排除する方法で、生産性や効率性を確保しようとしてきた。日本型雇用慣行と呼ばれる長期雇用保障と年功賃金制度を軸にした男性正社員中心の雇用システムは、男性たちに生活時間を犠牲にした長時間労働を強いる一方で、女性たちには、そうした男性労働者を支える主婦役割を担う存在になることを求め、雇用の場からは排除してきた。男性が「仕事だけ」に集中できるよう、国や企業は、専業主婦のいる家族を保障するシステムをつくり上げた（大沢、1993;木本、1995他）。労働者とは、「家族の事情」をもち込まないで「労働だけする身体」になりきることが求められていたのである。
　一方で、職場から排除されたのは「家族の事情」だけではなかった。「身体の事情」も主張することは許されなかった。「世界に名だたる」と形容される長時間労働があたりまえとされてきたなかで、労働者は、深夜残業や休日出勤など、過酷な勤務に耐えなければならなかった。そこでは「疲れた」「休みたい」などと、「身体の事情」を訴えることは許されなかったし、また多くの男性たちは、それを訴えようとはしなかった。「頑健な身体」が「よし」とされる企業文化において、もし「弱音」を吐いたら、職場からオミットされかねない。家計責任を一身に担う男性労働者は、家族を「路頭に迷わせる」ことはできなかったのだ。だが、そうした過酷な労働のありようは、「過労死」「過労自殺」あるいは「メンタル・ヘルス」など、日本特有とも言われる「男性問題」を引

き起こし、それは、現在に至るまで、深刻な社会問題としてあり続けている。

　このように、ある時期までの日本の職場、労働のありようとは、「家族の事情」や「身体の事情」を排除した「労働だけする身体」という、その多くが「男性身体」によって構成されていたのであり、「労働だけする身体」になりきれない女性たち、あるいは性別にかかわりなく「家族の事情を抱える者」「身体の事情を抱える者」は、そこから排除されてきた。仮に女性が、あるいは「事情を抱える者」が、そこにとどまろうとすれば、「事情」を抱えていたとしてもそれを「極力もち込まない／もち込むことが許されない」というなかで働くしかなかった、のである。

　1990年代以降は、少子化を背景に「家族的責任」と「仕事」の両立が、政策的な課題として浮上するようになった。1992年には育児休業法が施行（後に育児・介護休業法に改正される）、2000年代に入ってからは「ワークライフバランス」がさかんに提唱されるようになる。これらの政策は、当初は「女性の両立支援」として議論されていたが、後に男性も含む「働き方の見直し」という議論へと発展し、「家族の事情」を抱えながら働くことは「女性問題」ではなく「社会問題」であると理解されるようになる。その背景には、90年代のバブル崩壊、2008年のリーマンショック等によってもたらされた、経済環境の大きな変化もある。「専業主婦」という存在を可能としてきた２大条件、男性雇用労働者の長期雇用保障と年功賃金制度が大きく揺らいだのだ。性別役割分業を前提とする社会システムは、現実的に、維持ができなくなっている。

　性別役割分業が維持できないのであれば、それを前提とした職場、労働のありようも大きく変わらなければならないはずである。本稿の文脈に沿っていえば、「家族の事情」や「身体の事情」を抱えても働き続けられる職場、多様な背景や多様な身体性をもった人たちで構成される職場をつくっていくことが喫緊の課題となる。

　本稿では以上の立場に基づき、多元的共生社会へのアプローチとして、多様性を排除してきた日本の職場において「多様性を主張すること」、特に「身体の多様性」という問題について考えてみたい。そして、その一つの事例として「働く女性の妊娠・出産」に焦点をあて、具体的には「マタニティ・ハラスメント」という問題を取り上げながら考えたい。

筆者は「マタニティ・ハラスメント」についての調査・研究を2001年から行っているが、その研究の起点にあったのは、「女性の身体性」をめぐっての問題意識であった。「女性の身体」が「非効率的なもの」として排除されてきた労働領域において、「妊娠という身体の事情」を主張することはどのように可能なのか、という問いである（杉浦、2009）。女性労働者の妊娠期とは、「（頑健な）男性身体」を基準としてきた労働領域に、女性が「身体の事情」をもち込むことに他ならない。であるとすれば、そこに生じる問題は「労働だけする身体」を前提とした労働領域に「事情を抱えた身体」が参入することをめぐる対立や葛藤として生じる。筆者はそうした対立や葛藤を「マタニティ・ハラスメント」という具体的な事象から捉えようとしてきた。

　2013年の夏、この「マタニティ・ハラスメント」が、大きな社会的関心を呼ぶことになった。その経緯については次節以下で述べるが、この問題が社会にどう発信され、どう受け止められたのか、それ自体が、職場と「身体の多様性」をめぐる一つの事象ではないかと考えている。そこで以下からは、その一連の経緯をたどりながら、本稿の課題につなげていきたい。

第1節　「マタニティ・ハラスメント」への社会的反響

　2013年5月に日本労働組合総連合会（以下、連合）が「マタニティ・ハラスメントに関する意識調査」（働く女性626名を対象とした調査）を実施した。[4]これまで、女性労働者の妊娠・出産にかかわる問題は「母性保護」という名で扱われることが多く、こうした調査に「マタニティ・ハラスメント」という言葉が用いられることはなかった。そもそも「マタニティ・ハラスメント」という言葉自体、筆者以外に用いる人はほとんどいなかった。それが、連合という大きな団体がこの言葉を用いたことによって、社会的な関心を呼ぶことになった。

　連合調査では4人に1人が「マタニティ・ハラスメント」を経験しているという結果が示され、この調査結果を受けて5月27日と28日に実施された連合の電話相談（「働く女性の労働相談」相談件数・677件）には、妊娠・出産に関する深刻なハラスメント事例が多数寄せられた。こうした一連の調査や電話相談については、新聞やテレビが大きく報じ、またニュースの特集番組なども放映

された。研究を開始して以来この12年以上の間、インターネット上で「マタニティ・ハラスメント」という言葉を定期的に検索してきたが、筆者が関係するもの以外にヒットすることは、まずなかった。それが、連合調査がメディアで報道されてからの3カ月間「マタニティ・ハラスメント」という言葉は、またたく間に広がり、テレビのニュースで取り上げられるたびに、インターネットの検索キーワードの上位に上がってくるという現象が起きた。ちなみに、この原稿を書いている9月12日11時45分現在、グーグルで「マタニティ・ハラスメント」を検索すると、「約6万400件」となっている。メディアやツイッターなどでは「マタハラ」と略されることも多く、こちらで検索すると、同じ時点で、「約95万8千件」となっている。

　もちろん「マタニティ・ハラスメント」という言葉を用いていなくても、働く女性の妊娠・出産にかかわる問題は、これまでも様々に取り上げられてきた。多くは「母性保護」という名の下で議論され、近年では「妊娠解雇」「育休切り」という言葉で「妊娠・出産差別」が問題化されてきた。1990年代終わりから雇用の規制緩和が進められ、労働者の立場が弱まるなかで、人件費削減という形で目先の利潤を追求しようとする企業においては、妊娠した女性はそれこそ「効率化」の名の下に、露骨な排除の対象とされた。「妊娠したら解雇された」「育休取得を希望したら、退職を勧告された」といった「被害」が深刻化するにつれ、厚生労働省もこれを問題化、2007年の改正男女雇用機会均等法の中に「妊娠・出産等を理由とする不利益取り扱いの禁止」（第9条第3項）が設けられた。さらに、2010年には改正育児介護休業法において、育休取得に関する不利益取り扱いの禁止条項（第10条）が拡大されるなど、法的な整備が進められてきた。だが、残念ながら「被害」の抑止力とはなっていない。

　さらに、正規雇用労働者以上に厳しい状況にたたされているのは、非正規雇用の女性たちである。今や、女性雇用労働者に占める非正規雇用の割合は57.5％（2012年、総務省就業構造基本調査）で6割に達しようとしている。非正規雇用の女性たちにおいても、法制度的には一定の要件を満たせば、産休や育休の取得が認められている。だが、実際には、妊娠がそのまま解雇や雇い止めにつながるケースが多い。仕事を続けたいと願う女性たち、あるいは続ける必要のある女性たちの中には、妊娠そのものをあきらめたり、妊娠してもそれを

隠して働き続けたり、あるいは、妊娠しても出産をあきらめざるを得ないなど、悲痛な状況が生じているのだ。今回の連合調査が実施された背景には、こうした女性労働者をとりまく深刻な雇用状況があった(6)。

　近年、若年雇用労働者を酷使する企業や、リストラ対象者を精神的に追いつめるための「追い出し部屋」を設ける企業など、労働者を「ひと」とも思わない企業のやり方に、社会的な批判が向けられている。「マタニティ・ハラスメント」に関する一連の報道や反響も、こうした企業批判に通じるものがある。「妊娠解雇」「育休切り」の実態が明らかにされることで、その深刻さが社会に認識されることになった。

第2節　そもそも「マタニティ・ハラスメント」とは何か

　連合調査をきっかけに、多くの人が関心や問題意識をもってくれた一方で、誤解や偏見も生じている。「マタハラ」という言葉が広まるにつれ、「ハラスメント・アレルギー」とも言えるような「反感」も生じ、「働く妊婦バッシング」も起こったのである。そもそも「マタニティ・ハラスメント」とはどういう問題であるのか。メディアは「マタニティ・ハラスメント」をどのように伝え、人びとはそれをどのように受け止めたのか。ここで整理しておきたい(7)。

　まず、「マタニティ・ハラスメント」の定義から確認しておく。筆者が2001年の調査開始時に定義として用いたのは、以下の文言であった。

　　「妊娠を告げたこと、あるいは妊婦であることによって、上司、同僚、職場、会社から何らかの嫌がらせやプレッシャーを受けること」（杉浦、2009, p69）

　妊娠という「身体の事情」を抱えながら働くとき、周囲とどのような葛藤が生じるのか、それを知りたい、という思いからこうした文言を用いた。
　連合調査では以下のように定義されている。

　　「『マタニティ・ハラスメント（マタハラ）』とは、働く女性が妊娠・出産を理由とした解雇・雇止めをされることや、妊娠・出産にあたって職場で受

ける精神的・肉体的なハラスメントで、働く女性を悩ませる『セクハラ』『パワハラ』に並ぶ3大ハラスメントの一つです。」

ここに用いられている「雇用」「精神」「肉体」という三つの要素は、筆者が用いてきた三つのカテゴリーでもある。これまで、自身の調査事例に基づいて「身体的ハラスメント」「精神的ハラスメント」「雇用ハラスメント」という分類を用いてきた。「雇用ハラスメント」については、社会構造の問題でもあるとの考えから「社会的ハラスメント」という表現を用いることもあった。[8]しかし、現在は「雇用ハラスメント」とは別の意味で「社会的ハラスメント」というカテゴリーが必要であると考えており、三つではなく四つのカテゴリーを用いてこの問題を考えている。それについて論じる前に、従来用いてきた三つのカテゴリーに沿って問題を整理する。

1　身体的ハラスメント（必要な配慮が得られない）

身体的ハラスメントとは、必要な配慮や保護措置をえられないことによって、身体への物理的なプレッシャーを受けることである。均等法には「妊娠・出産保護」としての母性健康管理制度が設けられており、妊婦の申し出があれば、通勤緩和措置や休憩措置など、必要な措置を講ずるよう、雇用者側に義務付けている。だが、こうした制度そのものを、労働者側も雇用者側も知らないという場合も多く、制度が十分活用されているとは言いがたい。連合調査でも、「様々な法律で働きながら妊娠・子育てする権利が守られていることを知らない」が50.3％で半数を占めた。女性自身が制度をよく理解していないことも問題であるが、制度利用以前の問題として、職場側の妊娠に対する知識のなさや無理解が、ハラスメントの大きな要因ともなっている。体調不良等を上司に訴えても認めてもらえず、必要な配慮が得られないというケースである。なかには、休暇をとるよう指導している医師の診断書すら、無視されたという人もいる。また、重い荷物の運搬や長時間の残業など、妊娠期には避けるべき業務を命じられるのも、身体的ハラスメントである。無理をした働き方を続ければ、切迫流産、切迫早産など、深刻なトラブルに結びつく場合もある。

表 マタニティ・ハラスメントの類型

ハラスメントの種類	ハラスメントの内容(事例)
身体的ハラスメント (必要な配慮が得られない)	・体調不良を訴えても配慮してもらえない。 ・通勤緩和措置など母性保護制度の利用が認められない。 ・医師の診断書も無視され、休みがとれない。 ・重い荷物の運搬を命じられる。 ・妊娠中に担当業務が増加する。 ・連続して残業を命じられる。
精神的ハラスメント (職場の心ない言葉や態度)	・「この時期に妊娠なんて、何を考えているんだ」 ・「職場に妊婦がいるのは迷惑」 ・「なぜ、妊娠した人ばかりがかばわれるの?」 ・「大変になるのがわかっていて妊娠したんだろう」 ・(体調不良について)「甘えている」「無責任」 ・「大きなお腹でみっともない」 ・「育休取得は贅沢だ」「休むのはずるい」 ・「なぜ、働くの?」「そんなにお金がほしいの?」
雇用ハラスメント (雇用が脅かされる状況)	・解雇される。 ・退職を促される。 ・降格や減給。 ・望まない人事異動。
社会的ハラスメント (社会的な圧力やまなざし)	・妊娠したら、仕事は辞めるべき。 ・妊娠してまで働きたいというのは、女性のわがまま。 ・大きなお腹をしてまで働かなければならないのは、経済が悪い。 ・女性は大きなお腹をしてまで働く必要はない。

＊筆者がこれまでの調査から得た事例を用いて作成。

2 精神的ハラスメント（職場の心ない言葉や態度）

　妊娠中に受けた、上司や同僚からの心ない言葉に傷ついたという女性は多い。そうした、言葉や態度から受ける様々なプレッシャーが精神的ハラスメントである。連合調査でも被害経験のトップにあげられているのが、「妊娠中や産休明けなどに、心ない言葉を言われた」(9.5％)であった。さらに「マタニティ・ハラスメント」には、これまでの職場のハラスメントとは違う特徴が見られる。

例えば、「セクシュアル・ハラスメント」は異性間で起こることが多いが、「マタニティ・ハラスメント」は女性同士という同性間でも生じる。さらに、「パワー・ハラスメント」は、上司─部下という権力関係の中で起こるが、「マタニティ・ハラスメント」は、権力関係のない場でも生じる。部下や後輩など、職場の関係性においては「下」にあるはずの人から「ハラスメント」を受けることもある。

　また、明確な悪意や意図がなかったとしても、ハラスメントは生じる。先にあげた、身体的ハラスメント同様、職場側の無知や無理解は、女性を精神的にも追いつめる。例えば、妊娠期の症状は個人差が大きい。妊娠してもさほど問題なく勤務が続けられる人もいれば、何らかの配慮を必要とする人もいる。だが、妊娠への知識や理解が乏しいと、休暇や休憩を必要とする人に対し「無責任だ」「甘えている」という厳しいまなざしが向けられることになる。「身体のままならない事情」を非難するような空気が生じてしまうのだ。

　妊娠中に受ける、精神的ハラスメントは、女性を心理的に傷つけるだけでなく、身体的な圧力ともなる。「誰も助けてくれない」と思えば、たとえ体調不良であっても、周囲に訴えるということができないからだ。「無理をする」という働き方が強いられることになる。

3　雇用ハラスメント（雇用が脅かされる状況）

　雇用ハラスメントとは、妊娠・出産を理由とした解雇や、退職圧力のことであり、これらは明らかな「雇用差別」である。先にも述べたように、2000年代に入って「妊娠解雇」「育休切り」が問題化され、2007年には改正男女雇用機会均等法の中に「妊娠・出産等を理由とする不利益取り扱いの禁止」（第9条第3項）が設けられた。だが、その後も「均等法違反にならないように退職圧力をかける」等、表向きは「妊娠・出産理由としない解雇」という方法がとられるなど、問題は改善されていない。また、たとえ均等法違反が問われたとしても、厳しい罰則はない。均等法違反事例の中では、妊娠・出産にかかわる不利益取り扱いが「セクシュアル・ハラスメント」についで多いとされ、悪質なケースは企業名公表という社会的制裁措置がとられることになってはいるが、これまで公表された企業名はないという（浅倉、2013）。

解雇、退職に至らなくても、降格や減給、望まない人事異動、部署移動、さらには正規雇用から非正規雇用に転換するよう促されるなど、妊娠・出産をきっかけに、積み上げてきたキャリアが「リセットされる」という場合もある。たとえ雇用が継続されたとしても、産休や育休を取得したことへの「制裁」として、このような「キャリア・リセット」が強いらるのであれば、それは雇用ハラスメントである。

　これらのハラスメントは、独立しているわけではなく、重複している場合もある。例えば、雇用ハラスメントの手段として身体的ハラスメントや精神的ハラスメントが用いられる場合もある。無理な過重労働を命じられたり、必要な制度利用が認められないなどの対応を受ければ、女性は「お腹の赤ちゃんの命を守れない」と追いつめられ、辞めざるを得なくなる。あるいは、周囲に「迷惑だ」「なぜ辞めないのか」と言われ続ければ、「続けたい」「がんばりたい」という気持ちも、うち砕かれてしまう。これらの行為は女性を自ら辞めさせる退職圧力となり得るのだ。

　だが、雇用ハラスメントとは関わりのないところでも、身体的ハラスメントや精神的ハラスメントは生じる。たとえ、職場や上司の側に「退職圧力」という「意図」などなくても、ハラスメント的状況は生じている。そして、そのことこそが、この問題の本質的な点であると考えている。

第3節　メディアの報道と理解の図式

　では、メディアは「マタニティ・ハラスメント」をどのように伝え、それがどのように社会に受け止められたのか、検討したい。

　連合調査を新聞各紙が第一報として報じた後、「マタニティ・ハラスメント」がニュース番組や生活情報番組で「最近話題になっている」というような紹介で扱われるようになった。

　ニュース番組の限られた時間の中で取り上げられる際には、冒頭に「被害経験（インタビューや再現フィルム）」があり、その後「識者の解説」、さらには「先進的な企業の取り組みや解決事例」が紹介される、という三つの要素から構成

されることが多かった。筆者が取材に応じたテレビディレクターも、みな一様に、「被害経験を語ってくれる女性」と「企業の先進的な取り組み事例」を探しており、だいたい同じようなねらいのもとでフィルムが構成されるのだと感じた（筆者は調査対象者をメディアにつなぐようなことは一切していない）。実態を伝えるために「当事者の経験」が必要とされるが、それが「深刻な被害」であればあるほど、社会的インパクトは大きい、ということになるのだろう。ある深夜のニュース番組では、「当事者の経験」を「驚くべき実態」という表現で伝えていたが、ニュース放映後の「ツイート」を見ていると、「こんなことがあるのか」「許せない」といった視聴者の「驚き」や「怒り」が数多くあげられていた。

　特集番組として制作され、時間的にも情報的にも厚みを増すような番組では、ハラスメントの生じる背景にも時間が割かれる。「妊娠した女性を雇う余裕がない」「代替労働力はどうすればいいのか」といった「企業の事情」も伝えられることになる。女性の「深刻な被害」が強調される一方で、「厳しい経済状況のなかで企業は妊娠した女性を雇っている余裕がない」という企業の言い分も主張される。すると、働く妊婦の側に共感的な（企業に批判的な）意見が生じる一方で、「企業の言い分もわからなくはない」「（妊婦が会社で）邪魔者扱いされるのはあたりまえだ」といった、働く妊婦を批判的に見る（企業擁護的な）意見も生じる。メディアは、こうした議論を「過熱するマタハラ論争」という形でさらに伝える。

　だが、こうした図式のもとで報道され理解されている「マタニティ・ハラスメント」とは先の整理に従えば、「雇用ハラスメント」（退職圧力としての「身体的ハラスメント」「精神的ハラスメント」も含む）のことであり、それが生じる要因ももっぱら「経済的要因」から説明されている。もちろん、「雇用ハラスメント」は深刻な問題であり、報道をきっかけに、その深刻さが社会に伝わったことの意義は大きい。だが、「マタニティ・ハラスメント」＝「雇用ハラスメント」として理解されてしまうことは、問題を矮小化することにもなりかねない。

　「マタニティ・ハラスメント」は「雇用ハラスメント」にとどまる問題では

ないからだ。雇用は保障されていたとしても「身体的ハラスメント」や「精神的ハラスメント」は生じる。経済や雇用の状況にかかわらず、「ずっとそこにある問題」である。「雇用ハラスメント」は「目に見えやすい部分」にすぎないのだ。

第4節　社会的ハラスメント

　この問題を「身体の多様性」をめぐる議論として、どのように位置付けるのか。実は、「マタハラ論争」とメディアが名づけた社会的反響そのものに、それを考える手がかりがある。筆者はツイッター上の書き込みも含めた一連の社会的反響に触れるなかで、「社会的ハラスメント」というカテゴリーの必要性を強く感じるようになった。

　働く妊婦への否定的な発言の代表的なものが、作家の曽野綾子氏が週刊誌に寄稿した「出産したらお辞めなさい」という主張であろう（「私の違和感・何でも会社のせいにする甘ったれた女子社員たちへ」『週刊現代』8月31日号掲載）。記事は「最近、マタニティ・ハラスメントという言葉をよく耳にするようになりました。マタハラとかセクハラとか、汚い表現ですね。妊娠・出産した女性社員に対する嫌がらせやいじめを指す言葉ですが、この問題に対し、企業側は、反対意見を言えないよう言論を封じ込められているようです」と始まる。「女性は赤ちゃんが生まれたら、それまでと同じように仕事を続けるのは無理」であるとし、「それにしても、会社に迷惑をかけてまで、なぜ女性は会社を辞めたがらないのでしょうか」と続けられる。これに対しては、弁護士の伊藤和子氏が自身のブログで、「女性の権利の根幹を否定するような人」といち早く批判し、翌週には同じ週刊誌の「私はこう思う」という特集記事の中で、上野千鶴子氏が「曽野発言そのものがマタハラ」と批判している[13]（『週刊現代』9月7日号）。曽野氏の発言は、他の媒体やネット上でも話題となり、反論や批判がなされることになる。

　だが「出産したら女性は辞めるべき」「妊娠した女性は会社にとって迷惑」「なぜ辞めないの？」という発言や見方は、曽野氏に限ったものではないだろう。「社会的なまなざし」として、これまでも女性たちを苦しめてきたものであり、

働く妊婦は、まさにこうした発言や「まなざし」に傷ついてきたのである（それこそが、「精神的ハラスメント」である）。

「マタニティ・ハラスメント」は権力関係がなくても、同性同士でも生じるのは、それが、職場に「身体の事情」がもち込まれることを疎ましく思う行為そのものであるのだから。

そして、その「まなざし」や「疎ましさ」は、仕事を続けたいのであれば「甘ったれるな」というメッセージと「対」になっている。その一例が、「私はこう思う」という特集記事の中に寄せられている金美齢氏の発言であろう。「『女だからといって甘ったれるな』という点」は「まったく同感」と曽野氏に共感し、自分の娘が「産休を目いっぱいは取らずに、出産予定日ギリギリまで現場に残り、産後はできる限り早く復帰」したという経験を例にあげながら、「『大きなお腹を抱えてでも精一杯働く人』と、『権利は行使しなくちゃ損、同じ給料なら楽をした方がいい』と考える人がいる」とする。そして、どちらが「歓迎され、どちらが社内でたらい回しにされて閑職へ追われるのか、明らかではないですか」と続ける（『週刊現代』9月7日号）。つまり、仕事を続けたければ、「身体の事情はもち込むな」と言っているのであり、それができないのであれば「辞めなさい」ということだ。

これに対し、ライターの小川たまか氏は「『職場に迷惑はかけられないから』と、出産ギリギリまで仕事を続け、産後2カ月で復帰した人や、保育園ではなく実家の両親に子どもを預けて半年で復帰したいと言う人もいた」という例を用いて、女性たちは決して「甘えていない」ことを主張する。「肩身の狭い思いをしながら仕事を続けている女性の頑張りを無にするような言説は、いかがなものだろうか」と反論している（「ダイヤモンド・オンライン」9月10日8時30分配信）[14]。

この議論は対抗的に見えるが、実は同じ前提を共有しているのではないだろうか。本稿の問題関心に基づいて整理すれば、職場には「労働だけする身体」がいるべきだ。「労働だけする身体」になりきれない身体は「迷惑」である。もし、仕事を続けたいのであれば、「労働だけする身体」になりきる努力をせよ（産休も取らずに精一杯働け）、という主張が一方からなされるのであり、それに対して、もう一方から、女性たちも職場に「迷惑」をかけないよう

「肩身の狭い思い」をして「頑張っている」、すなわち「労働する身体」であり続けようと努力している（出産ギリギリまで仕事を続けている）との反論がなされるのだ。どちらにしても本稿の冒頭で述べたような、「労働だけする身体」が基準にされていることに変わりはなく、そこからはずれることは「会社（職場）への迷惑」とされている。だが、「マタニティ・ハラスメント」として問題化すべきは、まさにこうした発想そのものではないのか。

　仕事を続けるのであれば、「労働する身体であり続ける努力」を強いられること、女性の側も「頑張り」でそれに応じようとすること、そうした構造からどう脱却するのか、「マタニティ・ハラスメント」はそれを問いかけているはずだ。なぜなら、こうした前提が問い直されない限り、雇用や経済状況にかかわりなく、「女性の身体性」は抑圧され続けるからだ。

　「社会的ハラスメント」というカテゴリーが必要である、と述べたのは、こうしたこれまでの男性身体を基準にしてつくられてきた「労働だけする身体」の枠組みの中で、女性労働者の身体性の問題を論じようとすることへの異議申し立てであり、それが、女性の身体性を抑圧することを、改めて強く訴えていく必要があると考えるからだ。

　「甘えるな」という批判に対し「甘えてはいない」と反論するのではなく、女性が自らの「身体性」を生きようとすることが、なぜ「甘え」とされるのか、と問い返すこと、「身体の事情を抱えながら働くこと」の当たり前さを主張すること、そうした議論へと発展させなければならない。

おわりに

　この間、取材に対応するなかで、一番違和感をもったのは「最近、マタニティ・ハラスメントが増えてきているようですが」とういう問いかけであった。「マタニティ・ハラスメント」は「最近増えてきた問題」ではない。それは「ずっとそこにあった問題」であり、やっと「問題化された」にすぎない。だが、それも「雇用ハラスメントとして問題化された」にすぎないのである。この社会的関心や反響が、一過性のものとして終わらないよう、言葉だけが消費されてしまわないように、本質的な議論に結び付けていく必要がある。「身体の多様

性」を問い直す議論へと発展させていかなければならない。

注
1 　伊藤は「過労死」を「『男は仕事』という現代日本の男性文化の生み出した悲劇」と指摘している（伊藤、2003, p10）。「過労死」「自殺」に加え、近年は男性労働者の「メンタル・ヘルス」が社会問題化している。2013年8月22日付『朝日新聞』朝刊では一面トップで「心の病にかかるサラリーマンが増えている」と報じている。
2 　2007年には「仕事と生活の調和（ワーク・ライフ・バランス）憲章」及び「仕事と生活の 調和推進のための行動指針」が制定されている。
3 　2002年に策定された「少子化対策プラスワン」には「男性を含めた働き方の見直し」が掲げられている。
4 　連合非正規労働センター（2013）「マタニティ・ハラスメント（マタハラ）に関する意識調査」http://www.jtuc-rengo.or.jp/news/chousa/data/20130522.pdf（2013年9月10日アクセス）
5 　例えば新聞では、『日経新聞』が6月7日付朝刊社会面で扱っているし（見出しは「職場で嫌がらせ　妊婦25パーセント「経験」」）、『東京新聞』は6月22日付の夕刊1面トップという扱いで報じている（見出しは「働く妊婦いじめ深刻」）。『読売新聞』は7月30日付朝刊社会面トップで扱っている（見出しは「妊娠・出産で退職強要」）。またテレビでは、ＮＨＫが6月7日、7月5日のニュースで取り上げた後、10月3日には「クローズアップ現代」で特集された。ほかに、民放各局でも、ニュースの中で「話題」や「特集」として取り上げられている。
6 　ジャーナリストの小林美希は、女性労働者のそうした深刻な雇用労働現場の実態を『職場流産』（2011，岩波書店）で伝えている。
7 　筆者自身、取材という形で新聞4社、雑誌2社、テレビ局5社、ラジオ局1社に応じた。
8 　2013年7月30日付『読売新聞』の記事では筆者の分類が紹介されているが、そこでは雇用に関するハラスメントを「社会的嫌がらせ」としている。
9 　例えば、比較的早い時期の6月17日にオンエアされたテレビ東京「ワールドビジネスサテライト」というニュース番組では、「当時者の語り（被害）」「識者の解説」「マタハラのない職場づくりの企業事例」という構成であったが、それから約3カ月後の9月6日にオンエアされたフジテレビのＦＮＮニュースにおいても、「当事者の語り（被害）」「識者の解説」「企業事例」というほぼ同じ構成となっている。
10 　9月6日のＦＮＮニュースが報じられたのは深夜0時42分であるが、その約1時間半後の2時10分の時点で、「マタハラ」は「ヤフーニュース」の「注目のキーワード」の4位となっている。放送終了後から、ニュースを見た人の「ツイート」が途切れなく続いていた。

11 特集番組としては例えば、10月3日オンエアのNHK「クローズアップ現代」。
12 弁護士伊藤和子のダイアリー・9月5日「『『出産したらお辞めなさい』労基法違反推奨の曽野綾子論文を週刊現代が掲載した件はなぜ問題にならない?」
http://worldhumanrights.cocolog-nifty.com/blog/2013/09/post-7a4e.html（2013年9月6日アクセス）
13 上野氏自身のツイッターでも、8月24日の時点で、反論掲載について発信している。
14 「『出産したらお辞めなさい』曽野綾子氏に反論続々　女性が望む"働きやすい社会"は遠のくか、近づくか」http://diamond.jp/articles/-141426（2013年9月13日アクセス）

参考文献

浅倉むつ子（2013）「雇用とジェンダー　マタニティ＆パタニティ・ハラスメント」『生活経済政策』No.201, pp32-33
現代思想編集部（2013）『現代思想』Vol.41-15,「特集　ハラスメント社会」青土社。
伊藤公雄（2003）『NHK人間講座「男らしさ」という神話』日本放送出版協会。
木本喜美子（1995）『家族・ジェンダー・企業社会』ミネルヴァ書房。
三重野卓編（2008）『共生社会の理念と実際』東信堂。
大沢真理（1993）『企業中心社会を超えて』時事通信社。
杉浦浩美（2007）「「働く妊婦」をめぐる問題」『女性労働研究』第51号、青木書店. pp60-72.
─────（2009）『働く女性とマタニティ・ハラスメント──「労働する身体」と「産む身体」を生きる』大月書店。
─────（2010）「職場とマタニティ・ハラスメント」好井裕明編著『セクシュアリティの多様性と排除』明石書店、pp193-218.
─────（2011）「女性の身体性の主張」『月刊社会主義』第591号、pp107-116.
角田由紀子（2013）『性と法律』岩波書店。

第9章 「出生前検査」を通して構想する多元的共生社会

菅野摂子

はじめに

　胎児の健康状態を調べる検査のことを出生前検査、その検査によってなされる診断を出生前診断と言う。2012年8月29日全国メディアで「妊婦の血液でダウン症が99%わかる」と報道されるや否や、多数のメディアが出生前診断を取り上げ、この検査の対象となる障碍の当事者団体の意見、妊婦の迷いや葛藤などを積極的に報道した。ただし、こうした問題の複雑さや難しさ以上に、検査の存在やアクセス可能性が視聴者に印象付けられたようだ。メディア上では「あなたならどうする」といった妊婦への問いかけが続いている。その後、99%という数字が実は全ての妊婦に対して適応できるわけではないことが専門家によって説明され、メディアもそのことを伝えてきたが、もとの報道が与えたインパクトは大きかった。

　出生前診断は、胎児の疾患を診断し、障碍をもつ可能性が高い、と判断された場合に中絶を選ぶ妊婦がいることから、法的および倫理的に問題だとされてきた。そして、超音波検査が妊婦健診に取り入れられ、胎児の様子が画像を通して認知されるようになった今、胎児の「異常」は医療者だけではなく妊婦にとっても「身近」になったと言える。一方で、妊婦は超音波画像に映し出される胎児に愛情を感じるという側面も見落とせない。胎児を「元気で」「健康な」赤ちゃんを産みたい、という気持ちはおそらく多くの妊婦に共通であろう。医療がお産に介入を深める態様とこのような妊婦の心性との関わりを検討し、その延長線上にある新たな出生前検査と「遺伝カウンセリング」について議論していきたい。そのことから、多元的共生社会の中での出生前検査の位置づけを考察するのが本稿の目的である。

第1節　お産の医療化と「安全」の歴史

　出産に医療が積極的に関わるようになったのは、江戸時代からである。新村拓によれば、医師が出産の核心部分に関わるようになるのは近世中期以降だという。それまでは、産前産後に用いられる薬の調剤などお産の周辺部での関わりが主であり、出産については異常出産の場合や妊産婦の不調が伝えられるときの医療者としての働きに限定されていた（新村、1996）。

　出産の場で産科医の役割を広げたのは、1765年（明和2年）に胎児の子宮内における正しい位置を示した『産論』を著し、また実際に、鉄こうを用いて胎児を引き出し横産に苦しむ産婦を救う回生術を施した賀川玄悦の登場によるところが大きい。かつて遷延分娩のために母子ともに死亡した事態が、胎児の体を破断させる手術（截胎術）によって、母体だけでも助かるように変化したことは画期的なことであった（前掲書、p179）。こうした革新的な産科術の動きに反応するように、人びとの間には正常産であっても医師の指示を仰ぎたいという心性が次第に醸成されていく。ただし、玄悦の嫡子である賀川有斎は、回生術については十分に注意して早期に行う必要がある、と著書『産科新聞』で記しており、助産のことは本来産婆の仕事である、と述べていることから、正常産はあくまで産婆の仕事であることを強調していた。

　回生術は難産の産婦を救うためのものであったが、当時の技術レベルでは生きている胎児の殺傷と引き換えに行われるものであったため、胎児の死を確認した後の晩出処置に限定する必要があった。しかしながら、実際に胎児の生死を確認するのは当時の技術では困難だったはずである。胎児の死を確認しないまま、人工的に娩出することに対して、産科医たちの躊躇があったことは容易に想像できる。この後、西洋の産科書が流入し、使い勝手の良い産科器具が紹介されるようになると、母子ともに生かす双生術なるものが出てきた。

　幕末には双生術のより徹底した形として、帝王切開という新たな展開が見られることとなる。もともとは、ギリシャの英雄シーザーが帝王切開で生まれたことからその名がついた（石原、1999）と言われているが、実際には教会が生まれた子どもにできるだけ早く洗礼を受けさせようとするなかで、次第に胎児

の地位が上がり、16世紀にイタリアで帝王切開が始まったと言われている。この頃、生きている妊婦に対する手術はなされていなかった。だが、死後の妊婦から胎児を取り出すタイミングを逃すと生存の確率が下がることから、18世紀後半になって次第に生きている妊婦に対する執刀が行われるようになったという。当時、帝王切開は麻酔なしで行われていた。それは麻酔がなかったからではない。帝王切開に至るまでの激痛に比べ、腹部の切開という外科施術のほうが痛みが少なかったのではないか、と医師らは驚きをもって記録を残している（ラジェ、982=1994, pp240-249）。日本で初めての帝王切開は1852年（嘉永5年）に武蔵国秩父の産科医伊古田純道が農婦（23歳）に対して行ったものと言われている（佐藤、1935, p1217）。帝王切開の記述は1805年（文化2年）に刊行された『和蘭医話』にその方法が記されている。ただし、広く帝王切開が行われるようになったのは、戦後のことである。全国的に帝王切開の実施率の統計が取られ始めたのは戦後しばらくしてからだが、ジャーナリストの藤田真一が旧日赤本部産院（現在の日本赤十字社医療センター）の記録をたどったところ、大正11年の開院以来6年間の帝王切開の数はわずか31例、全分娩に占める帝王切開率は0.4％にすぎなかった。昭和14年から15年間（つまり昭和29年まで）でも合計444例、帝王切開率は1.05％にとどまっていたことがわかった（藤田、1979）。

　いずれにせよ、難産の場合、妊婦の救命か胎児の出生かで対立する時点があり、時代が進むにつれて子どもの救命へと関心が移っていった。そこには、母親と胎児を分けて捉える医療のまなざしがあった。妊婦を主体にして「妊婦が胎児を産む」のを介助するのが産婆や助産婦（助産師）のまなざしであるならば、医師のまなざしは「胎児が妊婦から生まれてくる」胎児主体の見方であり[6]、胎児と妊婦の主客逆転が、出産の医療化の新たな側面と言える。

　この後、帝王切開の実施率は飛躍的に伸びていく。厚生労働省の医療施設調査によると、病院では1996年で既に14.7％になっており、1999年には17.4％、2002年には17.9％、2005年には21.4％、2008年には23.3％と上昇の一途をたどった（厚生労働省、2008）。診療所では若干少ないものの、1999年には、10％を超え、2005年に12.8％、2008年に13.0％となっている（前掲書）。この背景には、手術による感染を防止するための抗生物質の開発、麻酔の技術の進歩などがあったが、その他に分娩監視装置、加えて超音波診断や胎児MRIなどの画像診断の先

端技術の登場も要因としては大きい。分娩監視装置は日本において1970年代中盤から普及していった(7)。胎児の心音をモニターして分娩に備えるという役割が「安全なお産」に大きく寄与したことは確かであり、分娩が始まってから帝王切開をするかどうか判断するために欠かせない情報を提供した。また、超音波画像によって胎盤の位置や胎児の体位が正確に把握できるようになったため、帝王切開を計画的に行えるようになった。もちろん、妊婦に対する超音波診断は、後述するようにごく初期の子宮外妊娠などを除いて、主に胎児の様子を知るために使われてきた。しかしながら、胎児を含めた子宮内の情報によって、あらかじめ帝王切開を考慮に入れることができ、そのことが帝王切開の適応を拡大したのである。

　これに加え、近年の産科医療をめぐる社会情勢が帝王切開を加速させている。一つは、医療訴訟を起こされないように、予防的な医療をとる傾向である。経膣分娩で何らかの事故の起こる可能性が高ければ、帝王切開になるわけだが、この閾値が近年の訴訟の増加によって下がっているのではないか、という指摘である（藤田、1979, p219）。二つ目は、医療側にとって、帝王切開は保険診療のため確実に利益を上げることができ、また、お産の進みに関係なく胎児を取り出すことができるので、時間的にも節約できる（前掲書、p218; 松岡、2007, p186）という経営上のメリットである。

　しかしながら、妊婦の意向が反映されていたことも忘れてはならない。妊婦にとっては、経膣分娩による痛みや恐怖を回避するため（松岡、2007, pp184-185）、尿失禁の予防、性行為をするために性器を保護する、などの目的も、国によっては大きい（前掲書、p184）と言われている。松岡は、助産師が少ない国ほど帝王切開の施術率が高くなっている、と指摘している（前掲書、p186）。ただし、帝王切開は経膣分娩と比べて感染症を起こす可能性が大きく、妊婦の死亡率も数倍高いことが指摘されており、その後、他の手術を行う際のリスク因子になる（メルクマニュアル第17版、2000）。こうした観点から、単に美容上の問題や痛みに対する恐怖など患者側の要望で帝王切開をすることは医療上避けられるべきだろうが、サービスという点では患者の要望を受け入れて施術することは珍しくない。妊婦の高齢化と少産化が進むなか、不妊治療を経て妊娠に至るケースも少なくないため、妊婦が1回の妊娠をこれまで以上に大切にし、

安全に、しかも確実に出産までたどり着きたい、と願うのは当然と言えるだろう。

　出生前検査は帝王切開とは異なる医療技術であるが、「健康な赤ちゃん」を「無事出産する」ために必要だという点では共通しており、帝王切開をするかどうかを決めるためのエビデンスを提供するための技術でもある。胎児の状態を医療者が直接知ることができるというメリットは、医療が目指す「安全なお産」にとって非常に大きかったのではないだろうか。繰り返すが、そこには分娩監視装置や超音波診断、胎児ＭＲＩなど新たな画像技術の進歩が大きく寄与した。諸外国に比べてこうした画像技術が多用され、診断装置の利用が産科医療のレベルの高さを計るメルクマールされてきたのである。妊婦に不要な子宮摘出手術を施し社会問題となった富士見産婦人科の事件で、医療者が当時としては先端的であった超音波診断装置を使って、誤った診断をしていたことは記憶に新しい（富士見産婦人科病院被害者同盟・富士見産婦人科病院被害者同盟原告団、2010）。

　ここまで述べてきたように、出産における医療化は、より「安全」な出産を目指すものであり、妊婦と胎児との分離の過程でもあった。帝王切開は妊婦と胎児の両方の生存を目指すものであり、そのために妊婦と共に胎児の状態を把握することが重要である。そこに最先端の画像診断装置が利用され、独立した胎児は産科医療にとって究極の関心事となった。そして、胎児の疾患の発見は生命における早期治療の臨界点の探索でもあり、近年の胎児治療への発展へと引き継がれていく。胎児治療として双胎間輸血症候群に対するレーザー手術、脊椎髄膜瘤に対する胎児手術などが行われているが、母体への影響や子どもの予後については多くの課題を残している（石井、2013; 師田・萩原、2013）。ただ、中には妊婦へ医療処置を施すことによって、胎児の状態が良くなること、例えば、胎児不整脈（胎児頻脈）は母体への薬物投与（経口）によって治療できる（林ほか、2004, p638）場合がある。また、治療はできなくても胎児期に疾患名を明らかにしておくことで、医療的な処置がとりやすい場合もある。特に、稀な疾患の多い先天性代謝異常症の場合、速やかな処置が重要であり、出生前の診断がこうした処置に役立つことが専門家から指摘されている（松原、2004, pp652-655）。小児外科治療、小児心疾患に関連した学会も、出生前の診断が出生後の

治療に好影響を与えること、もし出生後死亡しても母親は納得しやすいことなどを指摘している(9)。

　医療者は「安全」を求める過程において、妊婦と胎児を分離し妊婦の身体を胎児の環境とみなすようになった。帝王切開は胎児の娩出であると同時に母体への外科手術であり、出産する身体は医療的身体と重なり合う。そこで重要なのは胎児の観察であり、子宮内での治療という視座も獲得した。その下支えとなったのが胎児のモニタリングとしての分娩監視装置と超音波診断装置である。特に、超音波診断装置によって映し出される胎児の姿は妊婦や家族に胎児の存在を印象付け愛情を喚起するとともに、胎児の「異常」と同期する。さらに精緻に「異常」があると診断され、治療の困難が予想される場合には中絶への回路を開くことになる。

第2節　遺伝学的検査への離陸

1　妊婦健診と遺伝学的検査：超音波検査

　超音波検査は妊婦健診で用いられつつも、現在ではより細やかにそして積極的に胎児の「異常」を発見するためのツールになっている。一つは、心臓など特定の臓器の形態や機能の異常に対する胎児スクリーニングであり、もう一つはNT測定や胎児鼻骨の有無などの染色体異常に対するものである(10)。これらは狭義の出生前診断あるいは遺伝学的検査と呼ばれている（澤井、2013、p52）。胎児の頸部浮腫の厚みが染色体異常などの疾患の出現率と関係していることからNTが測定されるようになったが、NTでわかるのはあくまでも可能性なので、確定診断である羊水検査を受けなければ胎児が染色体異常かどうかの診断を下すことはできない。実際に、NTの値が大きくても羊水検査で染色体異常だと診断されなかった場合、胎児形態異常が合併して中絶（11.7%）、流産・死産（5.2%）、生後死亡（1.4%）はあるものの、全く疾患なく生まれてきたケースが77.3%であったという報告もあり（Souka AP, Krampl E, Bakalis S, et al., 2001）、NTのみで中絶することは早計であると日本産科婦人科学会・日本産婦人科医会の診療ガイドラインでは注意を促している（日本産科婦人科学会・日本産婦人科医会、2011、pp54-58）。

ただ、概念上は腑分けできるものの、超音波診断装置を用いて子宮の内部を見るという行為は妊婦健診、外形の精密な診断、ＮＴとも何ら変わることはない。どこを、どこまで注視するかの違いである。そうなると、ＮＴを希望しなくても妊婦健診で疑いがもたれる場合もあり、そこから遺伝学検査の領域に入っていく可能性は十分にあるため、厳密に峻別できるものではない（澤井、2013）。ここに超音波診断の実用面での難しさがある。

　この他にも母体血清マーカー検査および羊水検査が遺伝学的検査として行われており、各々について説明する。特に近年は超音波検査と母体血清マーカー検査とを組み合わせる複合スクリーニング検査を行うことによって早期から目安をつけることができるようになっている。詳細は後述する。

2　侵襲的確定診断：羊水検査

　羊水過多に対する治療目的の羊水穿刺は19世紀末から行われていたと言われているが、1950年代半ばには、母子間のＲｈ不適合検査（母子間の血液型不適合。母がＲｈマイナス、父がＲｈプラスで、胎児がＲｈプラスである場合に、胎児に溶血性貧血をもたらす）に採り入れられ、産科検査の一部となった。1955年には、欧米の研究グループが羊水中にある胎児の細胞分析による性別判定に成功した。これは、性別によって症状が出るかどうかが決まる伴性遺伝の場合に重要であった。1959年にはダウン症と診断された人のほとんどに、21番染色体のトリソミーが発見され、1966年には羊水中の胎児細胞の培養が可能となり、翌年には初めての染色体異常の出生前診断が行われた。

　日本には1968年に導入されたが、羊水穿刺による流産が２～３パーセントの頻度で起こるために、特殊な技術とされていた。しかし、1980年代に入ると、現在普及しているリアルモード超音波断層機器、つまり動画が得られる超音波装置が開発され、画像解像度も向上した。超音波診断装置の進歩を背景に、より安全に羊水穿刺ができるようになり、各病院や診療所の羊水検査件数は急速に増加した。また、このころから、結婚や出産の年齢が上昇し、高齢妊娠が染色体異常と関連があるとされることから検査件数の増加に拍車をかけた。Sasakiらの調査では2008年には羊水検査は13,209件、母体血清マーカー検査は18,209件に上っており、羊水検査のほうは1998年から微増しているという

(Sasaki A, Sawai H, Masuzaki H, et al., 2011)。推計ではあるが2011年においては約16,000件行われているとみられる（佐々木・左合、2012）。しかし、2008年の羊水検査と母体血清マーカー検査を合わせた実施率は約３％であり、オーストラリア（98％）、イギリス（88％）、デンマーク（84.4％）よりもかなり低い（Sasaki A, Sawai H, Masuzaki H, et al., 2011）。

　羊水検査は15週以降に行うのが望ましく、妊娠中絶可能な期間を考慮すると、19週までに行うことになる。より早期の実施は胎児死亡のリスクを高めることが指摘されており、早い週数での検査を妊婦が望む場合には絨毛検査（CVS）[12]を検討される。副作用は、破水、出血、子宮内感染、流産や胎児死亡などとされるが、近年の報告では流産や胎児死亡は0.3％程度と言われている（佐々木・和田・左合、2013）。

　こうした侵襲性から日本産科婦人科学会では1988年に「先天異常の胎児診断、特に妊娠初期絨毛検査に関する見解」（会告）によって、羊水検査を含めた胎児診断の適応の条件を定めた。2007年に「出生前に行われる遺伝学的検査および診断に関する見解」とされ2013年に改定されたが、基本的には1988年の会告を踏襲しており、以下の条件を提示している。

　１　夫婦のいずれかが，染色体異常の保因者である場合
　２　染色体異常症に罹患した児を妊娠，分娩した既往を有する場合
　３　高齢妊娠の場合
　４　妊婦が新生児期もしくは小児期に発症する重篤なＸ連鎖遺伝病のヘテロ接合体の場合
　５　夫婦の両者が，新生児期もしくは小児期に発症する重篤な常染色体劣性遺伝病のヘテロ接合体の場合
　６　夫婦の一方もしくは両者が，新生児期もしくは小児期に発症する重篤な常染色体優性遺伝病のヘテロ接合体の場合
　７　その他，胎児が重篤な疾患に罹患する可能性のある場合

　「７　その他、胎児が重篤な疾患に罹患する可能性」として超音波検査ＮＴや母体血清マーカー検査、そして冒頭にあげた新型出生前検査などのソフトマーカーでの所見があげられる。高齢妊娠の増加は羊水検査の受検数増加を促すが、ソフトマーカーを実施することによって、羊水検査を受ける妊婦がスク

リーニングによって絞り込まれるので、減少する可能性もある。ただし、ソフトマーカーを受ける人自体が増えれば、人数が絞り込まれたとしても羊水検査全体の件数は増えることもあり得るため、先述した微増傾向が続くと考えることもできる。

3　ソフトマーカーの拒否と受容：母体血清マーカー検査

　1994年から日本で臨床応用が始まった母体血清マーカー検査は、妊婦血中の胎児特異的なタンパクやホルモンの測定値と、妊婦の年齢、妊娠週数、妊婦の体重、家族歴などを加味して、胎児が21トリソミー、18トリソミー、開放性神経管奇形である確率を予測する検査である。海外では妊娠三半期前期に、NT測定と組み合わせて、PAPP-AとhCGの2項目が、妊娠三半期中期になるとAFP、hCG、uE3、inhibinAの4項目が使用され、段階的なリスク評価をしており、日本でも2013年10月中旬より臨床研究として実施される見込みであると報道されたが（2013年10月3日付『朝日新聞』）、その後「開始時期は未定」と発表された（独立行政法人国立成育医療研究センター、2013）。日本の一般的な臨床では、妊娠15～17週にトリプルマーカー（AFP、hCG、uE3）もしくはクワトロテスト（トリプリマーカーにinhibinAを加えたもの）を行っており、各マーカー単独での検出率は低いものの、複数のマーカーを組み合わせて精度を高めることにより確率計算を行うものである（佐村、2012）。

　中絶を視野に入れた場合、羊水検査の結果がわかる時期を考慮すれば、長くても2～3週間、短いと数日以内に結論を出さなくてはならない。遺伝カウンセリングの体制が確立しない状況で、確率が高いと知らされた後は、その結果に対する不安から確定診断の結果を待たずに、または確認の検査を受けないままに中絶を選択した例もあるとされる。加えて検査の対象となったダウン症の当事者団体をはじめとした障害者団体からの反対運動などもあり、1999年に厚生労働省から「母体血清マーカー検査に関する見解」（以下、「見解」）という通達が出された。

　この中で、母体血清マーカー検査の問題点として、主に次の3点が挙げられた。
①妊婦が検査の内容や結果について十分な認識をもたずに検査が行われる傾向

にあること
②確率で示された検査結果に対し、妊婦が誤解したり不安を感じること
③胎児の疾患の発見を目的としたマス・スクリーニング検査として行われる懸念があること

　こうした問題から、遺伝カウンセリングの体制が未整備であることをも踏まえて、「医師が妊婦に対して検査の情報を積極的に知らせる必要はない。また、医師は検査を勧めるべきではなく、企業等が本検査を勧める文書などを作成・配布することは望ましくない」と妊婦への情報提供には消極的ともとれる内容が書かれた。同時に行政や関係学会に対して、「医師は日ごろから先天性障害や遺伝性疾患に関する専門的な相談（カウンセリング）を実施できる機関との連携を図る必要がある。しかし、現時点では、このような専門的な機関の数が限られていることから、今後、このような専門家が育成され、専門機関が増えていくよう、行政・関連学会等の一層の努力が必要である」と要請し、日本産科婦人科学会もこれに準拠して施行されてきた。

　その後10年の間に遺伝カウンセラー養成のための教育課程ができ、遺伝カウンセラーが育つなかで、先述した「出生前に行われる遺伝学的検査および診断に関する見解」が出された。そこでは、アメリカのACOGのガイドラインやイギリスNHSでの全妊婦への提供体制などの積極的な取り組みを紹介したうえで「我が国においては、これらの状況も踏まえ、産婦人科医が妊婦に対して母体血清マーカー検査を行う場合には、適切かつ十分な遺伝カウンセリングを提供できる体制を整え、適切に情報を提供することが求められている」とされ、1999年の「見解」よりも積極的な内容となっている。

　母体血清マーカー検査は「見解」が出された時分、「確定的でないにもかかわらず簡易に実施できるため、妊婦が安易に受検する」と批判され、「見解」は医療者からの説明を抑制する働きをしたと思われる。1998年に21,708件だった母体血清マーカー検査は、この「見解」が出された1999年には18,312件になり、2000年から2002年の間は15,000件台だった。けれども、「見解」は実施を禁止したわけではなく、医療に関わる情報がインターネット等で配信され、医師の説明責任が求められる趨勢のなかで、2003年から微増していき、2007年には17,333件、2008年には18,209件へと上昇している（Sasaki A, Sawai H,

Masuzaki H, et al., 2011)。加えて、冒頭に述べた「新型出生前検査」の実施施設がまだ限られているなかで、比較的多くの産科医療施設で取り扱われ、高齢妊娠（35歳以上）という年齢制限のない母体血清マーカー検査はこれまでより多く実施されていく可能性もある。

4 「遺伝カウンセリング」と臨床研究と共に：新型出生前検査 NIPT（Noninvasive prenatal genetic testing）

冒頭で紹介したNIPTは、現在厚生労働省の臨床研究「無侵襲的出生前遺伝学的検査である母体血中cell-free DNA胎児染色体検査の遺伝カウンセリングに関する研究」として実施されており、この検査に関わる医療者たちがNIPTコンソーシアムを組織し、これによって運用されている。研究の目的は「無侵襲的出生前遺伝学的検査を適切に運用するための遺伝カウンセリングの基礎資料（検査実態、施設基準、情報提供、カウンセリング内容など）を作成する」とあり、NIPTが対象になっているものの、NTや母体血清マーカー検査も含めた無侵襲的な検査全体を視野に入れ、実施する際には遺伝カウンセリングが必須という立場で行われている（NIPTコンソーシアム、2012）。

NIPTは妊婦の母体血にある胎児由来のDNA（cell free fetal DNA）の断片に対して大量並列シーケンスという技術を使って、染色体の由来を定量化する（澤井、2013）ことで、胎児の障碍（21トリソミー、18トリソミー、13トリソミー）の確率を推定する検査である。母体血清マーカー検査と分析の技術は異なるが、母体血を用いた無侵襲の検査であるという点では共通している。的中率が高いというのが一つの利点であるものの、確定診断ではなく、確定するためには羊水検査もしくは絨毛検査が求められることも同じである。

母体血清マーカー検査の「見解」における「妊婦が検査の内容や結果について十分な認識をもたずに検査が行われる」「妊婦が誤解したり不安を感じる」といった記述は、十分なカウンセリング体制が整っていないことを指摘するとともに、妊婦の判断の自律性や情報入手に対する積極性を過小評価しているように筆者には感じられてきた。[13]妊婦の高齢化の加速によって羊水検査への関心が高まり、妊婦の情報環境が高度化している中で出現したNIPTは無侵襲性の非確定診断技術を妊婦の側に近づけたと言えよう。少なくとも、情報を公開

し適切な説明が必要である、ということが周知された点においては妊婦の判断が問われるようになったと言える。だからこそ、妊婦一人ひとりにとってどういった意味をもつのか、受ける必要があるのかどうか、といった個人的な問題としてこの検査が突きつけられ、「遺伝カウンセリング」が求められたと言えよう。

第3節 「遺伝カウンセリング」を通したサポート

　NIPTコンソーシアムの「遺伝カウンセリング」そして日本産科婦人科学会の「出生前に行われる遺伝学的検査および診断に関する見解」が準拠している日本医学会の「医療における遺伝学的検査・診断のガイドライン」（2011年2月）では、「遺伝カウンセリング」を次のように定義している。「遺伝カウンセリングは、疾患の遺伝学的関与について、その医学的影響、心理学的影響および家族への影響を人々が理解し、それに適応していくことを助けるプロセスである。このプロセスには、1）疾患の発生および再発の可能性を評価するための家族歴および病歴の解釈、2）遺伝現象、検査、マネージメント、予防、資源および研究についての教育、3）インフォームド・チョイス（十分な情報を得た上での自律的選択）、およびリスクや状況への適応を促進するためのカウンセリング、などが含まれる」（日本医学会、2011）。現在、出生前検査および出生前診断に関わる相談体制は、臨床遺伝専門医のほかに認定遺伝カウンセラーが中心となっており、2012年には専門看護師制度の中にも遺伝看護が特定分野として入ることが認められた。中込は、認定遺伝カウンセラーと遺伝看護を専門とする専門看護師が、出生前診断された妊婦・家族に対応できることとして、①妊婦と家族が医療者に心を開ける関係づくりを支える、②医学的診断に有用な情報を収集し、妊婦や家族の心理社会的側面を把握する、③産科医療者とともに妊婦と家族の医療ケア方針を話し合う、④妊婦・家族が医学情報を理解できるようにサポートする、⑤妊婦や家族の心理社会的支援を行う、といった点をあげる。また、「遺伝カウンセリングは、遺伝性疾患や障害をもつ可能性のある胎児の人権を擁護することと、夫婦、ことに女性の自己決定を擁護するために存在する」としており、出生前診断の困難な課題として選択的中絶があると

指摘する（中込、2013, p327-329）。

　上記の「胎児の人権」という言葉については、いつから人間とみなすかという倫理的な議論が収束していない。だが、子どもを流産や死産で亡くした親の手記（流産・死産経験者で作るポコズママの会、2007）では流産した胎児に対して「破棄」という言葉を使われたときのショックや胎児を火葬にする前に自宅に連れて帰りたかったという思いが語られている。また、選択的中絶を経験した当事者が開設したWEB上では、様々な理由で胎児を「お空に返した」女性たちの経験がつづられており、開設者である藤本佳代子も選択的中絶について「流産ではない。死産でも……ない。だけど中絶なんて言ってほしくない」と複雑な気持ちを吐露している（出生前診断の告知のあり方と自己決定の支援について考える　泣いて笑って、2004）。こうした女性たちの語りを読む限り、胎児に対する愛着や愛情は非常に強いと言っても過言ではない。また、選択的中絶をした女性に対する医療者の説明の仕方や励まし方も様々であり、それに対する反発なども記述されている。

　それに加え家族にとって、障碍をもった子どもを家族の一員として迎え入れるかどうか、ということも問題になる。胎児の障碍に対する思いや療育に対する考えが家族の中で完全に一致することは難しいだろう。家族の間の意見の調整も含めて、上記のコメディカルによる医療的ケアでの情報提供はもちろんのこと、妊婦の側に立った心理的な支援が核となるのではないかと思われる。

　ただし、出生前検査を受けるかどうか、結果を受けてどう行動するか、の判断は医療の流れで総括できるものではない。筆者らが2003年に行った調査では、出生前検査を受けて「確率が低かった」がその経験を後になっても自分なりに解決できなかったり（柘植・菅野・石黒、2009）、羊水検査を受けたことを人には言えないと感じていた女性たち（前掲書）もいた。退院して、日常生活に戻ってから、検査を受けたことや人工的に死産させたことへの意味が問われてくる。

　遺伝カウンセラーによるカウンセリングを受けることで、検査や対象となる障碍に対して「正確な知識」を得て、冷静に判断するための援助を受けるのが重要なのは言うまでもない。だが、胎児の病気を知り出産するかどうかを決めるということは、その子どもと家族として関係を結び、さらにこの社会で育てるかどうかを予測し判断することである。中絶した場合も、女性はその後の人

生で中絶するべきだったのか繰り返し自らに問う。そう考えれば、遺伝カウンセリングは妊娠期および周産期の限られた期間ではなく退院後もカバーする期間の長い社会的ケアを視野に入れたものでなくてはならないだろう。

```
                自然科学的
                   │
        医療モデル │ 予防／環境モデル
                   │                 個体を取り巻く
「個体」に注目 ────┼──────── 「環境」全体に注目
                   │
        心理モデル │ 生活モデル
                   │ ～コミュニティ・社会
                   │ 全体のあり方
                   │
              人文・社会科学的
```

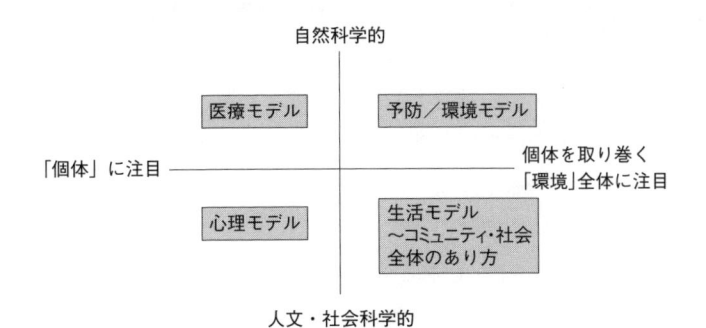

図1 「ケアのモデル」の全体的な見取り図（広井、2009：210）

　社会保障の専門家であり生命やコミュニティについても多数の論考にある広井良典は「ケアのモデル」の全体の見取り図を図1のように描いた。現在実施されている「遺伝カウンセリング」は「個体」を扱う「医療モデル」「心理モデル」の領域であろう。個体を取り巻く「環境」全体に注目した場合、自然科学的な領域としての「予防／環境モデル」は環境省が実施しているエコチル調査や横浜市立大学先天異常モニタリングセンターにて継続されている日本産婦人科医会先天異常モニタリング調査が該当すると思われる。そして、「生活モデル」には、障碍をもった人びとが生きる生活の場やコミュニティのあり方を問うような調査、研究、および活動が該当するのではないか。現在、出生前診断における遺伝カウンセリングを念頭においた、こういった研究は国内には多くないが、ダウン症のみならず先天異常合併児家族のピアサポートは多く存在し、インターネットを通じたコミュニティも形成されている（加古、2013, pp 341-344）。

　これまで、出生前診断の議論は検査を受けたい妊婦対障碍者団体という構図でなされてきた。母体血清マーカー検査が社会問題になったとき、障碍者団体は検査の蔓延を恐れ、結局厚生省（現・厚生労働省）は情報を「積極的に提供しない」という方法をとった。しかし、先述したように超音波検査技術の向上

や妊婦の情報環境の高度化により、もはや情報流出は止められないだろう。もちろん、こうした検査を妊婦が求めているのかは、その態様が明らかになっているとは言えず、このテーマでのさらなる調査および研究が求められる。臨床研究という名目で新たなスクリーニング技術が開発されるなかで、「遺伝カウンセリング」をどのように位置づけるかがこれから重要になってくる。

　こうした検査を実施する前提として、妊婦と胎児の双方を支える社会を構想する力が試されるのではないだろうか。もし、マイノリティといわれる障碍をもつ人びととの共生を構想するのであれば、「遺伝カウンセリング」の中に障碍をもつ子どもがいかに育ち、育てている親たちが何を思っているのか、といった内容が「必要な情報」となる。柘植はアメリカで2008年に施行された「出生前および出生後に診断される障碍についての理解を促す法律（Prenatally and Postnatally Diagnosed Conditions Awareness Act）」を例にとり、出生前および出生後の検査を実施する際に医師が提供しなければならない情報内容の中にダウン症の人についての身体的側面、発達、教育、心理的側面などが含まれていることを紹介している。こうした内容を情報として提供することは、多元的な共生社会を構想するなかで妊婦の社会的なケアとして提供されるべきものである。母体血清マーカー検査が社会問題となった後、遺伝カウンセラーである田村は当時の遺伝カウンセリングの状況を次のように憂いた。「現実には、遺伝カウンセリングは、望ましくない出生前診断の歯止めの機会ととらえられている感がある。しかし、それは遺伝カウンセリングの行われる個別のケースにおいてプライベートな判断をサポートする代わりに、個人の事例に社会的な議論をあてはめたり、医療者が来談者よりも『望ましい』判断ができると考えたりしていることによる混乱と思われる」（田村、2007, p89）。田村の指摘する通り検査実施の歯止めとしての「遺伝カウンセリング」は批判されるべきであると同時に、「遺伝カウンセリング」が検査実施を推進する際のアリバイになってはならない。そのために妊婦が最も動揺し心身ともに苦境に立たされるときに寄り添う「遺伝カウンセラー」が心理社会的な援助を行う一方で、先述した障碍者関連団体や出生前検査に関わる当事者団体など、その後フォローを含めたケアを実践する多様な援助機関が想定されよう。デンマークで出生前検査の「遺伝カウンセリング」について調査を行ったSchwennesenとKochは医師カウン

セラーが「非指示的」であることの限界を示した上で、医療の枠にとどまらないケアの理念が「遺伝カウンセリング」には必要であり、クライアントへの「対応への関心から介入への関心へ」（Schwennesen and Koch, 2012, p133）と移っていくべきだと唱えた。妊娠する女性たちに広がるであろうこの新たな経験を支えるのは「遺伝カウンセラー」だけではないはずである。「遺伝カウンセラー」に任せておけば問題は解決するという風潮があるとすれば、それは妊婦や障碍をもつ人びとの生活への想像力を矮小化させてしまうだけではなく、「遺伝カウンセラー」に必要以上の重荷を負わせるようにも思うのである。

おわりに

「安全なお産」と「健康な赤ちゃん」への希望は渇望へと変わり、その行先は望んだ赤ちゃんの誕生と妊娠中絶へと分岐している。「遺伝カウンセリング」を伴いながら、私たちはこれからも胎児についてより多くの情報を得ることになるだろう。出生前診断の普及したアメリカやイギリスでは、胎児の「異常」を知り、生命の予後を承知した上で出産するという女性たちも出てきている（The Boston Women's Health Book Collective, 2005; Locock L・Crawford J, 2005）。彼女たちは、「赤ちゃん」の出産を経験し、家族も短い時間ではあるが、胎児と関係を結ぶことができた。子どもの死に対するこうした新たな関係性を視野に入れ、障碍をもった子どもを誰もが出産する可能性があるという事実を社会は咀嚼していくことになるだろう。障碍者との新たな共生社会は、私たちの「選択」から生まれた社会である。「遺伝カウンセリング」は医療の枠にとどまる行儀のよい作法ではなく、様々な立場の妊婦や家族そして関連する人びとの利害の対立の中で迷走しながら形づくられていくものであってほしい。

注
1 2012年8月29日付『読売新聞』朝刊で「妊婦血液でダウン症診断」という記事が掲載された。「国内5施設で9月から臨床研究として実施される予定」「検査費用に保険がきかないため20万円前後の見通し」と書かれている。対象は「染色体異常の確率の高まる35歳以上」としている。
2 2012年11月13日に日本産科婦人科学会が新型出生前診断の導入をめぐって公開

シンポジウムを開催した。この中で、国立成育医療研究センター周産期センター長である左合治彦は、年齢によって的中率が異なること、偽陰性（本来は陽性であるはずなのに結果が陰性になること）とともに偽陽性（本来は陰性であるはずなのに結果が陽性になること）もあることを述べた。翌日、2012年11月14日付『読売新聞』がこのことを報じた。

3　日本では胎児の障碍を理由とする中絶は法的には許されていない。また、刑法堕胎罪で堕胎は禁止されている。しかしながら、母体保護法によって妊娠22週未満であれば「経済的理由」や「母体の身体的理由」（母体保護法第14条の1）、あるいは「暴行若しくは脅迫によって又は抵抗若しくは拒絶することができない間に姦淫されて妊娠した」（母体保護法第14条の2）場合にかぎり母体保護指定医による堕胎が許されているが、母体保護法に「胎児の理由」による中絶を認める「胎児条項」は明記されていない。従って選択的中絶は「経済的理由」や「母体の身体的な理由」の拡大解釈によって実施されてきた。法学者である中谷瑾子はこうした状況について「障害の重い子を産めば、それで治療費がかかる、母親は、その治療にいろいろと肉体的にも精神的にもショックを受ける、労働が増える、ということで、結局は健康を害するということになりますので、現在の優生保護法14条1項4号（身体的または経済的理由）に当たるということが可能だろうと思います。そのような解釈は拡大解釈であって許されないという人もおりますが、現実にはそれで処理されているようです」と述べている（中谷、1999,pp16-17）。

4　選択的中絶についての倫理的問題についてはこれまでも議論が繰り返されてきたが、中絶に全般については結論が出ているとは言い難い。例として、アメリカではカトリックを代表とするプロライフ派と、女性の自己決定を標榜するプロチョイス派の対立があげられる（荻野、2001）。個人の意識も国によって大きく異なっている（内閣府、2005）。加えて、選択的な中絶をいかに捉えるかという観点がある。障碍者に対する去勢手術の強制などは優生的だとされるものの、WHOでは個人の意思による中絶は優生学ではないと見解を示している（WHO、2003）。日本ではそれは個人化された優生思想であるという批判も大きい（米本ほか、2000）。

5　鈴井は助産師としての経験といくつかの調査から超音波診断を受けることが妊婦にとって胎児への愛着を深める効果があることを示している（鈴井、2011）。また拙著では妊婦向け雑誌に超音波写真が多用され性別判定をはじめとした妊婦の楽しみとしても流用されていると指摘した（菅野、2007）。

6　1976年に刊行された『胎児の環境としての母体』では、受精卵から乳児として成長するまでを、手際よく説明しているが、特に妊娠期においては「胎児には母体が最大の環境」として、自然流産の胎児に先天性異常が多く見られること、母親と胎児の出血の両方が胎児にとって異物となり成長を妨げることなどが述べられている。また、妊婦の貧血は、胎児にとっては酸素欠乏状態であり致命的であ

ることも指摘されている（荒井、1976, pp95-101）。
7 1967年に、スイスのハンマッカーとヒューレットパッカード社の共同で胎児ECGモニタ装置（HP-8020A）が開発され、日本に輸入許可されたのは1971年であった。その後、1974年に胎児心拍数の記録に実時間自己相関計が導入され、胎児心拍数の臨床的処理が一変した。臨床を担う産婦人科医で構成される、日本母性保護産婦人科医会が日母型分娩監視装置規格をいう規格をつくり、東芝製の日母型分娩監視装置が承認されたのは1975年である（佐藤、1999,pp18-19）。ここから、学会をあげての普及活動を垣間見ることができる。
8 日本の先端医療機器の設置数は非常に多い。兪は、Ｇ７諸国でのCTスキャナー設置数を比較した結果、1990年以降、一貫して日本が突出して高い水準であると指摘する。そして「ハイテク医療代名詞」と言えるアメリカの６倍以上、また対GDP比の総医療支出で日本と並んでＧ７中最低レベルの英国の13倍以上である（兪、2006, pp71-72）。ここで、兪は、「先端医療技術についても人口当たりの医師数と同じく、その普及率が高ければ医療の質は高くなると期待される」（前掲書、p70）と説明するが、患者の負担する検査料、また身体にかかる負担などから、必ずしも患者の満足度が上がるとはいえない面もあるだろう。これには、1970年代に日本政府が先端医療機器の普及を積極的に推し進めており（鈴井、2004）、それ以来「良い病院には先端医療機器がある」という意識が、医療そして患者にも生まれ、現在まで継続されていると思われる。
9 日本胎児心臓病研究会のWEBでは「生まれつきの心臓に疾患（先天性心疾患）は出生児の約１％にみられ、大部分は原因不明です。多くは軽症ですが、出生直後に生命の危険に直面する疾患もあり、出生前の正確な診断と治療計画が予後を改善する事が知られています。」と、出生前の診断が出生後の迅速な治療へと結びつくことを指摘し、出生前に胎児が心臓病と診断された女性たちの声を紹介している。これは、どれも「はじめからわかっていて良かった」という内容のものである（日本胎児心臓病学会、2013）。また、日本小児外科学会では新生児の外科手術が増加するなか、約27％の乳児が出生前診断を受けており、「(出生前診断を受ければ) 生まれる前に赤ちゃんの手術ができる施設にお母さんが転院されたり、出生時に小児外科医が立ち会うことができます。出生前診断されますと、赤ちゃんを出生直後から治療を開始することができ、治療成績が向上します。」と、その有用性を述べている（日本小児外科学会　1995）。
10 NTはNuchal Translucency の略である。専門的には胎児の後頸部に見られる皮下の液体貯留像である。NTの厚さにより、染色体異常や心臓の異常などの可能性が把握できるとされている。しかし、頸部の浮腫の測定は容易ではなく、産婦人科の健診で疑いがあるとされた場合は、高度の医療機関に紹介され、専門家による精密な検査を勧められることもある。

11　梶井が1970年から2006年にかけての出生数、35歳以上の妊婦の出産数、ダウン症児の出生数の関係を調べたところ、出生数が年々下がる一方で35歳以上の妊婦の出産数は上昇し、2006年には35歳以上の妊婦の割合は17.7%になっていた。それに伴って、ダウン症児の出生数も微増しており出生数1000対で1.77である。35歳以上の妊婦に対する割合は同年で50.9%となっている。このことは羊水検査などの出生前診断を受けている妊婦が日本ではそう多くないことを示している（Kajii、2008）という。

12　絨毛検査は1973年にKullanderらによって経腟から絨毛採取されたのが初めての症例である。日本における症例数は2008年で羊水検査の0.25%と少ないが、妊娠初期に採取が可能なため、NT測定を含めた妊娠初期スクリーニング検査が行われるのに伴って件数が増加していると推定される（佐々木・和田・左合、2013; p291）。ただし、検査できる施設は限られている。経腟の絨毛検査には羊水検査よりも流産の副作用が起こる確率が高いとされているが、10週未満の早期ではなく11週以降の施術で、経腹での手技とすることで、羊水検査と同等のリスクに抑えることができるという指摘もある（夫、2012, pp1106-1107）。

13　この「見解」は妊婦に誤解を与えるような説明書や検査体制を危惧して検討された内容であるものの、「情報を積極的に与えない」ことで検査の蔓延を防げるという意図もあったものと思われる。妊婦の積極性や主体性に対して低い評価がなされたと判断できる（菅野、2005; 斎藤、2013）。

参考文献

荒井良（1976）『胎児の環境としての母体——幼い生命のために——』岩波新書。

Armstrong Natalie and Eborall Helen, "The sociology of Medical Screening Critical Perspective, New Directions" Wiley-Blackwell pp121-135.

独立行政法人国立成育医療研究センター「2013年10月に新聞報道された出生前診断について（13/12/27）」http://www.ncchd.go.jp/hospital.php （2014年1月1日アクセス）。

富士見産婦人科病院被害者同盟・富士見産婦人科病院被害者同盟原告団編（2010）『富士見産婦人科病院事件——私たちの30年のたたかい』一葉社。

藤田真一（1979）『お産革命』朝日新聞社。

広井良典（2009）『コミュニティを問いなおす——つながり・都市・日本社会の未来』ちくま新書。

石原力（1999）「帝王切開の歴史」『産婦人科の世界』医学の生活社。

石井桂介（2013）「双胎間輸血症候群に対するレーザー手術と適応拡大——胎児鏡下レーザー手術の適応拡大」『医学の歩み　胎児治療の最前線』Vol.244 No.3 pp205-208, 医歯薬出版株式会社。

加古結子（2013）「先天異常合併児家族の peer support」『周産期医学』Vol.43, No.3. 東京医学社.

Kajii Tadashi (2008) Predicted Prevalence of Down Syndrome Live Births in Japan, 1970-2006. *American Journal of Medical Genetics* Part A 146, pp1387-1388.

厚生労働省（2008）「医療施設調査」（平成20年）.

http://www.mhlw.go.jp/toukei/saikin/hw/iryosd/08/index.html（2013年9月27日アクセス）.

Locock L, Crawford J.（2005）*The Parents' Journey: continuing a pregnancy after a diagnosis of Patau's syndrome.* BMJ; 331; pp1186-1189.

松岡悦子（2007）「『帝王切開』という選択」松岡悦子編『産む・産まない・産めない女性のからだと生き方読本』講談社現代新書.

メルクマニュアル第17版　WEB http://merckmanual.banyu.co.jp/cgi-bin/disphtml.cgi?c=%A5%C0%A5%A6%A5%F3%BE%C9&url=18/s247.html#x03　（2013年9月27日アクセス）.

内閣府（2005）「少子化社会に関する国際意識調査」（平成17年）.

http://www8.cao.go.jp/shoushi/cyousa/cyousa17/kokusai/（2013年9月27日アクセス）.

中谷瑾子（1999）『21世紀につなぐ生命と法と倫理――生命の始期をめぐる諸問題』有斐閣.

日本医学会（2011）「医療における『遺伝学的検査・診断に関するガイドライン』の概要」.

http://jams.med.or.jp/guideline/genetics-diagnosis.html（2013年9月30日アクセス）.

日本産科婦人科学会・日本産婦人科医会（2011）「NT肥厚が認められた時の対応」『産婦人科診療ガイドライン―産科編2011』pp54-58.

http://www.jsog.or.jp/activity/pdf/gl_sanka_2011.pdf（2013年9月27日アクセス）.

日本小児外科学会WEB（1995）http://www.jsps.gr.jp/public/change.htm（2013年9月27日アクセス）.

日本胎児心臓病学会 WEB（2013）http://www.jsfc.jp/diagnosis/index.html（2013年9月27日アクセス）.

新村　拓（1996）『出産の生殖観の歴史』法政大学出版局.

NIPTコンソーシアムホームページ（2012）http://www.NIPT.jp/index.html（2013年9月30日アクセス）.

ラジェ，ミレイユ（1982=1994）藤本桂子・佐藤保子訳『出産の社会史―まだ病院が無かったころ』勁草書房.

荻野美穂（2001）『中絶論争とアメリカ社会　身体をめぐる戦争』岩波書店.

夫律子（2012）「絨毛検査（CVS）」『臨床婦人科産科　出生前診断の新しいトレンド』

Vol.66 No.12, p1103-1112.

流産・死産経験者で作るポコズママの会（2007）『ともに生きる たとえ産声をあげなくとも』中央法規出版.

斎藤有紀子（2013）「出生前診断について、今、確認しておきたいこと」『助産雑誌 女性と出生前診断 助産師の役割』Vol.67, 医学書院、pp382-386.

佐村修（2012）「母体血清マーカー」『臨床婦人科産科 出生前診断の新しいトレンド』Vol.66, No.12, p1115-1119.

Sasaki A, Sawai H, Masuzaki H, et al（2011）Low prevalence of genetic prenatal diagnosis in Japan. *Prenat Diagn,* 31. pp1007-1009.

佐々木愛子・左合治彦（2012）「日本における出生前診断の現状 〜追加調査による詳細検討〜」『日本遺伝カウンセリング学会誌』Vol.33, No.2, p78.

佐々木愛子・和田誠司・左合治彦（2013）「確定診断法と結果の解釈——羊水検査、絨毛検査」『周産期医学 染色体異常と先天異常症候群の診療ガイド』Vol.43, No.3. 東京医学社.

佐藤孝道（1999）『出生前診断 いのちの品質管理への警鐘』＜有斐閣選書＞ 有斐閣.

佐藤恒二（1935）「我邦に於ける帝王載開術の鼻祖伊古田純道翁の遺跡を訪ふ」『中外医事新報』.

澤井英明（2013）「出生前診断のいま——妊娠初期スクリーニングと母体血を用いた新しい出生前遺伝学的検査を中心に」『医学のあゆみ 最近の出生前診断をめぐって』Vol.246, No.2. 医歯薬出版株式会社.

Schwennesen Nete and Koch Lene（2012）Representing and intervening: 'doing care in first trimester prenatal knowledge production and decision-making.'

師田信人・萩原英樹（2013）「脊椎髄膜瘤に対する胎児手術——現状と課題」「双胎間輸血症候群に対するレーザー手術と適応拡大——胎児鏡下レーザー手術の適応拡大」『医学の歩み 胎児治療の最前線』Vol.244 No.3, pp224-232. 医歯薬出版株式会社.

出生前診断の告知のあり方と自己決定の支援について考える 泣いて笑って（2004年開設）http://www15.ocn.ne.jp/~nikomama/（2013年9月30日アクセス）.

Souka AP, Krampl E, Bakalis S, et al（2001）Outcome of pregnancy in chromosomally normal fetuses with increased nuchal translucency in the first trimester. Ultrasound Obstet Gynecol ; 18: 9-17（Ⅱ）.

菅野摂子（2005）「母体血清マーカー検査の受検と決定要因」『保健医療社会学論集』第15巻2号、保健医療社会学会、pp80-93.

菅野摂子（2007）「知らないことは可能か——超音波検査における胎児の認知と告知」根村直美編著『健康とジェンダーⅣ 揺らぐ性・変わる医療ケアとセクシュアリティを読み直す』明石書店.

鈴井江三子（2004）「超音波診断を含む妊婦健診の導入と普及要因」『川崎医療福祉学会誌』Vol.14 , No.1. pp59-70.

鈴井江三子（2011）『超音波診断と妊婦──出産の医学的管理が身体感覚・胎児への愛着におよぼす影響─』明石書店。

田村智英子（2007）「新しい遺伝カウンセリングのあり方を考える」『遺伝診療をとりまく社会──その科学的・倫理的アプローチ』ブレーン出版、pp79-101.

The Boston Women's Health Book Collective（2005）"OUR BODIES, OURSELVES: A New Edition For A New Era"

柘植あづみ・菅野摂子・石黒眞里（2009）『妊娠　あなたの妊娠と出生前検査の経験を教えてください』洛北出版。

柘植あづみ（2013）「出生前診断と中絶：選択に必要な情報とは」『医学のあゆみ 最近の出生前診断をめぐって』Vol.246, No.2. pp176-180.

WHO（2003）"Review of Ethical Issues in Medical Genetics"

兪炳匡（2006）『「改革」のための医療経済学』メディカ出版。

米本昌平ほか（2000）『優生学と人間社会』（講談社現代新書）講談社。

第10章　被災地支援を通して構想する多元的共生社会

河東田　博

はじめに

　2011年3月11日14時46分、筆者は、世田谷の娘一家宅に向かうための準備をしていて、突然大きな揺れに遭った。筆者はマンションの3階に住んでいるため、高層階の人たちほどの揺れを感じなかったものの、書棚から多くの本が崩れ落ち、タンスの引き出しが飛び出してきたのを必死に押さえいた。2度目にさらに大きな揺れがやってくるとさすがに立ってはいられなくなり、机の下に潜り込んだ。揺れが多少収まり、崩れ落ちたものや飛び出したものを片付け、約束していた娘宅へと車で向かった。途中まで車も順調に動いていたが、幹線道路（筆者の場合は甲州街道や環状八号線）に入ると突然大渋滞に巻き込まれてしまった。カーラジオからは津波被害の情報が流れ、悲惨な様子が手に取るように伝わってきた。いつもは1時間程度で行くことのできる娘宅へは5時間近くもかかってしまった。何とか娘宅へ辿り着くと、娘がテレビを観て「観て観て！　大変よ！」「酷い！」と叫んでいた。都心に出かけていた筆者の連れ合いは、都心から電車を使って帰れなくなり、徒歩を与儀なくされた。娘宅から出た筆者と中間地点の駅付近で待ち合わせをしたものの、なかなか出会えず、彼女は都心から5時間以上も職場の同僚と歩いてやって来た。携帯もつながらず、待ち合わせ場所で辛抱強く待っているしかなかった。筆者の実家（宮城県仙台市）ともなかなか連絡がつかず、連絡がついたのは数日後ライフラインが復旧してからであった。

　大災害を知っていち早く被災地に支援に出かけて行った人がいたに違いない。心の中で被災者の無事や被災地の一日も早い復活を祈り続けた人もいたに違いない。被災地にいる家族や親族・友人・知人の安否を心配しつつも、諸事情で大地震直後から外出を制限され、悶々とした日々を送っていた人もいたに違い

ない。義援金を送った人も、物資調達の手伝いをした人も、現地にボランティアをしに行った人もいたに違いない。

　やがて友人・知人宅が一部損壊・半壊・全壊になっていたり、沿岸部に住んでいる人たちの中には津波の犠牲になった人たちもいることなどが少しずつ分かってきた。そして、メディアを通して、ライフラインの断絶、物資確保の困難さ、人間関係の断絶・孤立化、集団疎開、行政機能不全、原発事故による放射能汚染、街・環境の破壊等々の実態が伝えられるようになってきた……。

　本稿では、東日本大震災が発生してから間もなく3年が経とうとしているが、筆者または筆者たちが2011年4月以降取り組んだ幾つかの試みを紹介しながら、被災地における障害のある人たちへの関わりを通して見えてきた限界や課題を拠り所に、多元的共生社会を構想するためにはどうしたらよいのかを、序章（総論）に示した「多元的共生社会の構築」、特に、「『多元的共生社会の質的構築』向上のための条件」（「生活基盤の整備」「機能性」「個別の支援」「心理的前提条件」「社会からの反応」）と関連づけて検討していきたいと思う。

第1節　人と人のつながりプロジェクトは何ができたか

　まず取り上げるのは、2011年4月末から2012年1月末にかけて学生たちと一緒に行った「人と人のつながりプロジェクト」（正式名称は、「人×情報＝∞プロジェクト」）の活動内容と結果の概略である。『人×情報＝∞プロジェクト研究報告』から適宜抜粋し、筆者の言葉に直しながら記していこうと思う。

1　プロジェクト設立の経緯

　コミュニティ福祉学部福祉学科社会福祉士国家資格関連必修科目「相談援助演習」（3年次）初回の話し合いの中で、「（東日本大震災地震・津波の被害者の）力になりたいけれど、何をしたらいいか分からない」。「テレビを観ても地震のことばかり、どの情報が正しいのだろう」などの意見があがり、「人間の幸せを追求する」学びをしている筆者たちにできることとは何かを一緒に考えることになった。

　人と人とのつながりに着目し、被災地を訪れた方々や被災地と関係のある

方々、実際に被災地で生活を続ける方々と関わりをもつなかで復興のための有益な情報を考え、そして、得た情報を発信することで被災地と様々な方々をつなげ、復興支援の一つの在り方として活動していきたいと考えた。それらの思いを集約して「震災被災地との交流やつながりを考える〜人×情報＝∞　今こそつながろう、被災地と〜」というテーマを掲げた。そして、テーマに沿い情報収集、情報発信を活動の柱として状況把握や現地視察、学園祭展示や学内学会発表を行い、コミュニティ福祉学部内の学生企画学習・研究プロジェクト助成金制度にも応募し、学習意欲を高めながら活動に取り組んできた。

2　現状把握

2011年5月から7月にかけ、筆者たちは現状把握をするにあたり信頼性の高い情報を使用するとともに、現地の声も大切にしてきた。そして、現地の状況を知るために主に二つの方法で調査を行った。

一つはプロジェクトメンバーと個人的につながりのある被災地に住む方から電話やメールを通して話を伺うという方法をとった。もう一つは実際に現地を訪問したことのある人から話を伺うという方法であった。この方法では、話を伺う際は質問形式にこだわらず話し手に自由に話ししていただいた。それ以外にも行政のホームページなどを利用した。鉄道、バス、高速道路などの交通情報は各社ホームページを参照した。

実際に話を伺うと、筆者たちの考える「困っていること」と、被災された方が「困っていること」には差があった。このことは、被災地から遠く離れ、被災を経験したことのない筆者たちに「被災地のニーズを簡単にまとめることなどできない」という気づきをさせてくれた。復興を目指す具体的な支援の取り組みのなかで、丁寧に一人ひとりと向き合うことの大切さを教えてくれた。

3　被災地訪問

2011年8月から9月にかけて宮城県仙台市若林地区・閖上地区・荒浜地区、東松島市を訪問した。荒浜地区にあった障害者授産施設「まどか荒浜」では職員1人を亡くしたため、弔いのための位牌が軒下の机に安置されていた。若林地区にあった障害者支援センター「るばーと」では、津波の直接的な被害を受

けたため、津波被害のすさまじさが建物の内外から伝わってきた。偶然お会いした「るばーと」施設長からは、次のような生々しい話を伺うことができた。

　「震災当日、大きな揺れの直後には何が起こったか分からず、ある職員がたまたま携帯電話のワンセグを見たことで津波が迫っていることが分かった。その後、車で何往復もして利用者を避難させ、津波が来る前には全員の避難ができたので、利用者・職員を含めすべての人が無事ですんだ。避難する際、職員は利用者の上着だけは持って逃げた。3月のまだ寒い時期だったため、もしその時何も持たずに避難していたら一晩過ごすことも難しかっただろう。(2)」

　現地に足を運び、想像を超える現状を目の当たりにし、あまりの凄惨な状況に言葉が出なかった。しかし、現地のこの状況を筆者たちなりに言葉にして伝えていかなければならないと考えた。震災から半年近くが経っていた訪問当時、新聞やテレビの報道では復興の進む姿が映し出されていたが、それはあくまでもごく一部であり、現実はまだまだ復興が進んでいないところがたくさんあることに気づかされた。現地訪問では地震被害に遭った社会福祉法人・つどいの家の事業所数カ所で障害のある方々とともに日常活動に参加させていただいた。天井が崩落したため建物を使えなくなった事業所では、屋外の空き地や使用可能な部屋の狭いスペースを利用しながら日常の活動を行っていた。職員の中には、家が流されてしまったため仮設住宅から通って来ている方や家族を亡くされた方がおられることも分かった。現地の方々と接することで、生活の中に残る震災の傷跡や影響の大きさを感じさせられ、恐怖感や不安感など、目に見えない、心理的な部分にこそケアが必要なのだと気づかされた。津波による被害と地震による被害では補償額が異なることやいつどのような形で補償がなされていくのかなど、不明な課題が山積していることにも気づかされた。障害をもって生きることや障害のある方々を支援すること、災害時に障害のある方たちに起こる様々な困難があることを知った。そして、筆者たちに何ができるのかを考えていくきっかけとなった。また、テレビや新聞等のメディアを通して見るより身近な人たちからの話であったためか、被災地の現状が他人事ではなく身近なものに感じられた。また、より多くの情報を得るためには、あらかじ

め情報を集めて質問等を考えておき、問題意識をもっておくことの重要性を再確認することができた。

4　各種アンケート

2011年10月から11月にかけ、震災後どのような手段を用いて情報を得ていたのかアンケート調査を実施することになり、無料アンケート作成サイトで、アンケート（9項目）を作成し回答を求めた。その結果、2011年10月22日〜11月9日の間133の回答をいただき、立教大学学園祭IVY Festaの展示発表で公開した。結果の詳細は省くが、多様な考えを収集することができ、情報発信につなげられた。

なお、IVY Festaで展示をした際、筆者たちが発信した情報とそのまとめから何を得られたかに答えていただくために、アンケートを実施した。IVY Festaには幅広い年代・職種の方が訪れてくれたため、多くの貴重な意見をいただくことができた。

5　情報発信

直接的なつながりのない人にも情報は発信することができる。そこで、情報発信に有効なtwitterも利用することにした。活動の進行報告や感想、写真なども投稿していくうちに少しずつではあるがフォロワーを増やすことができるようになっていった。また、IVY Festaでは来場者用のアカウントを開設し、来場者にも感想や意見を投稿していただいた。

2日間合わせて350人以上の方が、展示室に足を運んでくださり、来場された方々と話をすることもできた。熱心に展示を見て質問してくださる方や、実際にボランティアに行って、見てきたことを話してくださる方、展示の感想を話してくださる方と、様々な方と出会うことができた。

IVY Festa は、ご家族で来られた方々もいた。中には、お子さんが怖がり、入るのを止める方もいた。一方で、展示を見飽きてしまったお子さんに対してご家族の方が、「しっかり見ておきなさい」と話をしておられる方もいた。他にも、「実際に被災地に行ったことがあります」と話しかけてくださる方や、行ったときの感想、福祉施設は今どのような状況なのかなど、積極的に質問し

てくださる方もいた。筆者たちの見てきたこと・想いを受け止めてくださる方がたくさんいるのだと実感した。

6　考察

　筆者たちの考える復興とはどのような形を指すのか。実際に、被災地に行きボランティアをする時間はあまりに短かったが、それ故に筆者たちなりに復興支援の形を考えることができた。その結果、「ボランティア先に障害者施設を選び、障害のある方々の生活と震災復興への活動を結びつけて考えることができた」。「実際に震災の被害を受けた方々の話を伺う機会が得られたことで、新たなつながりができた」。「文化祭、twitterなど、筆者たちにしかできない発信の仕方ができた」。「情報発信によって、多くの方々のきっかけづくりに貢献できた」。という整理を行うことができた。

　情報収集をしたときに、被災地の方々は何が不足しているのか、それが分かれば筆者たちにできることが見つかるかもしれないと予測した。しかし、地域による支援物資の格差や地域によって、個人によって、必要としているものに違いがあることに気づかされた。各地域を知ること、そこに住んでいる方々を知ることは支援において不可欠な要素だった。そして、実際に現地に行き、障害のある方々の生活の変化、施設の活動の変化、今後の復興への想いなど、多くのことを知ることができた。障害のある方々と関わり、職員の話を聴くことで、筆者たち自身が感じたことを自分たちの情報としてもって帰ることができた。同時に、新たなつながりをもつこともできた。様々な形で情報を発信することにより、多くの方々が震災を考え直すきっかけとしてくれた。その意味で、筆者たちの活動はきっかけづくりの場を提供できたと考えることができた。

7　「多元的共生社会の質的構築」向上のための条件との関係

　上記したことから分かるように、多くの人たちとの出会いや学びの成果を様々な手法を駆使して公表し多くの人に届けるという取り組みがダイナミックになされていたものの、「人と人のつながりプロジェクト」活動を「『多元的共生社会の質的構築』向上のための条件」と照らし合わせてみると、「社会からの反応」に多少アクセスすることができたものの、「環境の整備」や「機能性」

「個別の支援」「心理的前提条件」には結びつかず、「多元的共生社会の質的構築」向上にはなっていなかった。

第2節　陸前高田市障がい者福祉計画／第3期陸前高田市障がい福祉計画で何ができたか[(3)]

1　計画策定プロセス

　次に取り上げるのは、筆者が立教大学東日本復興支援本部陸前高田支援教員プロジェクトの一員として2012年11月から行ってきた陸前高田市の障がい者福祉計画／障がい福祉計画策定への関わりである。陸前高田は街ごと跡形もなくなり、多くの方が亡くなった。市役所職員の多くも被害に遭われ、亡くなられた。市庁舎の大半が水に浸かり、市庁舎内に保管されていた住民に関わる書類も流失した。当然ながら障がい者福祉計画／障がい福祉計画に関わる資料も基礎データも全てなくなった。行政機能が破壊・停止し、今なおマヒしている状態である。担当部署の社会福祉課障がい福祉係の職員も全員交代した。担当係長は、どのように情報を収集・整理し、どのような考え方に基づいて障がい者福祉計画／障がい福祉計画を策定していったらよいのかが分からずに途方に暮れていた。そんな時に計画づくりへの協力を依頼された。何度かこの種の計画づくりに関わっていた筆者は、喜んで引き受けることにした。ほとんど何もないところから計画をつくらなければならなかったが、社会福祉課障がい福祉係の支援を受け、現地の方々に助けられながら2013年3月末に何とか形にすることができた。

　以下、2012年-2014年度陸前高田市障がい者福祉計画／第3期陸前高田市障がい福祉計画で重要と思われる箇所を取り上げ、この計画づくりが「多元的共生社会の質的構築」向上の諸条件とどう関係しているのかを見ていきたい。なお、計画本文ではその多くを「です・ます」調で記したが、本稿では全て「である」調で記す。

2　計画の柱・方向と展開・重点施策

　少子・高齢化などの陸前高田市が抱える根本的な課題や地場産業の振興、東

京電力福島第一原発事故発生以来問われているエネルギー・環境問題などの地球的な課題への取り組みなど、陸前高田市を取り巻く状況の変化への対応とともに、未曾有の大震災からの打撃を克服し、市が継続的に発展していくために、まちづくりの目標として、人口規模を２万５千人台に設定し、次のような基本方向に基づいて、「海と緑と太陽との共生・海浜新都市」の創造を目指したまちづくりを進めていくことになった。

①災害に強い安全なまち
②快適で魅力のあるまち
③市民の暮らしが安定したまち
④活力あふれるまち
⑤環境にやさしいまち
⑥協働で築くまち

陸前高田市の障がい福祉施策の取り組みについても、再生・復興計画策定の中で、障害のある人、ない人を分け隔てることなく、共に手を携え、共同での計画策定を目指していく必要があった。

これまで、社会の中で、障害への理解の不十分さや施設整備をはじめとする環境整備の不十分さから、障害のある人を特別視する傾向があった。今後は、「障害者にやさしいまちづくり」「だれもが安心して暮らせるまちづくり」というテーマの中で、公平や平等を醸成し、共に障害があることを意識しないで暮らすことのできる社会を目指すことが求められていた。それは、偏に、日々の生活の中で、バリアフリーを推進し、共に助け合う精神の醸成により、障害のある人もない人も、共に暮らせる共生社会づくりが求められていた。

上述のような思いを込めた計画とするために、五つの「施策の柱・方向・展開」と四つの「重点施策」を立て、これらを具体的に推進していくための体制をつくり上げた。

3　五つの「施策の柱・方向・展開」と四つの「重点施策」

(1) 五つの「施策の柱・方向・展開」

五つの「施策の柱」、及び、それらに付随する施策の「方向」と「展開」を明示する。

ⅰ）ノーマライゼーションという言葉のいらない共生社会の構築
【施策の方向】
　ノーマライゼーションという言葉のいらない共生社会の構築を、「障害者への理解促進」「情報提供とコミュニケーション支援の充実」「社会参加促進と障害者参画」という三つの方向から検討し、どんなに重い障害のある人も人としての尊厳が守られるような市民共生社会を目指す。
【施策の展開】
　「施策の方向」を具体的に検討していくために、障害者自身が中心となる事業を「重点施策1：共生社会の構築」として立ち上げる。

ⅱ）新しい生活環境の構築と地域生活支援の推進
【施策の方向】
　陸前高田市「復興のまちづくり」と並行して障害者の視点から福祉のまちづくりを行い、新しい生活環境の構築を推進する。まちの再生・復興までには多くの時間を必要としているが、一方で、障害のある人たちの生活上の困難さは日増しに大きくなってきている。そのため、これまでの地域生活支援を回復させ、維持・発展の方途を考えていく必要がある。
【施策の展開】
　これまで展開されてきたさまざまな事業の取り組みを基に、①新しい生活環境の構築、②地域生活支援の推進、の二つの側面から地域生活支援を充実・発展させていく。

ⅲ）療育・保育・教育・放課後活動・生涯学習の充実
【施策の方向】
　障害のある人が自分の能力を最大限に活かし、それぞれのライフステージで充実した生活を送るためには、障害の状況と本人の適性に応じた適切な教育の機会を保障することが不可欠である。2007年4月から、障害児教育は心身障がい児を対象とした特別な場での「心身障害教育」から、発達障害も含め多様な障害のある乳幼児・児童・生徒に対して、一人ひとりの教育ニーズに応じて適

切な教育支援を行う「特別支援教育」へと大きく転換した。

　陸前高田市では、一人ひとりが乳幼児から学校卒業まで一貫した計画的な支援を受けられる体制を整備していく。また、保健・医療、福祉、子育て、教育等の関係各課、関係機関等の連携を強化し、総合的な体制づくりを進める。

【施策の展開】

　これまで展開されてきた様々な事業の取り組みを基に、①療育・保育・教育の充実、②特別支援教育の充実、③放課後活動・生涯学習の充実、を図る。

　　ⅳ）雇用・就労の充実・拡大を図る

【施策の方向】

　多くの障害のある人が自身の適性や能力を活かして社会で働くことを希望しており、障害のある人のニーズにあった職場を確保することが課題となっている。このため、就労を希望する障害のある人が適切な職業能力を身につけることができるように、就労移行支援、就労継続支援を推進する。また、職業能力をもつ障害のある人が福祉的就労から一般就労に移行していけるように、就労相談や就労支援を行うとともに、雇用者側の理解を促進して雇用の場や職域が拡大されるように努める。

【施策の展開】

　これまで展開されてきた様々な事業の取り組みを基に、①就労支援の充実、②就労相談・雇用の場と職域の拡大、を図る。

　　ⅴ）保健・医療サービスの充実

【施策の方向】

　乳幼児に対する健康診査や相談・指導を行い、障害の早期発見、早期療育につながるように努める。成人の健康診査等により、生活習慣病等障害の原因となる疾病の早期発見、早期治療につながるように努める。また、自立支援医療や医療費助成制度等により、障害のある人の医療サービスを支援するとともに、保健・医療関係者が障害に関する正しい認識を習得するため、医師会等を通じて必要な情報提供等の支援を行う。さらに、心の病の市民啓発活動の充実を図り、各種保健・医療サービスの充実を検討する。

【施策の展開】
　市が提供している事業を拠り所に、「施策の方向」に沿って保健・医療サービスの充実を図る。

　(2) 四つの重点施策
　五つの「施策の柱・方向・展開」の中でも急ぎ「生活基盤の再構築」を必要とされる事業を三つ立ち上げ、重点施策・事業とした。これらには、「共生社会の構築」「相談支援・権利擁護体制の確立」「市独自の助成制度・ヘルパー養成制度の創設」を位置づけた。また、計画は対象となる人たちにわかりやすく伝えられる必要があり、「わかりやすい要約版の作成」を四つ目の重点施策・事業として位置づけた。

　ⅰ) 重点施策１：事業名「共生社会の構築」
【事業目標】
①社会参加を促進し、だれもが地域で地域の資源を利用し、自由に市内を行き来でき、全ての市民があたりまえに生きていくことのできる（ノーマライゼーションという言葉のいらない）共生社会の構築を目指す。
②市民・行政・事業者が共同して福祉のまちづくりを推進し、地域の住民活動を活性化して、障害者、高齢者、児童、外国人、社会的に支援を必要とする人たちを含めたネットワークを形成する。あわせて、そのような人たちが、福祉政策決定や立案に参加できるようにする。
③余暇活動や社会的活動を通して障害のある人が社会生活を営み、地域で暮らし続けられるような場を広げ、より開放的な社会参加を推進する。
④今後想定される災害に備えるため、障害特性に配慮した対策を図り、地域で安心して自立生活が送れるよう、災害弱者対策を検討し、推進する。
【事業内容】
①2013年４月に障害のある人を中心にしたワーキンググループを立ち上げ、ノーマライゼーションという言葉のいらない共生社会とはどんな社会か、どうすれば共生社会を構築することができるのか、を検討する。
②余暇活動が十分にできるようにするために必要な社会資源を開拓し、事業を

立ち上げられるように支援する。また、障害のある人が市民と交流できる場の設定と社会的活動への参加についても検討する。
③災害弱者対策について具体的に検討し、実施可能なものから進めていくようにする。

ⅱ）重点施策2：事業名「相談支援・権利擁護体制の確立」
【事業目標】
　多数かつ多様な相談支援への対処の仕方やサービスを利用する際のトラブル解決の支援や人権擁護体制の確立に向けて検討を行う。
【事業内容】
　2013年4月に相談支援・権利擁護体制確立に関するワーキンググループを立ち上げ、相談支援・権利擁護体制の確立に向け具体的な検討を行う。

ⅲ）重点施策3：事業名「市独自の助成制度・ヘルパー養成制度の創設」
【事業目標】
　障害のある人に安定して質、量ともに保障する助成制度・ヘルパー養成システムの構築を目指す。
【事業内容】
　2013年4月に「市独自の助成制度・ヘルパー養成制度の創設」に関するワーキンググループを立ち上げ、公的介護を利用しながら、充足されない介護に携わる人を市の独自制度で補完していく制度のあり方を検討する。また、障害のある人の意思を尊重し、その人の送りたい人生を支援する人材の養成、育成の仕方を検討する。さらに、現在JDF（日本障害フォーラム）いわて支援センターが行っている移動・介助支援が継続実施できるよう具体的な検討を行う。

ⅳ）重点施策4：事業名「わかりやすい要約版の作成」
【事業目標】
　障害のある人たちに幅広く活用されるための「わかりやすい要約版」を作成する。
【事業内容】

2013年4月に、障害福祉サービス事業所の知的または精神に障害のある利用者代表によって構成されるワーキンググループを立ち上げ、1年間かけて検討を進める。

4　計画を推進するための体制

　図1にあるように、計画の推進にあたっては、市民および関係当事者が参加した「障がい者福祉施策推進協議会」（陸前高田市長が任命した委員による諮問会議）を設置し、各種施策の進捗状況等の把握・点検・推進をしながら、さらなる課題解決へ向けての検討を進めることにした。また、計画を実行するために、市長からの要請を受け、検討、調整機関として「障がい者福祉施策検討委員会」を設置し、様々な個別課題の検討を深めることで、当事者の立場に立った施策の展開を図ることにした。

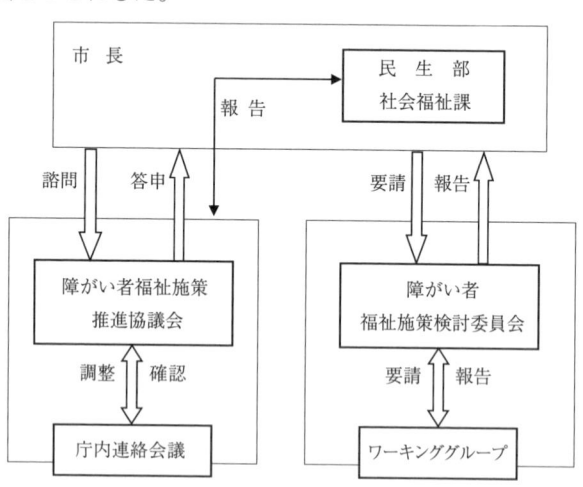

図1　計画の推進体制

　さらに、「障がい者福祉施策検討委員会」の下に、重点施策を検討し、具体化するための「ワーキンググループ」（以下、「WG」）を設置し、「WG」でまとめられたものを市長に報告する機関を設けた。「障がい者福祉施策検討委員会」を通して市長に報告された「WG」の検討結果は、「障がい者福祉施策推進協議会」に報告され、施策推進協議会の重要な検討課題とすることにした。

その際、庁内関係各課の緊密な連携を図り、全庁が一体となって各種施策を進められるよう、「庁内連絡会議」を開催してもらうことになった。

5 計画策定後の動き

　先に「陸前高田市障がい者福祉計画／第3期陸前高田市障がい福祉計画」はそのほとんどが筆者の手によってつくられたと記した。つまり、この計画は、現時点では「絵に描いた餅」でしかないのである。この計画を「絵に描いた餅にしてはならない」と言って下さったのは、策定委員会のメンバーであった。そのため、2013年5月1日に臨時策定委員会を開催し、計画を改めて了承するとともに、その場で即「障がい者福祉施策推進協議会」を立ち上げ、「障がい者福祉施策検討委員会」のもち方やWGメンバーの選出の仕方などについての意見交換を行った。そして、各WGに多くの障害当事者メンバーに加わってもらう目途をつけることができた。

　メンバー選任と調整のための時間を確保するために1カ月近くを準備期間として設け、6月8日、10日に全4WGの第一回目の会合が設けられた。6月8日午前には「市独自の助成制度・ヘルパー養成制度の創設WG」会議が、同日午後には「共生社会の構築WG」会議が、6月10日午前には「相談支援・権利擁護体制の確立WG」会議が、同日午後には「わかりやすい計画づくりWG」会議が開催された。そして「市独自助成制度WG」には12名の委員中半数の6名が障害当事者、「共生社会構築WG」には10名の委員中半数以上の6名が障害当事者、「相談支援・権利擁護WG」には8名の委員中2名が障害当事者、「わかりやすい計画づくりWG」には知的障害当事者（全員6名）が参加した。「わかりやすい計画づくりWG」には1名ずつ支援者が付き添って来ていたが、1対1の支援者なしでも会議が進められることがわかり、今後具体的に1対1の支援者なしでも会議が可能なのかどうかを検討していくことになった。

6 「多元的共生社会の質的構築」向上のための条件との関係

　陸前高田市の場合、これまで障害当事者は「陸前高田市障がい者福祉計画／第3期陸前高田市障がい福祉計画」の策定や重点施策検討ワーキンググループなどにほとんど関わったことがなく（関わっても身体障害者が1名）、今回の

ように4WG中3WGで半数または半数以上の障害当事者が直接計画策定に関わることになったのは初めてである。その意味で、障害者自身の手で「環境の整備」ができる入口にようやく立てたことになる。また、障害当事者には手話通訳者や付き添い支援、通訳支援が1対1でなされており、「個別の支援」が完璧になされていた。結果として、WGの中では「機能性」が高まり、「心理的前提条件」や「社会からの反応」の高まりも見られていた。WGでの活動が社会全体に広がり、「多元的共生社会の質的構築」につながることを願っている。しかし、「多元的共生社会の外的側面からの構築」が今ようやく再スタートしたばかりであり、「多元的共生社会の内的側面からの構築」にまでは到底至っていない。「多元的共生社会の質的構築」を図るためには、今後5年、10年と時間がかかり、「多元的共生社会の質的構築」の向上に到達するまでには気の遠くなるような長年月がかかるかもしれない。

まとめに代えて

　この間多くの心ある団体が独自のネットワークを利用し、被災地の惨状を把握し、いち早く現地に飛び、所属ネットワークを駆使して被災者が必要なものを入手し、届け、被災者が必要とする場を確保し、支援し合う、という作業を続けてきた。支援グループが相互に最も効率の良い役割分担をしつつ、「すきま」をキャッチし、「つなぐ」支援を続けてきた。これらの団体に共通していた取り組みの特徴や主張は、災害弱者をたらい回しにしてはいけない、心地良い居場所をなくしてはならない、孤立させてはならないということであり、復興計画に災害弱者（ネットワークから漏れている人たちも含む）問題を取り入れ、当事者の目線で支援を行い、誰もが必要な支援を受けながらあたり前に生きられる社会・地域づくりをしていく必要がある。しかし一方で、被災以前の災害弱者に対する偏見・差別・排他性などが、震災後の避難所や仮設住宅の暮らしの中で如実に表れてきていたことも心しておく必要がある。

　しかも被災地は東北の沿岸部（片田舎）にあり、伝統的な風習と郷土文化をもつ保守的でよそ者を受け入れにくい固い絆で結ばれた人間関係をもっていた。例えば、筆者たちが2012年9月に行った気仙沼大島セミナーでは、3世代にわ

たる家族が一緒に食卓を囲む習慣をもっており、都会に暮らす人たちには羨ましいと感じる一方で、想像し難い伝統文化を維持している所でもあった。時に余所者を排除し、独自の地域文化をつくり上げてきた所でもあった。同セミナーでは、地域文化を維持し、被災地域の再生・復活に役立てようとする地元出身者の思いと行政側との思いのズレにも直面した。例えば、教員に地元出身者のいない中学校では、中学校の校舎を利用してボランティア活動を展開したいと思っていても、校舎利用（特に週末・祝日）ができないためにボランティア活動が頓挫していた。隣の小学校では学校長が地元出身者だったため、学校長の好意（判断）で校舎利用が可能となり、ボランティア活動が多様に展開され大きく広がっていた。しかし、2013年3月末に退職された学校長に、島内での嘱託教員としての採用が認められず、ボランティア活動の継続が暗礁に乗り上げている。「生活基盤の再構築」が縦割り行政、あるいは、杓子定規の行政対応の壁によって阻まれようとしているのである。

　被災地には古くから培われた人間関係を大切にしようとする人たちが大勢いることを知らされたわけだが、心の拠り所にしていた郷土文化や人間関係が破壊・寸断・分断され、そこに立ち戻れないでいる大勢の人たちがいることも知った。

　筆者は、2012年3月の宮城県東松島市野蒜で出会った老夫人のことが今でも忘れられない。彼女は70余歳だった。夫と子どもを津波で亡くしていた。生き残った息子夫婦とその子どもと仮設住宅で暮らしていた。明るく振る舞う彼女も、亡くした夫と子どものことを考え、毎日塞ぎ込んでいるという。心の支えは、孫の存在であり、孫の保育園への送り迎えだという。しかし、1年経ってもなお、「心の隙間」を埋められないでいるという。彼女と別れる際、筆者は彼女に、「早く心の隙間を埋められるようにして下さい」と声を掛けた。すると彼女は、「私の心の隙間を埋めて！」と言いながら筆者の胸に飛び込んできた。彼女の身内を失った喪失感、心の痛み、悲痛さに私は立ち竦んでしまった。その時、形ばかりの再生・復活ではない一人ひとりの「心の隙間」を埋められるような「希望のもてる」「多元的共生社会の構築」でなければ意味がないことに気づかされた。

　「多元的共生社会の構築」を成し遂げ、その質を向上させていくために筆者

たちがやれることは何か。それは、まず、被災者（被災地）を忘れないということである。常に思い続けることである。被災者（被災地）に寄り添うことである。被災者（被災地）のニーズを受け止め、被災者（被災地）のニーズと摺り合わせ、被災者（被災地）が求める課題を深めていくことである。筆者は今後も陸前高田市障がい者福祉計画／第3期陸前高田市障がい福祉計画の遂行に関わり、共に「多元的共生社会の構築」のための方策を考え、その質を向上させるための歩みを行っていかなければならないと思っている。

なお、被災地における「多元的共生社会の構築」とは、陸前高田市障がい者福祉計画／第3期陸前高田市障がい福祉計画の重点施策・事業とした「共生社会の構築」そのものであり、「高齢者や障がい者などハンディキャップをもつ人ともたない人との支えあいが普通のこととして行われ、地域の中でハンディキャップを意識することなく人生をいきいきと送ることができる(4)」ことを具現化することであろう。それには、この概念に基づいた活動拠点、憩い・集いの場が必要であり、そうした場における支援の手も、支援の体制も必要となる。そのために、「障がい者福祉施策検討委員会」は、各ワーキンググループ（「共生社会の構築」「相談支援・権利擁護体制の確立」「市独自の助成制度・ヘルパー養成制度の創設」「わかりやすい要約版の作成」）から出されたまとめや要望を集約し、四つの課題を示している。障害福祉に限定することなく普遍的なものとするために本稿では筆者なりに「共生社会を支える4条件」を次のように示しておきたい。

　①共生社会を支える人材の育成と啓蒙・広報活動・理解促進
　②共生社会を支える協働の場づくり
　③共生社会を支える相談窓口の設置・相談支援要員の確保
　④共生社会を支える社会資源の共有とネットワークづくり

これらは、「環境の整備」「個別の支援」「機能性」「心理的前提条件」「社会からの反応」といった「多元的共生社会の質的構築」向上のための条件と同質のものであり、障害当事者を含むあらゆる人が求める条件であることがわかる。このことは、「陸前高田市障がい者福祉計画／第3期陸前高田市障がい福祉計

画」の内容の具体化を求めるものであり、この計画の進捗状況そのものが多元的共生社会づくりのある種のモデルともなっていくかもしれない。

（本稿は、河東田博（2013）「生活基盤の再構築と障がい者」『コミュニティ福祉研究所紀要』第1号、pp27-45. 立教大学コミュニティ福祉研究所、p27及びpp34-45部分を加筆・修正したものである。）

注
1　安藤さなえ・井上玖美子・黒澤美緒・斎藤ゆい・坂本佳子・佐藤美友貴・西村綾介・二口恵（2012）『人×情報＝∞〜今こそつながろう、被災地と！〜』立教大学コミュニティ福祉学部「人×情報＝∞」活動報告集編集委員会（指導教員：河東田博）の主要部分を引用・要約した。
2　同上。
3　河東田博（2013）『2012年度〜2014年度　陸前高田市障がい者福祉計画／第3期陸前高田市障がい福祉計画　最終答申』立教大学東日本復興支援本部陸前高田支援教員プロジェクトの主要部分を引用・要約した。
4　同上、「はじめに」より。

終章 「多元的共生社会」の到来を願って

河東田　博

第1節　多様な価値観をもつ人たちとの「共有」「協同」「参画」

　これまで、障害者、高齢者、子ども、妊娠・出産に直面する女性、社会的マイノリティに属する人びとなど、様々な配慮や社会的支援を必要とする人たちが抱えている社会的諸問題（生活、労働、余暇、貧困等）を取り上げ、そうした社会的諸問題をどう捉え、どのように対処していったらよいのかを検討してきた。これまでに示された考え方や実践、実践から浮かび上がってきた問題や課題にどう向き合っていったらよいのかを、「多元的共生社会」を構築するための諸条件と照らし合わせながら検討し、「多元的共生社会」を構想していきたい。そのためにも、まず、私たちの暮らす社会がどのように営まれ、様々な配慮や社会的支援を必要とする人たちと向き合っているのかを見ていくことにしよう。

　序章で、「多元的共生」を「すべての人が隔てなく、差別されることなく、多様性こそを認めあい、独自の価値観や生活様式に互いに誇りをもち、尊厳と自由の中で生きる権利を有し、意思への参加と、社会発展の成果を享受することができるようにすること」と定義づけたが、「多元的共生」は「多様な価値観」を「共有」し、「協同」「参画」しながら共に歩むことが求められる概念だと整理することができよう。そこで、まず、「多元的共生」の源をノーマライゼーション原理に求め、「多様な価値観」をもつ人たちが社会にどのように受け入れられ、どの程度「共有」「協同」「参画」し、共に歩んでいくことができていたのかを見ていくことから始めたい。

　ノーマライゼーション原理が社会的評価を受け始めた当初（1940年代半ばから1960年代にかけて）、ノーマライゼーション原理は、一般市民と同じような生活条件を提供していくという同化的な側面が求められていた。しかし、次第に、ありのままの個人が尊重される異化的な側面へと発展していった。そして、今

日では、その輪をさらに広げ、多文化・多民族までをも含む多様な価値を認め合うグローバルな視点でものを考える共生的な側面(3)へと変化してきている。このことは、「共に生きる」主体を単にグローバルにするだけでなく、私たちが生きているこの社会の中で、手を携えながら「隣人」として向かい合い・関わり合い・学び合い・共感し合いながら「共に生きて」いこうとする考え方が理解され、認識されてきているということを意味している。

　ノーマライゼーション原理の発祥の地スウェーデン（1946年のスウェーデン社会庁障害者雇用検討委員会報告書に、世界で初めてのノーマライゼーションの記述があることを指す）でも、この間多くの虐待や人権侵害が起こっていたはずである。例えば、2001年のウプサラ大学研究チームの報告書(4)や2008年5月にウプサラで行われた「女性への暴力についてのセミナー(5)」で、数多くの女性への暴力・虐待の実態があったことが『季刊・福祉労働』120号で報告(6)されている。被害に遭っている数多くの女性の中には、当然障害のある人たちが含まれていたはずである。そのことを裏打ちするかのように、2008年5月13日付のスウェーデン最多部数を誇る日刊無料新聞『Metro』(7)には、19歳の知的障害のある妻に100人以上もの男性の相手（売春）をさせて金儲けをしていたという44歳の夫が逮捕され、裁判を受けている様子が報道されていた(8)。このような社会的実態があることを知ると、スウェーデンを「共生」社会と呼ぶことに躊躇いを感じる。

　そこで、スウェーデンを「共生」社会、あるいは、「多元的共生社会」と呼ぶことができるかどうかを知る手がかりとして、モーテン・ソーデル（Mårten Söder）のインテグレーションの構造化(9)やラーシュ・シェボン（Lars Kebbon）のノーマライゼーションの評価(10)を援用しながら検討してみたい。

　ソーデルの「物理的」「機能的」「社交的」「社会的」という四つのインテグレーションを構成する要素を「多元的共生」概念に援用すると、それぞれ「物理的共生」「機能的共生」「社交的共生」「社会的共生」と名付けることができるが、その際、それぞれの「共生」の要素を次のように定義付けることができる。

①物理的共生：社会を構成する多種多様な人たちとの物理的な距離が縮められることを意味する。したがって、物理的共生は、社会を構成する多種多様な

グループの人たちが他の人たちと地理的・物理的に接近することを必然的に伴う。

②機能的共生：社会を構成する多種多様なグループの人たちと他のグループの人たちとの間の機能的距離が縮められることを意味する。機能的な距離は、両グループが異なった設備や資源を用いる場合に生じる。また、機能的共生は、広義に資源の共有の問題を扱う。その際、機能的共生は三つの形態に分類される。同じ資源を利用するという意味の「資源の共有」、同じ場で資源を共に利用するという意味の「共存利用」、計画されて共に行われる様々な活動を意味する「協同」である。

③社交的共生：社会を構成する多種多様な人たちと、一般の人たちとの社交的な距離が縮められることを意味する。社交的距離は、相互交流を欠いているという距離と、分離しているという心理的な感情で表される距離を意味する。もし社会を構成する多種多様な人たちが共に地域社会の一員となれば、彼らは社会的に包含されているということができる。彼らがごく自然に仲間に加わり、周りの人たちが彼らもグループの一員だと感じることができれば、彼ら自身もそう感じることができるようになる。

④社会的共生：社会を構成する多種多様な人たちが他の人たちと同じように資源を得、自分がおかれている状況に発言権（影響力・決定権）をもち、他の人たちと共に生産的な役割を果たし、地域社会の一員となることを意味する。

私たちの社会では、これまで「物理的共生」のみが強調されてきたきらいがある。例えば、教育の場[11]では、障害のある生徒をただ単に通常のクラスに入れるだけで終わってしまい、受け入れたクラスには何の変化も起きないでいることが多かった。逆に、障害のある子だとレッテルが貼られ、他の生徒よりも低い評価や価値が与えられ、一緒に活動できるかどうかということのほうが問題にされる傾向があった。何か問題があると、環境を整えるのではなく、障害のある生徒のほうに問題があるとされることのほうが多かった。居住の場についても同様のことが言える。

シェボン（1998）は、スウェーデンのノーマライゼーション原理展開の現状を、ほとんどの知的な障害のある人たちが集団で処遇されていた施設から地域

の中にある普通の住宅の表札や郵便受けのついた個室のあるグループホームへと移り住んでいる状況から、物理的な側面はほぼ完璧に進んでいるが、機能的な側面は物理的な側面ほど進んでおらず、社交的な側面や社会的な側面においては、極めて問題があり不十分であると指摘している[12]。このようなスウェーデンの実態を「多元的共生」概念に援用してみると、スウェーデンでは「物理的共生」はほぼ完璧に進んでいるが、「機能的共生」は物理的な側面ほどは進んでおらず、「社交的共生」や「社会的共生」においては、極めて問題があり不十分であるということになる。このことは、社会を構成する多種多様な人たちを取り巻く物理的な側面に介入し改善していくことはできるものの、機能的な側面や社交的な側面、社会的な側面への介入や改善については多くの課題が残されており、スウェーデン社会は「多元的共生社会」から遠く離れた社会だということを意味している。スウェーデン社会ほど「物理的共生」が進んでいない多くの国々は、一体どのような評価を受けるのであろうか。推して知るべしである。このことを序章で示した「多元的共生社会モデル」にあてはめて整理するなら、私たちの暮らす社会は「排他的管理社会」から脱してきてはいるものの、未だ「排他的自由社会」や「管理的共生社会」に位置づけられる社会なのだということを意味しているのかもしれない。

第2節 「多元的共生社会」を目指すために

1 「多元的共生社会」を目指して生きる

　未だ「排他的自由社会」や「管理的共生社会」に位置づけられる社会に生きている私たちは、それでもなお、「多元的共生社会」を目指して生きていかなければならない。「多元的共生社会」の実現を求めて考えを深め、実践を展開しようとする人たちがおり、その人たちを支えようとする社会があるからである。
　異なる価値観や文化的背景を異にする人たちが、大勢日本で暮らしている。筆者が籍を置く大学の本部がある東京・池袋では、1960年代中頃から、「外国人が目につくようになった」[13]という。そして、「1988年を画期として、中国大陸、台湾、韓国をはじめとする東アジア圏から団塊としてのアジア系外国人が

来日[14]」し、1990年代に入ると、「ニューカマーズとしてのアジア系外国人の生活も安定し、地元日本人との間に相互になじむ関係[15]」が見られるようになっていった。そして、「日本人と外国人との境目があいまいとなり、いわばマージナルな存在としての『日本人』『外国人』が登場してきている[16]」。そして、「いま、外国人とパートナーを組み、なにくれとなく気くばりしている『日本人』[17]」がおり、「いわば黒子役の『日本人』は、友人としての外国人と微妙な間合いとテリトリー（Distancing and Territoriality）を維持しながら、共生・共同の新しい経験を積んでいる[18]」。「共生」「共同」の経験を積み重ねながら、「さまざまな意味での異質・多様性を認め合って、相互に折り合いながらともに自覚的、意志的に築く、洗練された新しい共生・共同[19]」をつくり上げようとしている。

　このような「多元的共生コミュニティ」が都市圏を中心に今日多数見られるようになってきている。この10年近くの間に主に途上国との間で結ばれてきている経済連携協定[20]により人の移動も活発化してきており、日本各地で文化的背景の異なる子どもや大人が共生しながら生活し合う「多元的共生コミュニティ」が数多く見られるようになってきている。そうしたコミュニティで生活する人たちに手を差し伸べる機関も生まれるようになってきている。多くは自分たちの手でつくり上げたNPO法人である。その一つに「多文化共生センター」がある。同センターのホームページをのぞいて見よう。次のような書き出しから始まる。

　「世界のあらゆるところで、グローバル化の動きがますます活発になっています。まず国境を越えた人の動き、モノや情報の動きがあり、さらにそれが人々の価値観や生き方の多様さを生んでいます。もはや地球上には、国籍や民族にとらわれない、無数の『文化』が存在しているといってもよいでしょう。『多文化共生』とは、こうしたさまざまな生き方が共に存在する社会であり、自分が自分らしく生きる社会であると考えます。……社会が『多文化共生』を実現するにはどうすればいいのか。雑木林の多様さと調和を取り戻すにはどうすればいいのか。長い間、『材木』だけをみてきたのですから、すぐに変わることは無理かもしれません。しかし、檻に入れられて互いに会えない動物園のような、にせものの多文化共生ではなく、チャンスが平等に

あり、少数者でも後発者でも力を発揮できて、互いに共鳴しながら暮らす社会をめざしたい。偏見や憎悪に満ちた中で暮らしている人々には、ほど遠い目標に見えるかもしれません。しかし、明るくない未来は誰もめざしたくないものです。私たち多文化共生センターは一歩一歩、『多文化共生』への鍵を拾っていくような、そんな組織でありたいと願っています。」[21]

価値観の異なる外国人との共生を目指すことによって初めて、日本人や日本社会の閉鎖的な側面が否が応でもクローズアップされてくる。日本社会に同化しようとしつつも、一人の人として輝いて生きようとしている。このような側面を大切にしつつ、多くの人がお互いに必要とされる社会を共に築いていく必要があるのではないだろうか。

2 「多元的共生社会」をどのように構築するか
——スウェーデンの差別禁止法

　法制度は実態を後追いした上で策定される社会的に合意されたものだが、どのような内容の法制度なのかを調べてみることにより、その社会の成熟度を知ることができる。「多元的共生社会」をどのように構築しようとしているかを知る手がかりとして、ここでは2009年1月1日から施行されているスウェーデンの差別禁止法を取り上げてみたい。

　スウェーデンでは、1990年代に、平等法と三つの雇用差別禁止[23]（民族・宗教・信仰上の雇用差別禁止法、障害者雇用差別禁止法、性的指向上の雇用差別禁止法）を制定・施行した。その後総合的な差別禁止法を制定するための検討委員会が設けられ、2008年3月の国会に法律草案が上程された。上程された差別禁止法案は2008年5月の国会で採択、2009年1月1日より施行[24]されている。

　スウェーデンの差別禁止法は、既存の差別禁止法を全て廃止し、新たな差別禁止条項を加えて策定された法律である。差別禁止法は「性差、性同一性障害、民族・人種、宗教・信仰、障害、性的指向・年齢に対する差別を禁止し、他の人々と同じ価値と可能性をもてるようにすることを目的」（第1条）とし、6章から成っている。

　第1章が導入規定（主な内容：法の目的、法の内容、法の強制力、差別の定義、

性差、性同一性障害、民族・人種、障害、性的指向・年齢)、第2章が差別・報復禁止（主な内容：雇用に関する差別禁止：職場におけるハラスメント調査と対応策、職務遂行能力の申告、教育に関する差別禁止：教育の場におけるハラスメント調査と対応策、教育遂行能力の申告、公的責任をもつことのない労働行為と斡旋の禁止、職業関連事業所の設立と経営、諸団体の会員活動、商品・サービス・住宅等、健康・医療ケア・社会サービス等、社会保険システム・失業保険・学習支援、防衛における差別禁止：防衛の場におけるハラスメント調査と対応策、公務員採用、報復の禁止)、第3章が積極的対応策（主な内容：雇用に関して：雇用者と被雇用者との協同、目標設定、職場内環境、新規採用、給与、平等化計画、教育に関して：目標設定、ハラスメントの予防と防止策、平等化計画)、第4章が監視制度（主な内容：差別オンブズマンの設置：差別オンブズマンの役割、任務、罰金、上告禁止、差別委員会の設置：委員会の役割、陳述・罰金の処理、罰金通達決定の処理、上告禁止、罰金の裁定、大学に対する上訴委員会)、第5章が補償と無効措置、第6章が訴訟手続き（主な内容：適用される法律、上訴申立ての権利、立証義務、時効：雇用、その他の領域、訴訟手続きの費用、その他の規定）について明示してある。

　差別禁止法の特徴は、第4章の監視制度に明示された差別オンブズマンと差別委員会の設置である。この監視制度が機能することでこの法律の実効力が高まってくると言われている。また、法律に抵触した場合の罰則規定も設けられ、差別禁止規定がより強化される内容となった。

　スウェーデン政府はこの法律を「今までにない強力な差別禁止法である[25]」と宣伝に努めてきているが、障害者団体などは「差別に関する政府の認識は驚くほど貧困で、今回出された新差別禁止法もあいまいで不十分である[26]」と批判的であった。法制定当時のニアンコ・サブニ（Nyamko Sabuni）統合平等大臣（Integrations- och jämställdhetsminister）も「期限内に各自治体が十分な手続きが取れるように要請を行ってきましたが、まだ十分ではありません[27]」とこの法律の不十分さを認めている。しかし、これまでの雇用という限られた枠を超えて船出をしたことだけは確かであった。この法律の施行を待ちわびていた人たちも多く、同性愛カップルが早速教会で結婚式を挙げていた。社会的マイノリティに属する人びとなど、様々な配慮や社会的支援を必要とする人たちの法律に寄せる期待の高さがうかがえた。その意味でも、スウェーデンの差別禁止法

は、「多元的共生社会」を築き上げる上での一里塚になるのではないかと思われる。

　法律の内容が社会の隅々にまで浸透し、社会的理解を得るまでにはなお多くの時間と年月を必要とするが、障害当事者や女性、子ども、若者、高齢者とを問わず、価値観の異なる人たちがお互いに理解し、共感し、共生することによって初めて「多元的共生社会」を目指すことができることをスウェーデンの差別禁止法は教えてくれている。お互いの存在を認め合い、他人とは異なるその人のもつ特徴を一つの個性と受け止め、一人ひとりが輝いて生きられるようにしていくことが大切である。そして、誰をも包み込んだ「多元的共生社会」を目指すことが今まさに必要とされているのではないだろうか。

第3節　私たちが構想した「多元的共生社会」

　各章で取り上げられた各種事象・取り組み・考え方などを通して各論者は、「多元的共生社会」をどのように構想したのであろうか。

　「まえがき」を担当した菅沼は、この間行ってきた「自立概念の再検討」を通して、「自立概念の多様性」「自立の多様性」に気付かされ、「いかなる自立も家族・友人・地域社会・地方公共団体・国家など個人を取り巻く社会的資源の活用なしには成り立たない点を再認識し」、「自立という概念には収まりきれない『よきもの』も自立概念に引きつけて考察してきた」と記していた。また、「様々な生活困難を抱えている人びとの『自立』をどのように達成・実現していくのかという方法についても検討しなければならない」し、「既存の『福祉』概念――社会福祉の文脈での『福祉』――が『自立』問題について総合的に対応できているのかどうか、問い直す必要がある」とも記していた。その上で、「自立概念には収まりきれない『よさ』と達成・実現の道筋を考察するとすれば、もはや『自立と福祉』からワンステージ上がった概念を模索する必要」があり、「まだそれは概念として熟していないが」、「人間関係のネットワークの中で個人の生活の『良さ』が達成される条件を探るため」に「われわれはそれを『多元的共生社会』と称して、考察を進めることにした」と「まえがき」を結んで

いた。

　第1章・第2章は、「多元的共生」あるいは「多元的共生社会」の理論的な位置付けを明確にし、序章を補完するために設けられた。

　河野は、現代社会を「ある人は、ある部分でマジョリティであると同時に、ある部分でマイノリティに属する」ことがあり、「複雑な共生社会」であるとした。その上で、「多元的共生」の理念は、「一人ひとりが同等の権利をもち、その主張をすることができる」「民主主義社会」の目的と合致していると整理した。また、「多元的共生社会を構想できるプラットホームは、熟議民主主義」であり、「多元的共生社会の実現のためには、熟議、あるいは対話という過程が最も重視すべき社会活動である」ことを指摘した。そのためには、「多元的共生社会の道徳は、開かれた道徳」でなくてはならず、「自分たちの集団のあり方を相対化し、批判的に検討する態度」や「地域社会なり国家なり組織なりを新たなものへと改善し、そこに属する個々のメンバーの前進と進歩に貢献しようとする態度」をとること、そのためには「異質な他者の視点を取り入れること」の必要性を説いた。「異質な他者」とは「不利益を被っている人びと」や「マイノリティ」の人たちのことであり、その人たちの視点から「社会の構成を問い直していく」こと、「当事者中心の支援」を行い、彼らの声が「公共の舞台」に上がり、「様々なマイノリティの立場からの意見が反映される」ように「政策決定のいずれかの段階で、多数決による決定を経る前に、熟議という議論の過程をつくること」が必要だと指摘していた。その上で、「多元的共生社会」を構想するためには、「対話し議論する文化、相手の主張に耳を傾け、自分の考えを批判的に検討する文化」「熟議の基礎となる対話する習慣」が求められると結論づけていた。

　深田は、世間的には（河野の表現を借りれば）「異質な他者」と見られている重度障害者の自立生活運動を取り上げ、介助者との関係のあり方を通して「多元的共生社会」の具体像を描こうとした。自立生活運動には「ルールを設定し安定性を確保」（ルール圏：システムの構築）する運動と「心の共同体」と表現することのできる運動（交響圏：人間ドラマ）とがあるが、深田論文では両者の中間に位置する「交響圏を立ち上げるためにルール圏を構築」しようとする運動に焦点をあて、「なぜ交響圏を守りながらルール圏を構築しようとし

たのか」、その意図するものは何かを論証しようとした。重度の身体障害があるなしにかかわらず、人間関係には「自立や平等といった社会的な言葉を一度遮断した人間の身体の自由さに根ざした場」や「人間が、だらしなく、非合理的に、愛しあったり、傷つけあったりすることの自由が承認される場」「人間同士が傷つき傷つけあうことのできる場」が必要である。そして、「システムに回収されてしまわない人間のドラマ」の中にこそ真実があり、「他者とともにあること」の具体像を確認することができる人間関係こそが大切であると結論づけた。つまり、そうした人間関係の中にこそ「共生社会の具体像」を見出すことができるとしていたのである。

　序章・第1章・第2章を受け第3章・第4章・第5章では、「障害領域」における社会的実態と課題を示し、「多元的共生社会」を構想しようとした。

　百瀬は、まず、2013年9月27日の閣議で決定された新障害者基本計画に定められた「障害の有無にかかわらず、国民誰もが相互に人格と個性を尊重し支え合う共生社会の実現に向け、障害者の自立と社会参加の支援等のための施策の一層の推進を図るものとする」という内容や「障害者を、必要な支援を受けながら、自らの決定に基づき社会のあらゆる活動に参加する主体として捉え、障害者が自らの能力を最大限発揮し自己実現できるよう支援するとともに、障害者の活動を制限し、社会への参加を制約している社会的な障壁を除去する」旨の内容と施策の方向を紹介し、これらの内容が本書で取り上げている「多元的共生社会」の概念に近いものになっていると指摘をした。しかし、わが国が「多元的共生社会」であるためには、「無年金障害者問題への対応」と「制度改革論議の連携」が求められると指摘をした。「無年金障害者問題への対応」では、「無年金となった場合の救済を生活保護に委ねることが妥当であるとは言い切れ」ず、「保険料納付者との公平性にも配慮しつつ」「現在の生活保護とは異なる新しい無拠出制の障害者への所得保障の在り方を検討すること」が必要であり、「制度改革論議の連携」では、障害年金が「障害者の所得保障に係る制度としては最大」であり、「今後は、障害者施策分野での改革論議と連携しながら、年金改革論議の中でも、障害者の所得保障の在り方についての検討が行われること」が強く望まれると指摘をしていた。

　酒本は、まず最初に、「様々な要因から社会参加できない人たちがいる社会

は『共生社会』と言えない」と前提となる考え方を示した上で、精神障害者を「様々な要因から社会参加できない人たち」と位置づけた。精神障害者は社会的諸問題の全てに「複合的に関わって」おり、社会から排除されがちな彼らとの「共生」を考えると、「自立（自律）という概念や社会資源の調整だけでは不十分」であり、「精神障害者が主体的になってサービスを組み立てること」が必要だと主張する。そのため、「統合失調症についての知識の普及」と「予防についての情報提供のあり方を再検討することが急務」であると指摘をした。そして最後に、「共生社会」を構想するためには、「精神障害者が行為主体者としての力をもっていることに改めて注目し、その力を生かしていくこと」が必要だと締め括っていた。

河東田は、知的障害者への性暴力が「共生」の最大の理解者であり推進者であるはずの家族・親族・隣人・雇用主など最も信頼のおける身近な人から身近なところで起こされている事実を取り上げ、なぜこのような事態が引き起こされてしまうのかを論じ、彼らが歴史的・社会的に排除されてきた事実との関係の中で整理していくことの必要性が指摘されていた。一方で、障害者虐待防止法の制定・施行を契機に、障害者虐待や性暴力被害をなくしていくことが期待されており、被害者の回復を手助けする方法（7つのポイント）を示し、「被害者・加害者プログラム」や「研修」を強化するとともに、共生社会を目指す具体的な取り組みを「多元的共生社会の質的構築」向上のための5条件に組み込みながら、様々な人的資源・社会資源を利用し、多様なネットワークをつくり上げていくなかで対処していく必要があると結論づけていた。

序章・第1章・第2章を受け第6章・第7章では、「児童・高齢領域」における実態と課題を踏まえ、「多元的共生社会」を構想しようとした。

浅井は、「1971年に成立した児童手当法」が「いかなるビジョンと制度モデルをもち」、「多元的共生社会における包括的な家族政策」として、「いかなる限界と可能性をもつのか」を考察した。その結果、日本の児童手当制度は、「1960年代前半の労働政策としての児童手当から、1960年代後半の児童福祉理念の強調による児童手当へ」と変わり、「理念としてのイギリスモデルと、制度としてのフランスモデルが折衷」したものとなっていた。また、1980年代前後の児童手当制度改革は、「多元的共生社会」に向けた家族政策戦略の始まり

であることが述べられていた。

　佐川は、認知症高齢者になっても、「自己の統制感を失い、自分のみで自己決定することが困難になろうとも、自己決定のための選択肢が十分に用意され、一人の自己をもった主体として処遇されているならば、その人は自立／自律していると見なすことができ」、「最も自立／自律が困難と思える人びとを決定の主役の座に揺るぎなく対置し続けるならば、新しい社会、多元的共生社会の実現の道がそこに開けてくる」と考えた。さらに、「共同性の中でスタッフに支えられながら作業し、心が躍動するような経験をする」ことで「生き生きとした感覚」「自分がコントロールし」「自分が自分の主であるという感覚」を得ながら、「クライエントの＜喜び＞、すなわち＜生きる力＞を引き出すこと」が「リハビリテーションに携わる者の究極の目標」なのではないかと考えた。つまり、「自立／自律から最も遠いと思われている人びとがつくる感情の共同体から実現される」その中に「多元的共生社会が実現していくプロセスを見ることも可能」なのではないかと主張した。

　序章・第1章・第2章を受け、第8章・第9章では、「女性領域」における実態と課題を踏まえ、「多元的共生社会」を構想しようとした。

　杉浦は、「マタニティ・ハラスメント」を通して「多元的共生社会」を構想した。杉浦の主張は、次のように整理できる。つまり、「職場には『労働だけする身体』がいるべきだ。『労働だけする身体』になりきれない身体は『迷惑』である。もし、仕事を続けたいのであれば、『労働だけする身体』になりきる努力をせよ、という主張が」あり、一方的になされる「ハラスメント」である。この働きかけは、女性たちに、「職場に『迷惑』をかけないよう『肩身の狭い思い』をして『頑張っている』、すなわち『労働する身体』であり続けようと努力」を強いてきた。もし妊娠をしてもなお仕事を続けるのであれば、「労働する身体であり続ける努力を強いられ、女性の側も『頑張り』でそれに応じようとする」。それ自体が「職場構造や、それを前提とする社会のありようそのもの」であり、「実は『マタニティ・ハラスメント』なのである」。「こうした前提そのものが問い直されない限り、たとえ雇用環境が改善しても『労働だけする身体』になりきれない女性は排除の対象とされるし、実際、そうやって、女性たちは、長い間、職場から排除されてきた」と。そのため、杉浦は、「マタニティ・ハラ

スメント」とは「これまでの男性身体を基準にしてつくられてきた『労働だけする身体』の枠組みの中で、女性労働者の身体性の問題を論じようとすることへの意義申し立て」であり、「女性の身体性を抑圧する」「ずっとそこにあった問題」であると主張した。この主張は、「多元的共生社会」を阻む女性に対する「差別」への意義申し立てとも取ることができる。

菅野は、「医療がお産に介入を深める態様およびこのような妊婦の心性との関わりを検討し、その延長線上にある新たな出生前検査と『遺伝カウンセリング』」について議論し、「多元的共生社会の中での出生前検査の位置づけを考察」した。デンマークで行われた出生前検査の「遺伝カウンセリング」に関する調査結果の概要と考察を示しながら、「『非指示的』であることの限界を示した上で、医療の枠にとどまらないケアの理念が『遺伝カウンセリング』には必要であり、クライアントへの『対応への関心から介入への関心へ』と移っていくべき」であることを紹介していた。このことは、子どもの死に対する「新たな関係性を視野に入れ、障碍をもった子どもを誰でもが出産する可能性があるという事実」、つまり、「障碍者との新たな共生社会」への模索が「様々な立場の妊婦や家族そして関連する人々の利害の対立の中で迷走しながら形づくられていく」ことになると結論づけていた。

第10章では、序章・第1章・第2章を受け、番外編として、しかし、外すことのできない今日的課題である「被災地」における実態と課題を踏まえ、「多元的共生社会」を構想しようとした。その中で河東田は、被災地における「多元的共生社会の構築」とは、「高齢者や障害者などハンディキャップをもつ人ともたない人との支え合いが普通のこととして行われ、地域の中でハンディキャップを意識することなく人生を生き生きと送ることができる」ようにすることを具体化させることであり、復興計画に災害弱者（ネットワークから漏れている人たちも含む）問題を取り入れ、当事者の目線で支援を行い、誰もが必要な支援を受けながらあたり前に生きられる社会・地域づくりをしていくことであると指摘をしていた。

私たちが暮らす社会には共生を阻む様々な目に見えない壁が存在しており、その壁を容易に崩せないでいる。しかし、洋の東西を問わず、「排他的管理社会」

にあっても「排他的自由社会」「管理的共生社会」にあっても、その壁を崩すための地道な取り組みがなされ、共生を育むための想像を絶する努力が至る所で積み重ねられてきた。こうした地道な取り組みや努力こそが「多元的共生社会」を構築するための礎となってきたと言っても過言ではない。本書で取り上げた様々な事例も、それぞれの事例に向き合い思考してきた論者たちもこうした実践者の一人であったと言えよう。本書各章で論じられた内容を「多元的共生社会の質的構築」のための条件や「多元的共生社会の質的構築」向上のための条件と照らし合わせてみると、各論者の主張の視点やポイントとなるものは全て内包されていることが分かった。例えば、河野が指摘した「熟議」や「対話」「態度」「当事者中心」「公共の舞台」「文化」「対話の習慣」などは、全てこれらの条件に含まれていることが分かる。他の論者の視点やポイントも全て同様に整理することができるのである。そこで、各論者の総意を河野の言葉を借りて要約すると次のようになる。「不利益を被っている人びと」や「マイノリティ」の人たちが置かれている社会的立場には厳しいものがあるものの、私たちは、「不利益を被っている人びと」や「マイノリティ」の人たちの視点から「社会の構成を問い直し」、当事者の声を「公共の舞台」に上げ、「様々なマイノリティの立場からの意見が反映される」ような社会をつくっていく必要がある。そのために、私たちは、「対話し議論する文化、相手の主張に耳を傾け、自分の考えを批判的に検討する文化」を創造し、「熟議の基礎となる対話する習慣」がもてる「多元的共生社会」を構想していくことが必要なのである。

まとめに代えて――「多元的共生社会」の到来を願って

誰もが地域社会の一員として同じ価値と権利をもち、活動できる社会が「多元的共生社会」の共通のイメージのように思う。もし「多元的共生社会」の核となる概念を「自己決定」と位置づけることができれば、次のようにも整理できる。

「社会的支援を必要とする人びとが提起した問題や要望を、具体的に対応せず、尊重せず、また適当にごまかしたり、無視したりすれば、そのような

扱いを受けた人は傷つき、従来直面してきた排斥と蔑視と同じものを経験することになる。しかし、彼らの主張や要望が、通常の民主的な方法で取り扱われ、何らかの対応が取られることになれば、当事者参加・参画に至る種々の取り組みは、有意義な力強いものとして、より一層社会的支援を必要とする人びとの処遇の改善につながり、進展していくことになる。社会的支援を必要とする人びとの自己決定の権利がどんな組織を通して表明されるにしろ、公的に尊重されるべきである。自己決定の権利がどんな利点をもつかを、親の会、施設、福祉行政の諸機関、他の組織が口先だけの対応で終わるなら、かえってダメージは大きく、発展は阻止され、障害を有する人びとの役割は低下していく。自己決定の権利が尊重されなければ、存在しないも同然なのである。すなわち、最も弱く、社会から逸脱した価値のない人たちだと思われてきた人びとの自己決定の問題を解決することができれば、私たちは、彼ら以外の価値が低いと見られてきた人たちに、有意義でその社会にあった当たり前の自己決定を保障することのできる新しい社会をつくることができるはずである。そうすれば、社会的支援を必要とする人びとの生活条件をごく普通にすることができ、生活の質を向上させることにもなる。」[28](ニィリエ、1972)

また、「多元的共生社会」の核となる概念を「生活の質」と位置づけることができれば、一度しかない人生を、人間らしく、安全に、快適に、豊かに、充実して生きようとする時の生命・生活・人生の質（満足感）を向上させること、と整理することができる。

さらに、「多元的共生社会」の核となる概念を「バリアフリー」や「ユニバーサルデザイン」と位置づけることができれば、交通機関や建物などの物理的な障壁、他とは異なる個性豊かな人びとは特別な存在であるという心理的障壁、情報を得られないといった情報面での障壁、政策立案などへの参加・参画がなされないといった社会的制度的面での障壁など、全ての障壁を取り除き、誰もが等しくあらゆる分野で自由に活動できる社会を共通に目指していくことができる。また、特定の人たちに対する障壁の除去だけではなく、誰にとっても快適な環境をつくることができるようになっていくに違いない。

序章で示した「多元的共生社会の質的構築」のための5条件（「環境の整備」「機能性」「個別の支援」「心理的前提条件」「社会からの反応」）を有機的に整え、組み合わせ、融合させながら、「多元的共生社会」へとつないでいくことが今後必要になってくるのではないだろうか。このような条件を満たす「多元的共生社会」が可能な限り早期に到来することを願っている。

注
1　定藤丈弘（1996）「ノーマライゼーション原理の意義と課題」『都市問題研究』Vol.48, No.4, pp3-16.
　　この論文で、定藤は、堀正嗣（1993）「教育におけるノーマライゼーションの可能性」『ノーマライゼーション研究』1992年版、pp58-78. ノーマライゼーション研究編集委員会、の論文を引用し、ノーマライゼーションの同化的側面を次のように示している。
　　「隔離収容的施設保護の弊害への反省に立って、知的障害者を含む要援護者に、普通の、他の障害をもたない市民と同じ生活条件を提供していくことを目指す概念であり、障害者の生活を通常レベルに近づけていくことを目標とする視点をもつ側面」（同上書、pp4-5.）
2　上記同様、定藤は、堀論文のノーマライゼーションの異化的側面を次のように示している。
　　「国際障害者年行動計画で示された表現に代表されるように、障害者等を排除、差別してきた社会への反省に立脚して、全ての『要援護者』を差別することなく他の市民と対等、平等に存在させる社会こそノーマルな社会であり、そのような社会に変革していくことを目標とする視点をもつ側面」（同上書、p 9.）
3　上記同様、定藤は、堀論文のノーマライゼーションの共生的側面（＝共生の原理）を次のように示している。
　　「いかなる少数派も尊重し、多数性こそを認め合いつつ共生しうる社会、他と異なる独自の価値観や生活様式をもつ少数派であることに互いに誇りをもっていきいきと生きることができる社会を実現することを重要な社会目標にかかげている理念」（同上書、pp14-15.）
4　E. Lundgren, G. Heimer, J. Westerstrand & A-M. Kalliokoski（2001）*Slagen dam: Mäns våld mot kvinnor i jämställda Sverige – en omgångsundersökning.* Brottsoffermyndigheten, Umeå & Uppsala Universitet.
　　この報告書では、15歳以上のスウェーデン女性の2人に1人の割合で、男性から暴力を受けていた実態が報告されている。
5　女性への暴力についてのセミナー：社会民主党女性部会の主催で、2008年5月

15日、ウプサラ市立ヴァクサラ高校で行われた。
6 詳しい報告内容は下記文献を参照していただきたい。
河東田誠子（2008）「スウェーデンにおける女性への暴力・虐待の実態——スウェーデンの男性が暴力を振るうとは思っていなかった」『季刊福祉労働』120号、pp145-150.
7 2008年5月16日付 Metro ストックホルム版2面「Han sålde sin fru till over 100 män」(「自分の妻を100人以上の男に売っていた」)。
Metro（メトロ）は、1995年にストックホルムで発行された朝刊としてはスウェーデン最大の無料全国紙。
8 Söder, M.（1980）Mentally retarded children. In National Swedish Board of Education (ed.) *Reserch and Development concerning Integration of Handicapped Pupils into the Ordinary School System.* Stockholm: National Swedish Board of Education.
9 Kebbon, L.（2001）Normalization and Quality of Life. In Katoda, H. and Nakazono, Y.（eds.）*A Comparative Study on Quality of Life for Persons with Intellectual Disabilities in Japan and Sweden.* Kaiseisha Publishing Company.
10 Emanuelsson, I.（2001）Integration and Quality of Life – Preconditions and Consequences. In Katoda, H. and Nakazono, Y.（eds.）*A Comparative Study on Quality of Life for Persons with Intellectual Disabilities in Japan and Sweden.* Kaiseisha Publishing Company.
11 前掲書（Kebbon, 2001）。
12 同上。
13 奥田道大（1996）「共生と隔離をめぐる社会学的実態」栗原彬編『日本社会の差別構造』弘文堂、1996年、p119.
14 同上。
15 同上、p121.
16 同上、p132.
17 同上、p136.
18 同上。
19 同上。
20 Economic Partnership Agreement:EPA
21 多文化共生センター全体のホームページ（http://www.tabunka.jp/whatn.html）より。
22 平等法（Jämställdhetslagen, 1991:433.）。
23 Lagen om åtgärder mot diskriminering i arbetslivet på grund av etnisk tillhörighet, religion eller annan trosuppfattning, 1999:130.（民族・宗教・信仰関連のもの。）

Lagen om förbud mot diskriminering i arbetslivet på grund av funktionshinder, 1999:132.（障害者関連のもの。）
　Lagen om förbud mot diskriminering i arbetslivet på grund av sexuell läggning, 1999:133.（性的指向関連のもの。）
　以上が関連する雇用差別禁止法だが、3法以前に平等法：Jämställdhetslagen（1991:433）、3法以後に大学における学生平等学習権保障法：Lagen om likabehandling av studenter i högskolan（2001:1286）、児童・生徒への差別・侮辱禁止法：Lagen om förbud mot diskrimineringoch annan kränkande behandling av barn och elever（2006:67）が制定されている。犯罪法第16章第9条（2006:69）にも差別禁止条項が設けられた。
24　Diskrimineringslag, 2008:567.
25　Integrations- och jämställdhetsdepartementet: Ett starkare skydd mot diskriminering.（prop. 2007/08:95）
26　Independent Living i Sverige, Pressmeddelande, 2008-05-23
27　同上。
28　Nirje（1972）The right to self-determination. In W. Wolfensberger: *Normalization. The principle of normalization in human services*. National Institute on Mental Retardation.

あとがき

　本書は、立教大学社会福祉研究所の所員・研究員による2012年度－2013年度立教大学学術推進特別重点資金（立教SFR）自由プロジェクト研究「自立と福祉をめぐる制度・臨床への学際的アプローチに関する研究」の成果の一部である。本プロジェクト研究は、社会学・経済学・社会福祉学・教育学・教育社会学・比較政治学の諸分野の見地から、自立についての規範的意味と福祉実践との関連を検討することを目的として行われた。特に、自立をめぐる哲学・社会学に基づく自立概念の再検討、障害と自立の制度的考察、障害と自立の臨床的考察、自立をめぐる福祉社会学的考察という四つの研究ユニットに分けて、それぞれの領域における自立と福祉の関係を検証し、規範・制度・臨床というそれぞれの領域で検証課題を明確化すると同時に、これまでそれぞれの定義の独自性やアプローチの相違などにより総合的な取り組みが少なかった自立と福祉の関係について学際的な研究を行ってきた。

　自立と福祉の関係についてのこれまでの議論は、傷病・障害、精神疾患、DVや児童虐待、多重債務、ホームレス支援など社会福祉学だけでなく、教育、医療など幅広い研究領域におよんでいた。またその一方で、それぞれの領域で、自立の定義とその方法論においては独自のものがあり、それぞれの議論の個別性が高いという特徴があった。一方、例えば、障害者の自立支援に関しては、ここ数年障がい者制度改革推進会議の法制度（障害者基本法・障害者自立支援法）改正の中で論じられてきた。さらに、社会構築主義的な議論から、その自立性の意味を問い直すような作業が援助者の他者性論に基づいて展開されてきた。

　本研究は、様々な位相にわたる自立と福祉をめぐる研究動向を受けて、社会福祉研究所という実践的な場を媒介にして、規範・制度・臨床の各レベル相互の基礎付けを行うために開始されたが、本研究を通して、社会の底辺に置かれがちな人びとにとって自立とは何であるかを明確にすることが可能となり、社会の底辺に置かれがちな人びとへの公的支援の正当性についても整理すること

ができた。今後は、こうした人びとにとっての自立はどのようにあるべきか、また、どのように支援されるべきか、さらに、どうすればお互いに生きやすい社会をつくることができるのかを「自立と福祉」の新たな展開の中で明らかにしていきたいと思っている。

　新たな作業は、これまでの研究成果を踏まえ、「ポスト自立社会」という新たな社会像を念頭に入れながら、社会福祉の理論・制度・実践の諸レベルにわたる「多元的共生社会」という新たな概念を立てながら考究することである。そのため、今後は、「ポスト自立社会における多元的共生社会の構想」という問題関心のもと、現行の社会福祉の実態を詳細に調査・検討し、それを踏まえてこれからの福祉のあり方を構想していこうと考えている。本書がそのための導入の書となり、社会福祉の研究や理論・制度・臨床への問題提起の書となれば幸いである。

　末筆になるが、本書刊行にあたり、2013年度立教大学学術推進特別重点資金（立教SFR）自由プロジェクト研究資金の一部を使用させていただいた。この資金を活用できなければ本書を世に出すことはできなかったであろう。立教大学に心より感謝を申し上げたい。また、編集にあたっては、現代書館編集部の小林律子さんにご尽力いただいた。社会福祉の社会的諸問題に精通しておられる彼女のお蔭で内容豊かなものとすることができた。この場を借りてお礼を申し上げたい。

2014年1月末日

　　　　　　　　　　　　　　　　　　　　菅沼隆・河東田博・河野哲也

【編　者】
菅沼隆、河東田博、河野哲也

【所　属】
菅沼　　隆　　立教大学経済学部教授、社会福祉研究所所員
河東田　博　　立教大学コミュニティ福祉学部教授、社会福祉研究所所員
河野哲也　　　立教大学文学部教授、社会福祉研究所所員
深田耕一郎　　立教大学社会学部助教、社会福祉研究所所員
百瀬　　優　　流通経済大学経済学部専任講師、社会福祉研究所特任研究員
酒本知美　　　白梅学園短期大学保育科助教、社会福祉研究所所員
浅井亜希　　　立教大学法学部助教、社会福祉研究所所員
佐川佳南枝　　熊本保健科学大学保健科学部准教授、社会福祉研究所特任研究員
杉浦浩美　　　立教大学社会学部兼任講師、社会福祉研究所研究員
菅野摂子　　　電気通信大学女性研究者支援室特任准教授、社会福祉研究所研究員

❖編者紹介

菅沼　隆（すがぬま・たかし）
立教大学経済学部教授、博士（経済学）。東京大学大学院経済学研究科博士課程修了。デンマーク・ロスキレ大学客員研究員（2003年度、2011年度）。戦後日本の社会保障制度、デンマーク社会政策を研究。著書として『被占領期社会福祉分析』（ミネルヴァ書房、2005）、監訳書としてニコラス・バー『福祉の経済学』（光生館、2007）などがある。

河東田　博（かとうだ・ひろし）
立教大学コミュニティ福祉学部教授。ストックホルム教育大学教育学研究科修了。四国学院大学・徳島大学を経て現職。「人権」「ノーマライゼーション」を拠りどころに障害福祉課題に取り組んでいる。『脱施設化と地域生活支援：スウェーデンと日本』（現代書館、2013年）などの著書がある。

河野哲也（こうの・てつや）
立教大学文学部教授、博士（哲学）。立教大学社会福祉研究所所長。慶應義塾大学文学研究科後期博士課程修了。国立特殊教育総合研究所特別研究員（1995年4月〜97年3月）を経て、現職。専門は哲学、倫理学、教育哲学。主著に『道徳を問い直す』（ちくま新書）、共著『当事者研究の研究』（医学書院）などがある。

多元的共生社会の構想

2014年2月20日　第1版第1刷発行

編　者	菅沼 隆・河東田博・河野哲也
発行者	菊地　泰　博
組　版	具　羅　夢
印　刷	平河工業社（本文）
	東光印刷所（カバー）
製　本	越後堂製本
装　幀	河　東　田　文

発行所 株式会社 現代書館　〒102-0072 東京都千代田区飯田橋3-2-5
電話03(3221)1321　FAX03(3262)5906
振替00120-3-83725　http://www.gendaishokan.co.jp/

校正協力・高梨恵一
© 2014 SUGANUMA Takashi, KATODA Hiroshi, KONO Tetsuya　Printed in Japan
ISBN978-4-7684-3529-8
定価はカバーに表示してあります。乱丁・落丁本はおとりかえいたします。

本書の一部あるいは全部を無断で利用（コピー等）することは、著作権法上の例外を除き禁じられています。但し、視覚障害その他の理由で活字のままでこの本を利用できない人のために、営利を目的とする場合を除き、「録音図書」「点字図書」「拡大写本」の製作を認めます。その際は事前に当社までご連絡ください。
また、テキストデータをご希望の方はお名前・お電話番号をご明記の上、右下の請求券を当社までお送りください。

自立と福祉
― 制度・臨床への学際的アプローチ

庄司洋子・菅沼隆・河東田博・河野哲也 編

障害者、高齢者、ひとり親家庭、生活保護受給者等の福祉対象者が、パターナリズムの下に置かれ自律性を奪われてきたことを、規範・制度・臨床面から検証し、福祉がどう自立／自律支援に向き合うかを展望する。社会資源を利用して自己実現することも自立と捉える「世直し」のための1冊。

2300円＋税

脱施設化と地域生活支援：スウェーデンと日本

河東田博 著

二〇〇〇年までに全ての入所施設を解体、必要な支援を得て地域生活が実現しているスウェーデンと、「施設から地域」が謳われながら地域移行が進まない日本。両国の知的障害者をめぐる制度・政策、生活実態（両国の元施設入所者へのアンケート）、その背景から、日本の課題を浮き彫りにする。

2200円＋税

ノーマライゼーションの原理［新訂版］
― 普遍化と社会変革を求めて

ベンクト・ニィリエ著／河東田博 他訳編

半世紀前北欧で提唱され、今日共生社会の普遍的理念として支持され、社会のあり方を変えてきたノーマライゼーションの考え方を八つの原理に成文化し、定着・発展のために活動してきた著者の、一九六〇年から現在までの思想展開。「ノーマライゼーション」を語るときの原典。

1800円＋税

ノーマライゼーション原理とは何か
― 人権と共生の原理の探究

河東田博 著

北欧で誕生し、今日共生社会の基本理念となっているノーマライゼーション。そのルーツについて、デンマーク一九五九年法でバンク＝ミケルセンが唱える以前にスウェーデン社会庁報告書でノーマライゼーション原理が検討されていたという新たな発見と、その後の展開の研究。

1800円＋税

精神障害のある人々の自立生活
― 当事者ソーシャルワーカーの可能性

加藤真規子 著

医療・福祉の専門職や家族が利害を代弁し、政策決定してきた精神障害の分野で、精神障害があるソーシャルワーカーとしてピア（仲間）による自己決定支援、地域生活支援に乗り出した著者の軌跡と日・米・カナダの当事者へのインタビュー。

1700円＋税

認知症ケアは地域革命！
― 「地域福祉館 藤井さん家」の取り組み

牧坂秀敏 著

福岡県大牟田市の空き家を使った認知症対応デイケアサービス「地域福祉館 藤井さん家」の一年半の記録。誰でも寄れる地域寄り合い所、放課後の子どもの居場所など、介護保険外の取組みを拡げ、認知症ケアから地域再生を提唱する。

1900円＋税

無縁介護
― 単身高齢社会の老い・孤立・貧困

山口道宏 編著

"無縁死"三万二千人時代！「地縁」「血縁」「社縁」が薄れ、福祉サービスにたどり着けない"無縁介護"を引き起こし、貧困の拡大がこの状況に拍車をかけている。「無縁死」あるいはその実態を、在宅介護・医療の現場から洗い出す。

1600円＋税

（定価は二〇一四年三月一日現在のものです。）